文春学藝ライブラリー

指導者とは

リチャード・ニクソン

徳岡孝夫 訳

指導者とは／目次

本書は一九八六年刊『指導者とは』（小社刊）を基に、原著の第八章（A NEW WORLD）を割愛して、再編集したものです。

ＤＴＰ作成　ジェイ　エスキューブ

指導者とは

未来の指導者に捧げる

偉大さについて

偉大な指導者の足音の中に、人類は雷鳴にも似た歴史のとどろきを聞く。古代ギリシャからシェークスピアの時代を経て現代まで、偉大な指導者は劇作家を、そして歴史家を、魅了してやまない存在だった。いったい、彼らのどういう点が、常の人と違うのだろう。指導する者とされる者との間に飛び散る、あの稲妻のようなものは、何なのか。

人間が、その視線を偉大な指導者に引き寄せられるのは、単に彼らがドラマチックな役割を演じるからだけではない。彼らの貫禄、それが持つ力のせいである。

芝居が終わって幕が下りると、観客は劇場を出て家に帰り、日常の生活に戻る。しかし指導者の生涯に幕が下りるときには、それを見終わった観客の人生そのものが、開幕時とは異なったものになり、歴史のコースさえ一変している場合が多いのである。

過去三十五年、この歴史の大激動期に、私は世界の指導者と親しく会い、話し合うという希《け》有《う》な機会に恵まれた。戦後の大指導者の中で、私が会わなかったのはスターリンくらいなものだろう。その間、私は世界の八十カ国を旅し、指導者と協議をするとともに、彼らが指導する国の現状をつぶさに見た。

私は、彼らが成功するところも失敗するところも見た。そして私自身の体験に照らして、その理由を分析した。公職の絶頂と谷底とを経験した私は、谷の深さを知らぬ者には真の山巓《さんてん》の喜びもないことを知った。同時に、グラウンドのそとで傍観するだけでは、何が指導者を駆り立てる原動力か、完全に理解することのできないのも知った。

公職に在《あ》るあいだ、私は何度も「あなたが会った中で最も偉大な指導者は？」と、問われた。むずかしい質問である。指導者は、時と場所と背景の組み合わせの中から生まれる。指導者も国家も、他の指導者や国家とは交換がきかない。チャーチルはたしかに偉大だが、彼を戦後ドイツに置けば、アデナウアーほど成功したかどうか疑問だろう。逆に、アデナウアーも、英国の危急存亡のときに立てば、チャーチルほどイギリス国民を奮起させ得たかどうか。

指導者を偉大ならしめるのに必須の条件は、三つある。偉大な人物、偉大な国家、そして偉大な機会である。

チャーチルは、かつて十九世紀英国の宰相ローズベリー卿を評して「小事の時代に偉大な人物がめぐり会ったのは不幸だった」と言ったことがある。戦時の指導者のほうが平和時の指導者より高い点がつけられるのは、戦争ならではのドラマ性も一因だろうが、歴史がもっぱら戦争に注目してきたことも大きい理由だろう。だが、指導者が自己の能力の限界に挑戦することによって、はじめてその偉大さが見えてくるのも、また否定できない事実である。

勲功章の授与式などに出席することの多かった私は、そこに並んでいる人々がもし危機に出会うことがなければ、おそらく大部分は普通の人だったろうと、よく考えた。挑戦さえなかったら、彼らも勇気を発揮する必要はなかった。同じように、指導者についても、戦争は容易にそれとわかる形で、彼らの能力を見せてくれる。平和の挑戦も同じほど偉大な機会だが、たとえ指導者がその挑戦に勝っても、勝利はあまりドラマチックでないし、人の目を驚かすことが少ない。

小さい人物が、偉大な国家を偉大な機会に当たって指導すれば、偉大な結果は起り得ない。小さな国の偉大な指導者は、偉大には違いないが、正しく評価されないだろう。また、偉大な人物が偉大な国家に生まれ合わせても、より大きい人の影に隠れることがある。たとえば周恩来は、慎重に身を持し、生涯、脚光を毛沢東に譲り続けた。

一つだけ、はっきり書いておきたいことがある。偉大な指導者は、必ずしも善良な人ではないことである。

ロシアのピョートル大帝は、残忍な暴君だった。シーザー、アレキサンダー大王、ナポレオン、いずれも善政より征服によって、歴史に残っている。われわれが偉大な指導者を考える場合も、国家を倫理的に高い次元に高めた人のことは、あまり思い出さない。権力を壮大な規模において行使し、国家や世界の歴史の流れを変えた人々を、つい念頭に浮かべてしまうのである。チャーチルとスターリンは、それぞれに異なった意味で、偉大な指導者だろう。だが、チャーチルがいなければ西欧は奴隷になっていたかもしれないが、スターリンがいなければ東欧は自由を握っていたかもしれない。

指導者を考えるに当たって、私は何度か、政治以外の分野での一流の指導者のことを書きたいと思った。大企業や大労組の指導者が、どんな政治家も及ばぬほどの決意をもってトップの座によじ登り、どんな外交官も及ばぬ手腕で権力を振るうのを、私はこれまで何度も見てきた。

学界の複雑怪奇さが政党内部の駆け引きに劣らないことも、よく承知している。言論界でも、たとえばタイム誌を創刊したヘンリー・ルースのように、多くの国家指導者よりはるかに大きい影響力を世界的規模で行使した人がいる。

しかし、この本では、私が最もよく知り、最も深くかかわってきた分野だけについて、書きたいと思う。それは国家の指導であり、その立場にふさわしい権力と責任を伴う指導である。以下に私が扱った人物は、各自に自ら至高のものとする目標と眼力と主張を持っていた。その何人かの名は、このさき数世紀にわたって残るだろうし、何人かは自分の国のそとではほとんど記憶されないだろう。だが、一人一人が、それぞれに指導者の資格と彼らが経験した世界の激動期について、大切なことをわれわれに教えてくれる。

書きたいと思いながら割愛せざるを得なかった指導者も多い。たとえばメキシコのコルティネス大統領、アルゼンチンのフロンディシ大統領、コロンビアのカマルゴ大統領、夢を抱いて内陸部を拓《ひら》いたブラジルのクビチェク大統領などラテン・アメリカの指導者。個性も政治的立場も違うが、ともに国家の運命と世界の動きを見通していたカナダのピアソン、ディーフェンベーカー両首相。パキスタンのグーラム・ムハンマッド総督とアユブ・カーン大統領。ユーゴのチトー大統領。会うと聞くでは大違いだったスペインのフランコ総統。また教皇ピオ十二世とパウロ六世は、それぞれに違った形で、精神界だけでなく、国際政治の舞台に大きい役割を演じた。戦後まもない国際社会で、先駆者的な努力をしたベルギーのスパーク外相、イタリアのブロシオ外相、フランスのシューマン外相、それを助けたモネ氏も、りっぱな指導者だった。

こう見てきただけでも、戦後世界の指導者像が、いかに多彩であるかがわかる。

以下に紹介する指導者を、私は、ある人はその超越した人格や歴史の流れを変えた力量のゆえに、ある人は人間としての魅力のゆえに、またある人は世界を揺り動かした歴史の荒波の実例として、取り上げた。ただし、米国の指導者は入れなかった。唯一の例外は、戦後日本の形成が最大の功績となったダグラス・マッカーサーである。

歴史書は、もっぱら出来事のみを追い、そこに動く人物に言及することが少ない。この本は指導者を中心に、彼らがいかに出来事をつくっていったかを書く。彼らがいかに常人と違うか、彼ら相互の間でいかに異なるか、彼らに力を振るわせた性格、いかに権力を振るったかについても考える。

偉大な指導力は、単なる力とともに、非常に高度な眼力をも必要とする、一種の芸術である。アメリカには、ずっと前から、国家に必要なのは政府を手ぎわよく動かす経営術であり、大企業を有効適切に経営してきた実績ある人が望ましいという考えがある。だが、経営力と指導力は別物である。私は南カリフォルニア大学経営学部ウォレン・G・ベニス教授の「経営者にとっては、事を正しくやることが目標であり、指導者にとっては正しい事をやることが目標だ」という言葉を思い出す。

なるほどテクニックは必要だが、指導力はテクニック以上のものである。経営は散文だが指導は詩だ、とも言える。指導者は、かなりの部分を、シンボル、イメージ、あるいは歴史の力になるような電撃的アイデアによって、事を運ばなければならない。人間は、理屈によって納得するが、感情によって動く。指導者は、人々を納得させるとともに、動かさなければならない。経営者は今日と明日を考える。指導者は明日の一歩先を考えねばならない。経営者はプロセスを扱うが、指導者は歴史の針路を扱う。だから、経営する客体を失った経営者は無に等しいが、指導者は権力を失ってもなお人々を惹きつけるのである。

偉大な指導力は、指導者自身を奮起させ、彼をして国民を奮起せしめるに足る偉大なビジョンを必要とする。人々は、偉大な指導者を、あるいは愛し、あるいは憎む。だが、どっちつかずではいられない。

正しい事を知っているだけでは、指導者として十分ではない。正しい事を実行しなければならないのである。いくら指導者を自称しても、正しい決定に要する判断力と勘を持たない者は、眼力不足のゆえに失格者となる。正しい事を知り得ても、それを為すことができない者も、実行力なきゆえにやはり失格者である。偉大な指導者は、眼力とともに正しいことを為す力量を備えなければならない。経営者を雇ってやらせることは可能だが、針路を決め推進力を提供するのは、指導者だけの責任である。

指導者が抱く偉大な主張には、新しいものの創造と古いものの守成の二通りがあり、その双方を代表する指導者が正面衝突することは珍しくない。弱い主張を持った強い指導者が、強い主張を持った弱い指導者に勝つかもしれないし、悪い主張が良い主張に勝つ場合もある。歴史を予言する不変の鉄則は存在しないが、歴史を判断する鉄則もあり得ないのである。あとで振り返ってみると、指導者が違って見えるように、その主張も姿を変える。後世の史家の判定は、だれが勝ったかによって決まることが多い。歴史家は、指導者に対すると同じようにその主張についても、敗者にきびしく勝者に甘いようである。

私が会った真の意味で強い指導者は、すべて、きわめて英明、自己を律するにきびしく、勤勉で、満々たる自信を持ち、夢に駆り立てられ、他人を駆り立てる人であった。全員が地平線よりも先を見通すことができた。ただし、視力には個人差があった。

第二次大戦後の大変動は、おそらく史上無比の速かさで起った。超大国が誕生し、対立した結果、巨人と巨人の対決があった。古い帝国が倒れて多くの新興国が生まれ、大地震に似た激動が世界を貫いた。新しい武器の開発が、ＳＦさえ及ばぬ領域まで進んだので、危機はいやがうえにも高まった。壮大な出来事は、偉大な指導者を前面に押し出す。動乱の時代は、最良と最悪を同時に輩出する。フルシチョフは強大な指導者だが、危険な指導者でもあった。毛沢東は山を動かしたが、一方では何百万人もの生活を破壊した。

これからの世界は、第一級の指導者を必要とするはずである。よく言われることだが、歴史を学ぶのを怠った者は、歴史を繰り返す。逆に、一時代の指導者が先行者よりも遠く未来を見通せるのは、彼らが先人の肩の上に立つからだと言える。

私は、この本に過去の指導者のことを書き、それを未来の指導者に捧げる。以下に登場する指導者の一人一人が、過去を研究し、過去に学んできたのである。いま、われわれが彼らから多くを学べば、世界はこのさき、それだけよい方向に進む希望がある。

ウィンストン・チャーチル　われらが時代の最大の人物

吹っ飛んだ歓迎演説

チャーチルは少年のころ、友達と人生の意義を議論していて、人間はすべて虫ケラだという結論に達したことがある。だが、そこはさすがにチャーチルで、彼はこう言った。

「僕たちは、みんな虫だ。しかし、僕だけは……蛍《ほたる》だと思うんだ」

チャーチルは、死ぬまで、自分が特別な人間であると信じて疑わなかった。そんな彼のことを怒る者もいたが、多くの人は感動した。チャーチルは、いったん何かを手に入れたいと願うと、いかに多くの人々が思い止まらせようとしても、ノーということを知らなかった。政治的抗争であろうと軍事的闘争であろうと、いったん戦いを始めたが最後、彼の辞書には敗北という語がなかった。

私がはじめてチャーチルに会ったのは一九五四年、イギリス首相としてワシントンに到着した彼をワシントンの空港に迎えたときである。チャーチルを乗せた飛行機を待ちながら感じた胸のたかまりを、いまでも昨日のことのように覚えている。

そのときの私は、すでに副大統領として、世界歴訪を終えていた。国家的指導者、国際的指導者、そのほか無数の有名人に会っていた。だが、チャーチルだけは、伝説中の人物だった。

戦争中、太平洋の戦場にいた私は、ラジオで聴くルーズベルト大統領の演説より、チャーチルの声に酔った。政界に入ってからは、チャーチルの率いる英国が史上まれに見る勇気と忍耐で世界を感動させた偉大さを、理解するようになった。どんな形容詞を使っても、チャーチルを正しく語ることはできない。彼は二十世紀の歴史の中に聳《そび》える偉大な指導者だった。

当時の外交儀礼により、大統領アイゼンハワーは、元首を迎えるときだけ空港に行き、首相はホワイトハウスに着いてから大統領に会うことになっていた。エリザベス女王ならアイクが迎えるところだが、そういうわけで、チャーチルの出迎え役は私に回ってきた。

その前の晩、私は一時間を費して、一分三十秒の歓迎スピーチを書き上げた。そして、チャーチルの乗機を見ながら、ひそかにそれを胸中に暗誦した。

四発の大型旅客機が着陸し、誘導路を通って、われわれの前に来て停まった。ドアが開き、すぐにチャーチルがタラップに立った。薄いグレイのホンブルク帽をかぶったチャーチルの背が、あまりに低いのに私は驚いた。それは彼がちょっと猫背で、大きい頭が胴からじかに生えているように見えたからだった。

ほんとうは百七十センチ、セオドア・ルーズベルトとも同じ背丈だが、誰もこの二人を小男とはいわないだろう。

側近が近寄って、タラップを降りるのを助けようとした。だが、チャーチルはすばやく地上を見回し、歓迎陣とカメラマンの群れを見ると、手助けを振り切った。そして、金の握りのついた杖を持ち直すと、一人でタラップを降り始めた。一年前の心臓発作の後遺症で足元は覚束なかったが、タラップの中途で四人の空軍将校が敬礼しているのを認めると、悠然と立ち止まって敬礼を返した。

われわれは握手し、チャーチルは、はじめてお目にかかれてうれしいと言った。イギリスの知名人の例で、チャーチルの握手も私の手を握り締めるのではなく、軽く触《さわ》っただけだった。そして、国務長官のダレスにちょっと挨拶すると、チャーチルは真っ直にカメラとマイクロフォンの方へ歩いていき、私の歓迎の辞を待たず、さっさと到着第一声を上げ始めた。

父の国から母の国に来た（チャーチルの母親はアメリカ人）のは喜ばしいというのが、第一声だった。話が終わると、さかんな拍手が起こった。彼は有名なVサインをしてみせると、再びさっさと待ち構える黒いリンカーン・コンバーチブルのほうに歩いていった。私は、あれほど苦心した歓迎の辞を、ついに述べる機会がなかった。それなのに、べつに残念とも思わなかった。

その夜、口述した日記をいま繰ってみると、七十九歳のチャーチルの元気に驚いたと書いてある。心臓発作から回復したばかり、しかも大西洋を夜どおしプロペラ機で旅した直後というのに、彼はホワイトハウスまでの車中の三十分間に、実に多くの話題を、みごとに語りおおせた。しかもその間、絶えず沿道を埋める群衆に手を振り続けたのである。

車中の会話を、チャーチルは、まず私へのお世辞から始めた。数カ月前の私の東南アジア旅行のニュースはじっくり拝見させていただいた、とくにマレーシア訪問中に、タイ国境の共産ゲリラを鎮圧中の英軍を見て下さったのはありがたい、というのだった。私が、テンプラー将軍以下の英軍幹部は、植民地が独立に進む過渡期に当たってよくやっているようだと言うと、チャーチルは「彼らが責任ある政府を持つ前に独立を与えてしまわないかと、それが心配でしてね」と答えた。四年後、ロンドンで最後に会ったときにも、彼は同じ危惧を口にした。

マレーシアから、話は私が訪問したインドシナのことになった。チャーチルは、フランスが大戦終結時に、本気でインドシナを確保するかどうか、もっと断固たる決断をしておくべきだったと言った。

「それなのに、介入はしたものの、全面撤退の踏んぎりがつかなかった。残念です」

そう語りながらも、チャーチルは歓迎の群衆に向かって、手を振るのをやめなかった。しばらく、人垣に微笑みかけていたが、ふと私を顧みて、こんなことを言った。

「副大統領閣下、世界は、実に危いことになっています。米英両国は、協力しなくちゃなりません。意見の違いは当たり前で、どのみち避けられません。だが、たいした違いじゃない。新聞は書き立ててますがね」

なんのことはない発言のようだが、これが意味深長だった。二カ月前、ロンドンに行った統合参謀本部議長ラドフォード提督とチャーチルの喧嘩を、水に流しましょう、あなたのほうも忘れて下さい、という信号なのである。ラドフォードは、インドシナ問題をめぐってチャーチルと対立し、新聞がそれを書き立てたため、米英関係はかなりこじれたものになっていた。

ラドフォードは、チャーチルに会って、フランスがインドシナ植民地を確保できるよう、イギリスの協力を要請した。チャーチルは、ぶっきら棒に、インドのためにさえ戦わなかった英軍が、なぜインドシナでフランス軍を助けねばならんのかと、取り合わなかった。外交には素人のラドフォードは、米国がアジアで共産主義の侵略と戦っているのに英国だけがそっぽを向けば、米議会が問題にするでしょうと言ってしまった。

チャーチルは、かっとなった。

「そうですか。われわれは、一刻も早くアメリカの援助を断わって、すっきりしたいもんです」

それが米英反目の正体であった。

チャーチルがベトミンと戦いたくなかったのは、それが共産中国との戦争に発展するのを恐れたからである。ヘタをすれば米中戦争になり、ソ連が介入し、再びヨーロッパが戦場に、英国が敵の目標になりはしないかと懸念した。帰国したラドフォードが喧嘩のことをアイゼンハワー大統領に報告すると、アイクは大戦中は闘志の権化《ごんげ》だったチャーチルが、東南アジアではあっさり負けようとしているのを知って、ショックを受けたものである。

なおも沿道の人々に手を振り続けながら、チャーチルは原子爆弾の恐ろしさを語った。敵の侵略に対し究極兵器による報復を言うだけならいいが、核爆弾による限定爆撃などという理論は論外だ、というのだった。

私が、彼の大戦回顧録の第四篇『運命の分岐点』を読み終えたところだと言うと、チャーチルはルーズベルト大統領の死の四カ月前から米英両政府の間にはほとんど意思疎通がなかった、と言った。「ルーズベルト大統領は、頭がおかしくなっていたね。トルーマン氏も、急に大統領職を継いだもんだから、何から着手すべきか知らなかった」と、率直きわまる話しぶりだった。と、急に真面目な顔になり、再び私を直視した。

「指揮官は、自分が病気で長く職に留まれないとわかれば、必ず次席の者に職務の内容を教えておかねばならん。あれは、たいへんな間違いでした」

車はホワイトハウスに近づいていた。私は、再びチャーチル回想録のことを持ち出し、連合軍がノルマンディに強行上陸せず、彼が提案したように南ヨーロッパの「敵の柔かいみぞおち」を衝けばどうなっていただろう、と、問いかけてみた。

「ま、ウィーンは簡単に手に入ったでしょうな」

チャーチルが笑いながらそう答えたとき、車はホワイトハウスの北西ゲートを通った。

侍医のモラン卿がチャーチルの死後に発表した日記によると、ワシントン訪問時のチャーチルの健康状態は、かなり悪かったらしい。彼は何度も激痛に襲われた。しかし、いったん晴れの舞台に立つと、だれも彼を病人とは思わなかった。必要な場では、いつもチャーチルは、毅然としていられた。

公式日程はびっしりだったが、チャーチルは彼を迎えて催される長い晩餐会に喜んで出席し、疲れはそぶりすら見せなかった。世界の運命を変える会談もできるが、当たり障りのない会談も巧みというのは、偉大な指導者にしては珍しい。チャーチルは、戦争中でさえ欠かさなかった昼寝のおかげで、ディナーの席ではいつも生き生きしていた。

ホワイトハウスの公式晩餐会では、チャーチルがビフテキを持て余しているのを見たアイゼンハワー夫人は、そっと手を伸ばして切ってやり、わが家のナイフはよく切れないので済みませんと、うまい謝り方をした。ダレス国務長官が、食事中いつものようにワインに手をつけず、ハイボールを持って来させて飲むのを見た私の妻は、あなたもハイボールになさいますかと尋ねた。するとチャーチルは、いやと断わってから、ウィスキーは毎朝八時半に飲み始めるので、いまはシャンパンで結構ですと言って驚かせた。

食事のあいだ、チャーチルは座を独占して昔話をやった。普通なら失礼な行為だが、だれも失礼と感じなかった。マッカーサーと同様、チャーチルの独演は惚れ惚れする名演技で、その独白に口をはさむ者はいない。私の妻によると、あのときほど面白いディナーはなかったそうである。彼女もアイゼンハワー夫人も、チャーチルが語るボーア戦争時代の冒険譚に、うっとりとなっていた。

私が偉人チャーチルを近くでじっくり観察したのは、彼のワシントン滞在の最終日、英国大使館で開かれた男だけのディナーの席である。このときも、外交儀礼の関係でアイクは出られず、私が主賓ということになった。

チャーチルは十五分ほど遅れて登場し、客に挨拶してからしばらく立って話したが、ウィルソン国防相が長話をやり出したので、そっと隅に行って椅子に腰を下ろした。私がその様子をじっと見ているのに気付くと、にやりと笑って「やっぱり、このほうが楽なようです」と言った。

ディナーの席で、私は、三日間のきびしい日程でお疲れでしょうと、尋ねてみた。ときどき目くらみがするが、イギリスを発《た》つ前より好調です、という返事だった。

「大西洋の彼方にそそり立つ、この新大国に来ますと、私はいつも霊感が湧き、気力が回復するのです」

　大げさな形容が、いかにもチャーチルだった。

会話がはずんで、休暇のことになった。船でモロッコに行くつもりだと言う彼に、私は船酔いするたちなので自分はいつも飛行機ですと応じた。チャーチルは、ちょっときびしいが微笑を含んだ目で私を見て、言った。

「お若いのだ、心配なさるな。年をとれば船酔いなどしなくなります」

　私は、そのとき四十一歳であった。

　チャーチルは歴史をつくったが、歴史を書く腕前も、それに劣らず一流だった。だが彼の厖大な著作を読むと、自分が直接関係しなかった歴史のほうが、よく書けているように思う。たとえば第一次世界大戦史は、個人的な感想や反省が混入する第二次世界大戦回顧録より、はるかに面白い。とくに傑作は、ベルサイユ平和会議を書いた『大戦収拾』の巻と、全五巻を書き終えてから二年後に筆をとった『東部戦線』だろう。二巻とも、チャーチルがあまり歴史に参加していない部分である。いずれにしても、彼は彼自身の名言「歴史を作る最良の方法は、それを書くことだ」を実行した男だった。

　ワシントンに来るたびに、歴史家としてのチャーチルの興味は、南北戦争に戻った。一九五四年のときもそうで、大使館のディナーでは、南軍総司令官だったリー将軍をアメリカ史上最も偉大な、そして将軍として世界で最も偉大な人物だと称揚した。リーが連邦軍に背を向けて馬でポトマック川を渡り、負けるとわかっている南軍の指揮をとりに行くシーンは、だれか名人がタペストリに織るか油彩に描くべきだとも言った。

南北戦争で最も偉大な瞬間はアポマトックスの降服の場だというのが、彼の意見だった。リーが北軍のグラント将軍に、馬は南軍将校たちの個人財産なので取り上げないでほしいと訴えると、グラントは「将校だけでなく兵も、馬を持ってゆくがよい。農園に帰って耕すのに必要でしょう」と許したのである。それを語るチャーチルは「きびしい人の世、戦いの場で、なんとすばらしい行為であろう」と、両眼を光らせた。

私は、前の年にスターリンが死んだあと、その後継者とはどう交渉すべきかと尋ねた。西側は力の立場から交渉すべきだ、共産主義者との交渉は決して弱い立場で臨むべきではないと、彼は答えた。だが一方では、いつかソ連を訪問したい、しかしアメリカを縛るような言質《げんち》は与えないと言った。

「戦争中こそ同盟したが、私はずっとボルシェビキを敵としてきた。共産主義者を知り、彼らと戦う人間としての私を、アメリカ人は信用してくれるはずです。(赤狩りで有名な)マッカーシーは、かえって共産主義者の名を高めたが、私は彼らと戦うのです」と言いかけて、私に口をはさむすきを与えず「だが、これは、ここだけの話。私はあなたの国の内政には干渉しませんぞ!」と逃げた。

　そのあと、労働党左派の闘士ベヴァンのことを、口をきわめて罵った。七年前、労働党内閣の保健相だったベヴァンは、保守党のことを「蛆虫《うじむし》ら」とこき下ろし、労働党内の穏健派を困らせたことがある。ほめた言葉遣いではなかったが、政敵の罵倒にかけては、チャーチルも他人を譏《そし》れない人である。

　たとえば、労働党党首で最後には挙国一致内閣の首相になったJ・ラムゼイ・マクドナルドのことを、チャーチルはこう言ったことがある。

「子供のころの私はサーカスが大好きで、大女や小人《こびと》の曲芸を見て喜んだが、最も好きなのは骨なし男だった。見るからにいやらしいので、両親は私になるべく見せまいとしたが、なんぞはからん、五十年後に骨なし男を蔵相の椅子に見ようとは！」

　チャーチルはまた、ダレス国務長官のことを「どこへでも食器棚を携えていく牡牛」と形容したことがある。牛が食器棚に突っ込めば大騒ぎになるが、ダレスは行く先々へ無用の騒ぎを持っていくという意味である。

　女性としてはじめて英国議会で代議士になったレディ・アスターが、あるときチャーチルに「私があなたの妻なら、きっとあなたのコーヒーに毒を入れています」と怒ったことがある。チャーチルは平然と「私があなたの夫なら、そのコーヒーを飲みますね」と、やり返した。

　また、労働党のアトリー党首が議会で演説したあと「アトリー氏は謙虚な人だが、なるほど謙虚になるべき理由がある」と評したことがある。

　バーナード・ショーは、あるとき自分の芝居の切符二枚に「お友達とご一緒に。もしお友達をお持ちなら」と、書き添えてやった。チャーチルの返事にいわく「初日は多忙ですので二日目に参ります。もし芝居が初日で打ち切りにならなければ」。

ベヴァンに対しても「なんという詩的なことだろう、戦争中の野次将軍が平和時には、かくもみごとに無能力者に一変するとは」と、鋭い矢を放ったことがある。こと悪罵に関するかぎり、チャーチルは受け手であると同時に、相当な送り手であった。


これも英国大使館のパーティの席だが、チャーチルは原子力科学者ブラウデン卿を評して「あれほど世界に多くを与えながら、求めること少なき人はいないな。肉を食わない、煙草も吸わない、結婚もせんのだから」と言った。これはチャーチルの処世観を語るもので、彼は人生の花園の味は満喫したい人物だった。世界に多くを与え、同時に世界から多くを取った男と言えるだろう。

チャーチルには、どうしても悟りすました老人になりきれないところがあって、ある伝記作家も「政界のピーター・パン」と呼んだほどである。好きなポロができなくなってからのチャーチル唯一の気晴しは油絵だった。大胆な線や明るい色は、内にこもる感情のはけ口だったのか。「絵というものがなければ、生きていけなかっただろう。ストレスに圧《お》し殺されていたに違いない」と、述懐したことがある。

やはりこの訪米中の話だが、文章を書くのには何が便利かという話になった。私が、口述テープに吹き込むのが一番だと言うと、チャーチルは、いたずらっぽい目で笑って「そんな冷たい機械を相手にするより、美人の秘書に口述するほうがどんなにいいか。私は別嬪さんを二人そろえておりますよ」と言った。

それから十年以上も経って、私は一九七二年モスクワでの米ソ首脳会談のとき、この話をブレジネフに披露した。ブレジネフは、チャーチルに同感だと言い、ちょっとウインクして、こう付け足した。

「そりゃあ、真夜中に目が覚めて口述したくなったときなど、女の子のほうがずっと便利じゃありませんか」

チャーチルは、せっかくの文明の恩恵はこれを拒否せず、という人物だった。第一次大戦中の前線視察にも、常に水浴用のブリキの浴槽を持っていった。禁酒法時代にアメリカに講演旅行に来たときは、毎回、講演前にシャンパン一本を受け取ることという一項を、契約の中に要求した。

一九六九年に私が大統領になってまもなく、ホワイトハウスの古い執事から聞いた話だが、ルーズベルト大統領がチャーチルをホワイトハウスに招くときは、いつも調度が上等でベッドもふかふかの「クィーン寝室」に泊めたという。ところが某日ルーズベルトは、ぜひ「リンカーン寝室」で、リンカーンの眠ったベッドを試してもらいたいと言い出した。こちらは装飾も少なく、十九世紀中期アメリカ風の質素な部屋である。しかもリンカーンのベッドは、固いので悪名高かった。

執事の目撃譚によると、いったん「リンカーン寝室」に入ったチャーチルは、三十分後、古風なパジャマ姿のまま、スーツケースを片手に、爪先立ちで廊下を横切り、ひそかに「クィーン寝室」に移ったそうである。どんなに歴史的でも寝苦しいベッドなど真っ平というのがチャーチルの流儀だった。この話を聞いてから一九五四年のことを思い出したが、アイゼンハワー夫人がどちらでもお好きな部屋をと言ったとき、チャーチルはさっさと「クィーン寝室」を取り、「リンカーン寝室」にはイーデン外相を寝させたのである。

チャーチルは、ワインにかけても、一流の目利きだった。私が最近フランスの有名なシャトー・ラフィット・ロチルドを訪れて聞いた話だが、チャーチルはそのシャトーで、十九世紀最高と折り紙つきの一八七〇年物ラフィット・ロチルドを勧められ、こう評したという。

「一八七〇年か。普仏戦争に完敗した、フランス軍にとって最悪の年だが、フランスの酒にとっては至高の年であるな」

「ライオンよ吼えよ」

　ワシントンの三日間、毎日チャーチルの姿を眺めながら、私ははじめて彼の名に注目するようになったころを、思わずにいられなかった。それは一九三六年、法律を学ぶため私が東部に移る前後で、チャーチルは、すでに問題の人になりつつあった。エドワード八世とシンプソン夫人の「王冠を賭けた恋」を積極的に支持したこともその一つだが、ヒトラーに対抗するため英国の軍備を増強し、民主主義国は団結すべしと、声を大にして訴えていたからである。

　当時のアメリカは、ヨーロッパの出来事には超然とし、非常な孤立主義だった。今日は、超音速のコンコルド機が二十分遅れたと苦情を言う人さえいる世の中だが、三〇年代の大西洋を渡るには船しかなかった。カリフォルニアやノースカロライナにも、私が知るかぎりヒトラーを好きな人はいなかったが、だれもそのため戦争を始めようなど思っていなかった。ヒトラーの姿がどこか可笑《おか》しく、言うことも過激すぎるので、だれも真面目に考えなかった。

　英国においてさえ、チャーチルは好戦的と見られていた。彼の警告は大げさで誇張が多すぎると悪評高く、アメリカ人の多くは、チェンバレン首相のいわゆる「宥和政策」を、ヒトラーの罵詈《ばり》雑言に対抗する忍耐と威厳ある策と讃えた。チェンバレンがミュンヘン会議から帰り

「わが世代の平和」を確保したと宣言したときは、拍手喝采したものだった。

チャーチルがいかに正しく、いかに具眼の士であるかを世界が知ったのは、一九三九年のポーランド侵攻により、はじめてヒトラーのヨーロッパ征服の野望が明らかになってからである。全欧がみるみるヒトラーの足元にひれ伏したが、チャーチルの人物の非凡さとドラマチックな雄弁は、それとともに一種の伝説と化した。

「イギリス人は世界に冠たる民族であり、ライオンの心を持つ民である。私は幸運にも、それに吼《ほ》えよと命じる役を与えられた」

そう叫んで首相に就任したチャーチルは、まさに名優中の名優だった。

大戦の当初から、チャーチルはアメリカに対して別格の配慮をした。「民主主義の武器庫」としてのアメリカの支持が、できれば参戦が、英国を救う唯一の道であるのを、彼は十分に承知していた。ブルックリン生まれのジェニー・ジェロームという女性を母に持つチャーチルには、とくにそうした考え方はぴたりで、誇りをこめ、だが少しばかりメロドラマの味も加えて、ジェローム家にはイロクォイ・インデアンの血も混っているのだと言ったことさえある。

ランドルフ・チャーチル卿夫妻の長男として一八七四年ブレナムに生まれた彼は、幼いころ両親から強い影響を受け、親への愛と敬意のうちに育った。だが、物心つくころには、両親は多忙になりすぎ、子との交渉はほとんどなくなった。

父のランドルフ卿は、頭はよかったが移り気で、自分の政治生命を賽《さい》のひと振りに賭けるような愚を敢てし、それに破れた人だった。首相の政策に反対して辞表を提出したが、内心は慰留を期待していた。ところが首相はさっさとそれを受理してしまい、以後ランドルフは二度と閣僚のポストをもらえなかったのである。同じころ、前から患っていた性病が悪化し、自分のことだけで手いっぱいな父は、子を構う余裕がなく、おまけに少年時代のチャーチルは学校の成績が悪く、彼の学費はただでさえ傾きかけた父の内情を圧迫したので、親に邪魔者視された。

若いときから学業より政治に興味のあったチャーチルは、政界事情や政治家について、父と話したくてうずうずしていた。だがランドルフ卿は、わが子のそんな試みを、事ごとに却《しりぞ》けた。後年のチャーチルのペンによれば「ほんの少しでも同志的なところを見せると、父は真っ赤になって怒った。あるとき、私設秘書を手伝って手紙を書きたいと申し出ると、ものすごい剣幕で私を睨《にら》み据えた」という。結局ランドルフ卿は四十六歳で死に、父子の心の通い合う機会は、永久に失われた。

母親についてチャーチルは「私にとっては宵の明星だった。私は彼女を愛したが、星と私のあいだには距離があった」と書いている。ランドルフ夫人は美人だったが浮気者で、男たちに取り巻かれていたい欲望が、結婚後もやまなかった。上流階級の中でだけだが、彼女のはでな婚外交渉は広く知られ、のちにエドワード七世になった皇太子も、お相手の一人だった。

伝記の中などで展開される、いわゆる心理解剖を、私はあまり信用しないことにしている。たとえば、フロイトは、アメリカの初代駐ソ大使ウィリアム・ブリットとの共著書の中で、父親を深く尊敬したウッドロー・ウィルソン大統領は、実は意識下で父を憎んでいた、その憎悪が外交政策で彼に反対するものを片端から処分するかたくなさになった、と書いている。私は、こういう分析には同意しかねる。

しかし、成人してからの思想や行動に幼いころの体験なり環境なりが反映するというのなら常識的だし、私も喜んで納得する。

チャーチルの場合、少年時代に家庭の温かみを知らなかったことは、その後の人生にあまり痕跡を残さなかったように思える。彼は常に父親のことを誇りにし、父の名誉を守り、父が闘った政策のために闘った。母親のほうは長生きし、チャーチルが軍務でも文筆でも政界でも成功するのを見てから死んだ。マッカーサーの母と同様、彼女も政界に張った広い知人の網を利用し、息子の出世を助けた。そして晩年には、チャーチルに心からの愛を示し、喜んで彼の世話になった。

少年時代のチャーチルが、アインシュタインと同じような劣等生だったことは有名である。家庭教師の一人が「これでハロー校を出たとは信じられない。門を出ただけだろう」と歎じたことも知られている。中国やソ連なら、チャーチルは高等教育をうけるエリートには選ばれなかったはずだし、その後の出世もなかったに違いない。私は北京で、中国の教育者から、中国の初等教育はすべて無料だと説明されたことがある。ただし、小学校を出たところで全科目テストがあり、パスした者だけが上級学校へ進むという。落第生は、工場や農村に送られる。それを私に説明してくれた中国人は、ちょっと悲しそうな顔をして「こういう教育は、大衆にはいいんですが、チャーチルは育ちません」と、溜め息をついた。

もっと眼識のある教育者なら、画一的テスト制度には向かない少年チャーチルの天分を発見していたところである。英語（つまり国語）では、彼は天才だった。だがラテン語や理科系の科目が不得手で点数も低かったため、綜合点が引っ張られることになった。ハロー校では、そのため英語作文に重点を置く最下級のクラスに入れられた。後年のチャーチルの言葉によると「かくて、正統英語の文章構造というすばらしいものを、骨の髄まで叩き込まれた」のだった。彼は文章というものが好きで好きでたまらなくなり、そのことは彼の人生を豊かにし、英語国民の人生をも何世代にもわたって豊かにする結果になった。

オックスフォードかケンブリッジを出て政界に入る優等生コースが閉ざされたので、チャーチルはサンドハースト陸軍士官学校へ行き、騎兵士官を志すことになった。軍事実技は大好きで、成績もよく、トップ・グループで卒業した。

青年チャーチルは、広い天地を望んで冒険を物色した。まず新聞記者としてキューバへ行き、スペインの支配と戦うキューバ反乱軍を取材した。はじめて水平線上にキューバの影を見たときは「これこそ、ほんものの事件が起る場所だ。真の行動が求められ、不測の事態が起り、必ず何事かが起る場所だ。私はここに骨を埋めるのだ」と、感動したという。

だが、チャーチルはまもなく英国に戻って、はじめてインドで八年余の軍務に服することになる。出発する前の彼は、インド勤務に絶望していた。「退屈なインド。平和の楽しみも戦争のチャンスもありません。すぐにでも船に乗って、冒険と刺激あふれる土地へ行きたいと、そればかりを思います」と、母に書き送っている。

バンガロールの兵営で時間を持て余したチャーチルは、あり余る時間を役立てようと決心し、一日に何時間もポロを練習して、めきめき腕を上げた。また、学校では教わらなかった政治の独学を始めた。いかにもチャーチルらしい広範で組織的な方法だが、まず母にせがんで政治年鑑の全巻そろえを送ってもらったのである。英国の政治と海外のニュースをまとめたその年鑑を、チャーチルは精読し、メモを取り、徐々に内容をマスターしていった。そのため、議会討議記録摘要が届く前に、特定の問題については自分の考えをまとめ、それを議会で実際に行われた討論と比較できるようになった。

彼はまた、母にたのんで名文章家の著作、とくにマコーレーやギボンなど歴史家の本を送ってもらった。そして同僚が暑いインドの午後を昼寝でつぶしているすきに、文章の技巧やリズムを体得していったのである。

やがてチャーチルは、インドでの戦闘の模様をロンドンの新聞に書き送り始めた。若い士官として型破りの所業で、同僚や上官からはずいぶん白い眼で見られた。東北辺境の戦闘のルポルタージュが本になったときには、『将軍たちに捧げる一中尉の助言』と題をつければどうだ、などと皮肉を言われた。周囲の人々のチャーチルに対するこうした態度は、彼の終生つづいたが、チャーチルのほうは毫も気にすることがなかった。

彼は、しきたりに屈して自分の個性を殺すようなことは、絶対にしなかった。他人の創造力を圧殺して自己の地位を保全する人物に対しては、これを蔑《さげす》むこと甚だしかった。人間の行動を枠に嵌《は》め込み、則《のり》を越える者をとがめる官僚主義に出遇うと、怒り狂った。かつてキプリングが詩の中で「ケチな野郎」と書いた連中、その詩に「亡国の徒よ、ケチなあまり愛することも憎むこともできぬ者」と呼んだ連中を、チャーチルは侮蔑してやまなかった。「ケチな野郎」に出くわすと、実際にキプリングの詩を大声で朗誦するようなことを、何度も敢てした。

最近のアメリカでは、古い官僚主義の上に、さらに困った問題が積重なっている。旧来の官僚が組織の上にあぐらをかき、ポストの保全に汲々とするのに加え、新しくリベラルな立場から政治的な動きをする官僚が増えてきた。ただでさえ官僚組織を動かすのは困難なのに、進歩的でない閣僚や大統領が、官僚の意向を押し切るのは、ますますむずかしくなったのである。

チャーチルは、手続きばかり考えて決断の遅い下っ端を飛び越し、いきなりトップと話をつけるのが好きで、そのため敢て何度も問題を起した。第一次大戦後のロンドンで、落し噺《はなし》が流行《や》ったことがある。クレマンソーとロイド・ジョージとチャーチルが、死んで黄泉《よみ》の国に行った話で、門のところに立つ聖ペトロが「名前を言いなさい。神様にうかがって、天国行きか地獄行きか決めてやるから」と言うので、クレマンソーとロイド・ジョージは正直に名前を申告した。ところが、三人目に登場したチャーチルは、聖ペトロに向かって「下っ端は引っ込んでおれ。神を出せ、神を」と、怒鳴ったという話である。

インド勤務が長引きそうになったチャーチルは、自分と母親のあらゆるコネを動員してキッチナー卿に働きかけ、スーダンで回教徒軍と戦う卿の軍隊への従軍許可を取り付けた。こうして従軍記者となってアフリカに転じたチャーチルは、有名なオムドゥルマンの戦闘で、史上最後の騎兵隊の突撃に参加したのだった。

一八九九年に退役したチャーチルは、父親と同じマンチェスターのオルダム地区から補欠選挙に立候補して落選し、痛手を受けた。最初の政治的敗北は「気の抜けたシャンパンのように、私の心を空《うつ》ろにした。いや、それはまるで気の抜けたソーダ水だった」という。だが、チャーチルはまだ若かった。そして、まもなく新しい冒険に遭遇した。

それはボーア戦争の通信員としての南アフリカ行だった。現地に着いて二週間後、軍用列車を防戦中に捕虜になり、ボーア人の陣営につながれた。だが、そこを脱走したのはいいが、チャーチルの首には「生死を問わず二十五ポンド」の懸賞金がかけられることになった。そのときのポスターを、チャーチルはずっと後年まで保存し、額に入れたのを見せては「どうだ、私の値段はたった二十五ポンド！」と、おどけてみせたものである。

彼がまだアフリカにいるうちに、処女作の冒険小説がニューヨークとロンドンで出版された。三カ月後、ボーア戦争の体験記が続き、書評もよく、売れ行きは好調だった。

二カ月後に英国に帰還したチャーチルは、国民的英雄になっていた。十一もの選挙区から、ぜひ立候補してほしいと要請があったが、彼は再びオルダムから立ち、こんどは当選して政界入りを果たした。

胆っ玉、直観、決断力

チャーチルは、こんなに強く愛せるものかと驚かされるほど、英国議会を愛していた。一九〇一年の初当選の日から、議会は言葉の最も深い意味で彼の魂のふるさとだった。代々の議員だった父方の血統の自覚により、またチャーチル一流の歴史的使命感により、彼は自己を議会とその伝統の一部と信じた。戦後、ドイツの空襲で破壊された議事堂を戦前と寸分違わぬ形に再現せよという彼の演説は、実にみごとである。それは、単に建物を語る人の言葉ではなく、歴史との一体性を熱烈に感じる者にしてはじめて語れる言葉だった。

初登院した若いチャーチル議員は、仲間から温かく迎えられた。その多くが彼の父親の同僚であり、親代わりになって青年政治家を育ててやろうという好意があった。チャーチルは処女演説を繰り返し練り直し、暗唱し、のちの回想によると、どこから始めてもすらすらと言えるほど自家薬籠中のものとした。

希代の雄弁家だったチャーチルは、会場にあふれる数千人を、またマイクロフォンを通じて何百万という人を、魔法のように感電させることができた。言葉を完全に使いこなすと同時に、一流の役者にも負けないショーマンシップを備えていた。だが、もっと大切な事実がある。彼の演説が人々を奮起させたのは、ほかならぬ彼自身が、みずから語る理想を闘いとるために奮起したことだった。オーストラリアのメンジス首相は、チャーチルの戦時中の演説を評して「人々を感動させるには、語り手である指導者がまず感動しなければならないという真理を、彼は知り、瞬時も忘れなかった」と言ったことがある。

しかし、最初から演説がうまかったわけではない。政界に登場したてのチャーチルは、必ず演説の草稿を書き、暗唱し、鏡の前でゼスチャーを研究し、ちょっと舌足らずのところを逆手に取って効果を出すため、あれこれ研究したものだった。

一九五二年、大統領候補を決める共和党大会で、はじめてチャーチルの子ランドルフに会った私は、彼の父の即席演説がいかにうまいかを語った。するとランドルフは笑って、「あたり前ですよ。父は人生の花の時代を、演説の草稿書きとその暗記に費したんですから」と答えた。そのとき感じたもう一つのことは、偉大な人物の子に生まれるのがいかに悲劇的かということだった。ランドルフは知性あり、ウィットも備えた面白い人物だが、だれでもチャーチルと比べると小さくなってしまう。まして子であるのは、二重のハンディキャップだった。

議員になったチャーチルは、頭はいいし、コネはたっぷりあるし、だれが見ても前途洋々たるものがあった。

ところが、その男が、急に自己の所属する保守党の政策に対して批判を始めたのである。英国製品を守るため保護関税法を提案した党幹部に対して、チャーチルは真っ向から反対の自由貿易を主張し、事態は急速に悪化していった。若い議員が堂々と党の統制に反抗するなど、とくに閣僚の地位を狙う人物の場合、あってはならないことだった。

一九〇四年、チャーチルはとうとう大胆にも「議場を横断」し、保守党から自由党に転じた。政治家は、ときには大きなリスクを冒《おか》さねばならないことがある。だが、賭けの代償は常にきわめて大きく、結果は残酷なほど明らか――つまり成功か失敗かしかない。政治の世界を知らない人や新参者は、政界におけるリスクの特殊性を知らない。もちろん、企業の世界にもリスクはあるだろう。しかし、少なくとも、予期される諸結果を事前に推測する、科学的な物差しがある。政界には、胆っ玉と直観と、正しい瞬間に断行する決断力以外には、何物もない。

今日では、保護主義をめぐる議論そのものが歳月に色褪《あ》せてしまい、なぜチャーチルがそんなことで党を捨てねばならなかったか、理解できない人がいると思う。チャーチルは、自由貿易を最も広い視野でとらえ、イギリス人の雇傭や生活水準のことまで含めて考えていたのである。当時の国民の多くが、ディケンズの小説そのままの劣悪な生活環境に、べつに抗議もせずにいたとき、ひとりチャーチルだけが、平均的イギリス人の生活の質が、やがては二十世紀の英国政府の最大の課題になると見抜いたのだった。

私はよく若い人から、公職に立候補して成功するための覚悟について問われる。知性、政治的本能、性格のよさ、自己の主張への信念……いろいろあるが、それを持っている人は多い。ただ、政治家として成功する不可欠な条件、すべてを得るためにすべてを賭ける用意のある人は、きわめて少ないのである。敗北を恐れる者は、一流の政治家たり得ない。猪突猛進はいけないが、大胆でなければやっていけない。資金も潤沢、党本部の支援もあり、世論調査も有利だ、だから立候補したいと言う人には、私ははっきり「やめなさい。あなたは成功しません」と言う。政治家チャーチルは、生涯一貫して大胆だった。ときには猪突もした。だが、一度も、敗北を恐れなかった。

チャーチルの転党は、たいへんなショック波を起こした。友人の多くが立ち上がって、彼を恩知らずのオポチュニスト、人を利用して議員になりながら、英国社会の階級構造をめちゃめちゃにする悪党の群れに投じる男と罵った。チャーチルは屈せず、大胆な選挙制度改革を主張し、漸進的な政策を排し、被選挙権の大幅拡大を唱えた。庶民参加による民主主義を願う人々とともに政治の水門を開き、下層階級を英国の政治の中に招いたのだった。

だが、そんなチャーチルに対する感情的な反撃は、きびしかった。のちに彼は「私は行動によってもマナーによっても、多くの人から長期的に愛されたとは言いがたい」と書いたが、当時はそんな生やさしい空気ではなかった。先日まで偉大な才能と洋々たる前途を祝福してくれた人々が、彼を不可触賤民のように扱った。チャーチルは「ブレナムのどぶねずみ」とニックネームがつき、ロンドンの社交界から締め出された。この反チャーチル感情は長く尾を引き、十一年後に戦時挙党内閣ができたときも、保守党は彼の入閣拒否を参加の条件とした。

しかし、反感は長く死ななかったものの、結局はそれを抱いた人々が、時の流れとともに死んでいった。「幸福に生きるのが最高の報復」ということわざがあるが、政治の世界では「だれより長生きすることこそ究極の復讐」なのである。

当時のチャーチルのように叩かれれば、普通の政治家なら潰れていたことだろう。国民から拍手喝采を受けたいと思って政治家になる人は、珍しくない。だが、悪者にされ、中傷され、あらゆる毀誉褒貶に耐えることには、また別の（必ずしも立派とは言えないにせよ）天分が必要なものである。

公職にあった三十六年間、私は多くの有能な男女が、国民による指弾に伴う圧力や孤独感が身に（あるいは家族に）及ぶのを避けるため、政治を捨てて一市民の生活に戻るのを見てきた。とくにウォーターゲート事件の前と後では、事態が一変してしまったように思う。あの事件のあとでは、公職にある者が支持や積極的評価を受ける可能性は、まことに小さくなってしまった。えげつないプライバシー侵害が常のことになり、政治があまりにも悲惨な自己犠牲や暴露を伴うため、多くの人が最初から職業としての政治をあきらめるようになった。公職を志す男女の数は減り、従って質も低下せざるを得ないだろう。

一九〇六年には、最初の自由党内閣が生まれ、チャーチルは三十二歳で閣内にポストを得た。以後数年のあいだに、彼はいくつかの閣僚の椅子を渡り歩く。その一つ一つに、チャーチルは、あくなき好奇心と壮大なエネルギーをもって取り組んだ。商務相として、産業近代化の基礎になる立法を提唱した。内相としては、炭鉱夫の八時間労働制を確立し、坑内の安全設備を義務づけた。十四歳以下の少年の坑内労働を禁じ、商店労働者には休憩時間を与え、最低賃金制を導入、失業を減らすための全国規模の労働市場をつくり、また監獄での待遇を改善した。

チャーチルのそうした施策は、実は、今日の福祉国家としての英国の第一歩だった。だが、改革を推進しながらも、彼は社会主義と自由主義の間にはっきり一線を引いた。チャーチルは、自分でも最高の一つにランクする演説の中で、こう言っている。

「社会主義は富める者を引きずり下ろすが、自由主義は貧しい者を引き上げる。社会主義は企業を殺すが、自由主義は企業を特権や保護の足枷から救う。……社会主義は規則を重んじるが、自由主義は人間を重んじる。社会主義は資本を攻撃するが、自由主義は独占を攻撃するのである」

議会でのチャーチルの投票実績は、実に主体的だった。ほんとうは協調的で付き合いもよく、議論好きなだけだったが、一見すると無礼でぶっきら棒に見える。だから、支持者をつくるべきところへ敵をつくった。よりよく知りさえすれば誤解は解《と》けるのに、第一印象があまりにも強烈だった。彼の友人の一人が言うように「はじめてウィンストンに会うと、欠点ばかりが目立つ。だが、あとは一生かけて彼の美点を発見しながらの付き合いが始まる」が事実であろう。

チャーチルのように気性も性格もはげしい人は、政界に珍しいわけではない。一九四七年に私がはじめて米国下院議員になったとき、議会にはずいぶん怒りっぽい人、なかには正気かなと疑うような面白い人がいた。しかし、テレビの発達は、政治家の均質化をも推進してしまった。均質牛乳では、一番おいしいクリームは最上層に来ないようになっているが、均質政治についても同じことが言えるようである。

かつて政治家は、その言論だけでなく挙措動作においても、他者と異なることによって尊敬されたものだった。今日では、目立ちすぎること、やりすぎることが悪とされ、そのため政治家の多くは当たりの柔かさと無害を心がけるようになった。波風立てないことが、最近の政界では鉄則になったのである。

私は、なにも異常性格者よ出でよと叫んでいるわけではない。ただ、もう少しオリジナルな考えを持った人、リスクを敢てする人が出てもいいのではないかと思う。政治の世界で成功したいなら、失策よりも無為のほうがはるかに悪いことを、若い政治家は知らなければならない。それは政治報道についても言えることで、今日の政治指導者に向けられているような細々《こまごま》した取材では、チャーチルやドゴールの如き偉大な独創的政治家を殺してしまうのではないかと、私は恐れる。

「谷底」を体験

チャーチルは、その傲慢な態度のためずいぶん損をし、おかげで心を許し合える友は少なく、敵のみ多かった。作家C・P・スノーによると、チャーチルを個人的に好いていた先輩ロイド・ジョージでさえ、ちょっとのさばりすぎと見ていたという。万事うまくいってるうちはよかったが、第一次大戦を早期収拾するための大胆きわまる(私に言わせれば天才的な)ダーダネルス海峡戦でガリポリ上陸が失敗すると、反チャーチル派は一斉に襲いかかり、チャーチルを閑職に蹴落としてしまった。

彼は、その屈辱を平静に受け止めることができなかった。自分の計画に反対するものが多かったり、失敗により自尊心が傷つけられたための心の痛手ではない。計画どおり運んでいればダーダネルス戦は成功したものをと、口惜しいためでもなかった。チャーチルを志気沮喪させたのは、歴史を動かせる立場を取り上げられたことだった。チャーチルの下で働いていた人の回想によると「彼は逆境になればなるほど、勇敢になり冷静になった。チャーチルを打ちのめしたのは、何もできない地位に追いやられたことだった」という。

チャーチルが「黒犬《ブラックドッグ》」と呼ばれる鬱病にときどき襲われるようになるのは、これ以後である。ときには、それは数週間にわたって、彼を無為の殻の中に閉じ込めることになった。いまさらチャーチルの慰めにはならないだろうが、やはり文章の達人であり初の英語辞典の著者となったサミュエル・ジョンソンも、同じような鬱病の犠牲だったのである。チャーチルにとって苦しい病気だったはずだが、ある意味では、楽観的で精力的なチャーチルの精神が、来たるべき戦闘に備えて充電する期間でもあったのだろう。

そんなときにも、心の平和と慰めになったのは、彼の妻だった。クレメンタイン・ホージアとの一九〇八年の結婚を、チャーチルはのちに「そして二人は長く幸せに暮らしましたとさ、だった」と書いたことがある。だが、結婚が幸福なのは、必ずしも波風がなかったことを意味しない。夫人は、チャーチルの最も強い支持者であり味方だったが、職業としての政治をどうにも好きになれなかった。チャーチルの政治上の友達や仲間とも、打ちとけることができなかった。

チャーチルにとっては、政治を捨てるなど夢想もできないことなので、夫婦は多くの時間を別々に暮らすことにより、ジレンマを解決した。チャーチルは公用で旅行、夫人はフランスかロンドン郊外の家で休暇、ということが珍しくなかった。チャーチルは終生、妻以外の女性に関心を見せることなく、夫婦はひんぱんに長い手紙を交換した。その手紙を見れば、二人の間の愛と信頼がいかに深かったかが、よくわかる。

一九二〇年代に入ると、チャーチルは歴史の流れから浮き上がったような形になってしまった。まだ四十六歳なのに、周囲からは老人のように扱われた。失敗もあったが、まず相当なこ

転じたことをまだ根に持つ人はいたし、チャーチルのほうもダーダネルス作戦の不満を埋めかねていた。

一九二二年のチャーチルは、人生の谷の中でも最低の谷底を体験した。急性盲腸炎の手術のため選挙運動ができず、持ち前の弁舌を封じられたため総選挙でも落選した。下院の議席を失うのは、二十二年ぶりのことだった。表面は笑いながら「あっというまに事務所も議席も党も、おまけに盲腸までなくなった」とは言ったが、心中は穏かでなかったはずである。ロイド・ジョージの元の部下で、このころのチャーチルに会った人は「ウィンストンは意気消沈し、一晩中ほとんど口をきかなかった。もうおしまいだ。少なくとも政治的にはおしまいだと考えている」と書いた。

ナポレオン前後に活躍したフランスの政治家タレーランは「戦場では一度倒れればおしまいだが、政治では再び起つために倒れる」と言った。チャーチルの生涯は、まさにその金言の実例だろう。だが、選挙に破れた心の痛手は、一片の金言くらいでは癒されない。私自身、一度ならず敗北を経験して、負けた者の気持ちはよくわかる。友人は「責任がなくなって、さっぱりしたじゃないか。どこへ旅しようと、釣に行こうとゴルフしようと、思いのままさ」と慰めてくれる。たしかにそうだ――だが一週間だけ、である。一週間が過ぎれば、選挙に負けた者だけが知っている、あの虚無感がやってくる。

負けた直後は、選挙戦の疲労が残っているし、興奮もかなり尾を引くので、たいしたことはない。しかし、数週間、数カ月が経つと、負けた実感と、もうどうあがいても取り返しつかないのだという敗北感が、のしかかってくる。よほどの資産家でもなければ、こっちの感情とお構いなしにどんどんやってくる請求書に応じるため、勤め口をさがさなければならない。チャーチルが、そのとおりだった。収入をはかるため、再び新聞に書き始めたのも、このころである。二度、補欠選挙に出て、二度とも破れた。世間には不撓不屈の顔を見せていたが、私は、仮面の裏にひそむものは重い屈辱であり絶望であったはずと思う。だが、政治の世界での敗北は、本人が打ちのめされ政治をやめるまでは致命傷になり得ない。そしてチャーチルは、やめるということを知らぬ男であった。

一九二〇年代の中ごろには、自由党はほぼ完全に労働党に取って代わられた。残った少数の自由党員は保守党に流れ、チャーチルも再び保守党員として立候補し、一九二四年には首尾よく議会に復帰した。

その一カ月後、彼は全く偶然に幸運を手にするが、実はそれは不運だった。ボールドウィン内閣で閣内第二位の蔵相になったことがそれだが、この偶然を演出したのは皮肉にもチェンバレンだった。

ボールドウィン首相は、チェンバレンを蔵相に、チャーチルを保健相に任命する腹だった。だが、ぎりぎりになって、チェンバレンが保健相をやりたいと申し出た。他のポストはすべて決まっていたし、控えの間で待っているのはチャーチル一人だった。やむなくボールドウィンは、彼に蔵相の椅子を提供したのである。当然、チャーチルは好機にとびついた。

蔵相としてのチャーチルの四年間は、評価が分かれるところだが、成功しようのないポストではあった。英国は第一次大戦後の疲弊が続き、高名な経済専門家は経済再建のための緊縮財政を主張したのに対し、軍部は戦争の損害を回復し英国の軍事支配復活を狙って厖大な政府支出を主張していた。

そんな中で、要求する人さえ少なかった公的年金計画や母子家庭援助などの福祉予算を、チャーチルは強行しようとした。雇い主と被雇用者の分担による大胆な年金制度の導入、中産階級の税負担を軽減するための税制改革、生産性向上と設備投資による雇用の増大など、すべてチャーチルの功績だった。

私は、蔵相としてのチャーチルの失敗は、フーバー大統領のそれと共通点があるように思う。二人は、ともに一九二九年という世界的恐慌の年に、責任ある地位にあるという不運に見舞われた。あの破局の中では、政府の責任者でも責めなければ、他に責める人はいなかった。しかもチャーチルほど性格に温か味のなかったフーバーは、自分がいかに深く人々の苦しみを察しているかを国民に知らせることができなかった。大恐慌から何十年か経って、はじめてフーバーを知った私は、一見頑固で冷たく見える彼の外見の底に、はにかみやで感じやすく、温かい心があるのを知った。だが、彼が大統領だったとき、失業者の辛酸を語りながら涙するところを見たのは、家族とごく少数の友だけだったのである。

予期しなかった幸運はチャーチルを蔵相にし、だれも制御できない時代の力が彼の足元をすくった。彼は、果てしない政治の荒野に放り出された。鬱病の「黒犬」が、繰り返し襲った。

自分でも「私は捨てられ、蹴られ、孤立し、嫌われた」と、憂鬱に書いている。

六巻本の『マルバラ公伝』や『偉大な同時代人たち』、雑誌への無数の原稿は、この時期に書かれた。今日では、チャーチルの文章を、派手で大げさすぎると批判する人が多い。だが私は、英国の偉大な遺産としてチャーチルの著作に優るものは、戦時中の彼の指導力以外にはないと信じている。

チャーチルは型破りの気鋭政治家という自己のイメージを強めるような動きを、敢てとらなかった。まず、インドに独立を与えようとする政府の方針に、強く反対した。このことでは、ついにボールドウィンの「影の内閣《シャドー・キャビネット》」から辞職し、事実上、党内での出世の道をみずから塞いでしまった。エドワード八世が二度の離婚歴あるシンプソン夫人と結婚しながらの王位保全を図ったときの支持も、党の方針への造反だった。さらに、ドイツの急速な再軍備に対して、声を嗄《か》らして議会に警告し始めた。

インド独立や王の退位のことはともかく、ドイツに関する警告は、危険な自己欺瞞が横行する中で、真理を述べる予言者の声に似ていた。実は、チャーチルがみごとに予言者の役割を果たし得たのは、国防省の官僚の中に上司の無能にあきたらない連中がいて、それらから定期的に機密情報を得ていたからである。ある意味では、最近まで名前さえわからなかったこの数名の役人が、チャーチルの役割を可能にしたと言える。彼らから受ける事実や数字がなかったなら、いかなチャーチルも、単なるホラ吹きと片付けられていたことだろう。

人間というものの性根が変わらぬかぎり、目的意識を持った情報漏洩はやまないだろう。その目的は、多くの場合は私利だが、ときには政府の危険な政策を止めようとする憂国の志である場合がある。……と私が書けば、一九三〇年代のドイツについて情報を漏らした者を褒め、六〇年代から七〇年代にベトナム戦争に関する文書を漏らした連中を非難するのは矛盾じゃないか、と言う人がいるかもしれない。だが両者は、その性格が完全に異なる。

『ニューヨーク・タイムズ』がペンタゴン文書を公表し始めたとき、われわれは戦争中だった。すでに四万五千人以上のアメリカ人がベトナムで死に、なお週に何十人という兵士が死につつあった。しかも政府は、戦争を終結するための、きわめて微妙な交渉を行っている最中だった。ペンタゴン文書をはじめとする奔流のような情報漏洩は、その交渉の足をすくい、交渉を促進するどころか、かえって長引かせた。それが文書を漏洩した人々の意図だったとは、私も言わない。しかし、結果的には、長引いたのである。

チャーチルの手に届いた情報は、もっと選択的であり、議会で彼に政府の政策について質問を行わせるための漏洩だった。彼にそれを渡した人々は、マス・メディアに漏らすことなど、夢想だにしなかったことだろう。私は、チャーチルなら、戦争中のペンタゴン文書の漏洩は国家反逆罪と考えたに違いないと信じている。

チャーチルの予言は、一九三九年の九月、ヒトラーのドイツ軍が怒濤のようにポーランドになだれ込むに及んで、悲劇的な形で成就した。チェンバレン首相は、直ちにチャーチルを海相に据えた。チャーチルにとっては、二十五年前のポストである。ロンドンからは、有名な電報が英国海軍の全艦艇に送られた。

――「ウィンストン戻る」

ミュンヘン会議で致命的な失敗をしたチェンバレンが、長く首相の座に留まることのできないのは明らかだった。だが、国王もチェンバレンも、後任にはチャーチルを望まず、ハリファックス卿を立てようとした。一九四〇年五月十日になって六十五歳のチャーチルがようやく待望の椅子に着き得たのは、上院議員を首相に指名することは適法でないとわかってからである。

その夜のことを、チャーチルはこう書いた。

「午前三時に就床したとき、私は深い安堵を感じた。私は、ついに、すべてについて命令を出せる権威を手に入れた。まるで運命と腕を組んで歩いているような気がし、私の過去の人生はすべてこのとき、この試練のための準備だったと感じた」

超人ついに宰相に

だれかが、もしチャーチルの代わりに首相になり、チャーチルが単なる海相で終わっていたら、歴史はどうなったことだろう。それは、ひまな人なら考えても面白い仮定かもしれないが、指導者はそういうふうには考えないものである。「もし」ばかりを考えていると、人間は身動きがとれなくなってしまう。

たとえば、もし一九五二年の大統領選挙で、アイゼンハワーの代わりにロバート・タフトが選ばれていたらどうなったか。タフトは、選挙から十カ月後にガンで死んだのである。では、チャーチルが一九三九年に死んでいればどうだったか。英国史上に数多い、失敗多き一個の快男子以外の何者でもなかっただろう。墓碑銘は「父に似て、子もまた」というようなものだったかもしれない。しかし、そういうもしは起こらなかった。このときもまた、チャーチルの強運とねばりと能力と生命力が勝ったのである。

下院での就任演説で、チャーチルは「私は血と脂と涙と汗のほかには何も与えることができません」と宣言した。もう一つ「指導力」と付け加えたかったのではないだろうか。チャーチルの指導力がなければ、英国の生存はなかっただろうし、西欧は自由を失い、米国は敵に包囲された小島になっていたことだろう。チャーチルの戦争中の名句を逆用すれば「かつてだれも、かくも多くを、かくも多数の人のために為したことはなかった」のである。

地位が逆転したにもかかわらず、チャーチルはチェンバレンを厚く遇した。彼を閣内にとどめ、すべての会議に招いた。他人の前では、一度もチェンバレンを批判せず、かえってその意図の立派さを讃えた。そのような度量は、一流の政治家には必ず見られるものである。フランクリン・ルーズベルトは、大統領としてその度量を持たなかった。ホワイトハウスに住んだ十三年間、ただの一度も前任者のフーバー夫妻を招こうとしなかった。トルーマンが大統領になり、真っ先にフーバーを大統領執務室に招いたとき、フーバーの目には涙が浮かんだものだった。

第二次世界大戦は、チャーチルの超人的な能力と個性にふさわしい舞台だった。偉大な指導者が、戦争という惨禍の脚光を浴びて光るのは、悲しい皮肉と言うほかない。

英国史上で最も偉大な宰相の一人は、勇断をもって穀物法を廃止したロバート・ピールだろう。だが、彼は動乱期に首相になったディスレーリほど、多くの人に記憶されていない。アメリカでも、大統領を能力と実績の順に並べれば四、五位以内に入るはずのジェームズ・ポークについて同じことが言えるし、アイゼンハワーも同様である。アイクは朝鮮戦争を収拾し、八年間の平和を保った。しかし歴史家は、歴史のめぐり合わせにより一九四五年八月に原子爆弾の投下を命令したトルーマンのほうを、アイクより強く決断力ある指導者と見るようである。歴史家の目には、戦争を終わらせたり避けたりするより、戦争を戦い抜くことのほうが偉大と映るらしい。

日独伊三国が敗れ、戦争は英国にとって勝利のうちに終わったが、チャーチルにとって、結末は勝利と呼ぶにはあまりにもきびしかった。

「私は大英帝国の解体を指揮するために国王陛下の宰相になったわけではない」というチャーチルの有名な言葉を、作家C・P・スノーは、表現としてはドラマチックだが、一九四〇年に英国首相になった者なら当然予測すべきことなのだから少しずるい発言だと評した。全植民地の解放は、ルーズベルトが強く主張したことだが、それでなくても独立の機運は、すでに抗しがたい勢いで大英帝国の内部から起こっていた。チャーチルにとってそれを阻止するのは、北海に海上帝国を築いたクヌート一世が、ひざを洗う潮に向かって退けと命じるようなものだった。

ドイツの敗北そのものが、英国にとっては皮肉なマイナスになった。チャーチルは、ソ連の一枚岩に対抗しヨーロッパ大陸に何らかの安定を築くためには、ドイツの復興が必須なことを知っていた。完全な廃墟からの再建のほうが、部分的に傷ついた英国産業の修復より有利なことも承知していた。ドイツのほうには近代的な工場を建てることができるが、勝ったイギリスは、戦前すでに時代遅れになりつつあったインフラストラクチャーの上に復興しなければならない。敗者のほうが、より豊かに、より強くなる仕組みであった。

戦争が終わっても、英国の食糧不足ときびしい配給制度は続いた。それに加えて、あれだけの努力と苦痛と犠牲を払ったのに、英国は二度と再び世界において指導的な立場に立ち得ないのかという、暗い思いがあった。

米国との同盟堅持は、戦争の始まるずっと前から、チャーチルの心の大きい部分を占める課題だった。戦後は、それが至高の目標にさえなった。一九三〇年代には、チャーチルは両国の繁栄を支える手段として、米英同盟を求めた。四〇年代には、英国生存のための必須の条件だった。五〇年代には、チャーチルはそれをヨーロッパと世界に拡がるソ連共産主義への唯一の対抗手段と考えた。六〇年代に英国が世界の一流国として生き残るにはそれしかないと判断したのではないだろうか。

戦後、チャーチルは米英の紐帯《ちゅうたい》を維持するため、ずいぶんつらい思いをしなければならなかった。われわれが真珠湾攻撃によって参戦するまでの二年間、英国は独力でヒトラーと戦いながら、高価な犠牲を払った。われわれの犠牲も大きかったが、二度の大戦とも、英国の打撃ははるかに上だった。米国が助けなければ彼らの生存はあり得なかったのだから、イギリス人はわれわれに深く感謝している。だが、ヨーロッパがもし完全にヒトラーに支配されていれば米国の生存もあり得なかった、と、チャーチルは言いたいところだっただろう。それなのに、アメリカ人の態度や意見を憚《はばか》って生きねばならない苦痛は、想像に余りある。

指導力の松明《たいまつ》がアメリカ人の手に渡ったのは、アメリカ人に指導力があったからではなく、単に力があったからにすぎない。私は、チャーチルが公然と米国を妬《ねた》んだり恨んだりしたと言うのではない。しかし心の奥底では、イギリス人は「何世紀もの国際的経験のある自分たちのほうが、アメリカ人より指導のしかたを知っている」と思ったと推察する。一九五四年に会って話したチャーチル以下の英国指導者には、一種のあきらめと言うか、絶望のようなものが感じられた。

米国にも有能な外交官は多いが、英国が影響力を持つ国々を旅した私の経験から言うと、彼らの外交官のほうがはるかに洞察力も力量も上である。今日でも、米国の為政者は、重要な決断の前には、ヨーロッパの首脳の意見を聞くべきだと思う。単なる相談や事後通告ではいけない。力のある者が、必ずしも最大の経験と最高の頭脳と眼識と直観を備えているとはかぎらないのである。

チャーチルは、終戦直後の米国の対ソ政策の純真すぎるのを見て危険を感じたが、米英の友好を損う愚策は採《と》らなかった。むしろ米国をおだて、おだてながら教育しようと試みた。一九四六年三月、彼がフルトン大学（米ミズーリ州）で行った有名な「鉄のカーテン」演説は、実は、ソ連の拡張主義への最良の対抗策は米英の一致だというのが主題だったと知る人は、もういないだろう。あの当然の発言が、当時はやかましい論議のまとになった。エリノア・ルーズベルト夫人は危険思想呼ばわりし、百人の議員がチャーチル非難の声明に名を連ねたのである。

一九三〇年代にチャーチルがナチの危険を叫んだとき、多くの人は現実直視を拒否した。やがて戦争が終わって国連が生まれ、人々は世界諸国の民が平和と善意のうちに暮らすよう望み、祈った。そして四〇年代の後半、チャーチルがソ連の拡張主義を警告したとき、彼らは再び耳を貸そうとしなかった。だがチャーチルは、こんども正しかったのである。彼は世論に追随せず、世論を指導する人物であった。

戦争中のチャーチルは、ヒトラーを倒すためには、だれとでも結んだ。ドイツ軍がソ連侵攻を開始すると、熱烈なスターリン支持に転じた。無節操を指摘されると「ヒトラーがもし地獄を攻めれば、私は下院議場で悪魔の支持演説を辞さないであろう」と答えた。

いま一人の味方ルーズベルトとは、もちろん親しい仲だった。「あなたと同世代に生きたことを欣快とする」と書いて送ったルーズベルトのことを、あるとき「彼に会うたび、一本目のシャンパンを開ける瞬間のように興奮する」と評したことがある。

しかし、両雄は何度も、政策の面で真っ向から対立した。チャーチルは、ドイツに無条件降服を求めるルーズベルトに反対だったし、戦後のドイツを農業国にするという「モーゲンソー計画」には一顧だに与えなかった。とくに対ソ政策での対立は激しかった。少なくとも一九四〇年に一万人のポーランド将校が反共のゆえに殺された「カチンの虐殺」のあとでは、戦前のヒトラーに対すると同様、戦後のスターリンにも不倶戴天の敵を見た。ルーズベルトが恐れたのは、ソ連よりむしろ英国の帝国主義で、あるときチャーチルに向かって「ウィンストン、外国の土地が手に入るとわかっているときにも手を出さない態度、あなたにはわかるまいね」と言ったことがある。

ヘンリー・グリュンワルドは、一九六五年に、こう書いている。

「ルーズベルトが米英の反ソ連合を欲せず、チャーチルとスターリンの橋渡し役を演じようとするのを見て、チャーチルの心はしだいにルーズベルトから離れていった。その結果、ポーランドは共産圏に取り込まれ、ルーズベルトがアジアでの領土的、経済的利権を餌にソ連を対日参戦させたため、中国もまた共産圏に組み入れられてしまった」

チャーチルの意見がルーズベルトを抑えていれば、事態ははるかに異なったものになっていたことだろう。

ますますスターリンに傾斜していくルーズベルトを見て、チャーチルは、その原因が衰えゆく大統領の健康にあると考えた。ルーズベルトの死後は、それまで蚊帳《かや》の外に置かれていたトルーマンが、純真な親ソ派の多い国務省の連中に誘導されるのではないかと恐れた。

チャーチルが何より危惧したのは、いったん東欧全域を占領したが最後、ソ連は絶対に手放そうとしないはずだと読んでいたからである。一九四五年四月はじめ、連合軍最高司令官アイゼンハワーにベルリン、プラハ、ウィーンへの米軍急派を訴えた彼は「ソ連軍との握手は、できるだけ東でやるのが絶対肝要です」と警告したが、アイクは手を束《つか》ねてソ連軍に西進を許した。

その二カ月後、チャーチルは再び警告のメッセージを大統領トルーマンに送り、ポツダム会談を一刻も早くと要請した。のちに東西の冷戦を象徴することになる言葉を、彼がはじめて使ったのは、このときである。

「中部ヨーロッパ戦線の米軍が、いち早くわが占領地域の線まで撤退したのは、きわめて憂慮すべき事実であります。ソ連軍は機に乗じて西欧の心臓部に侵入し、それ以東のすべてとわれわれの間に、鉄のカーテンを降ろしたのです」

ソ連に東欧を席捲させた責任の大半はアイゼンハワーにある、と、チャーチルは考えた。だいたいアイクは、最初からチャーチル好みの将軍ではなかった。性格的に弱いわけではないが、チャーチルはもっと想像力のある男を望んだ。アイク特有の気さくな協調性は、連合軍を統率するに当たって必須の資質だったし、あの協調性がなければ、勝利は覚束なかったことだろう。だが、チャーチルはのちに、もしマッカーサーがヨーロッパの総指揮をとっていたら、アメリカは東欧がソ連の手に入るのを漫然と見ていなかったはずだと言ったことがある。

アイゼンハワーのほうは、指導者としてのチャーチルの偉大さを認めていた。チャーチルの死後まもなく、こう言っている。

「戦中のわれらの交遊を顧みると、チャーチルの頭脳は全世界をカバーしていた。陸海空にわたる当面の戦略を考える一方で、来たるべき平和時における戦争当事国の役割に思いをめぐらせ、世界の将来を語ることのできる人であった」

こういう言葉を読むと、チャーチルへの彼の敬意は疑うべくもないが、やはり意見の食い違いはあったらしく、ホワイトハウスで私と語るときのアイゼンハワーは、あまりチャーチルを話題にしなかった。あるときなど、ふと、チャーチルは感情的になるから扱いにくいと言ったことがある。

「なあ、ディック（ニクソン）、あいつは言いつのると、泣き出すんだからなあ」

私は、チャーチルが両眼に涙を浮かべつつ自説を主張し、その前にすわるアイゼンハワーが困ってもぞもぞしているシーンが、目に見えるようだった。

大指導者が泣くのは、決して珍しいことではない。フルシチョフやブレジネフも、自説を言い張って泣きそうになったことがある。だが、彼らの場合は、どれだけ真情で、どこからが私を説得するための演技かと、私は疑ったものだった。

チャーチルとて、ここぞというときに演技の涙を流すことはあっただろうし、自己の雄弁に感動して思わず涙する場合もあったと思う。しかし、彼は真の意味の感情的人間だった。侍医のモラン卿の日記では、心臓発作を起こしたチャーチルは、これで自分の指導力も限界かと思って泣いたそうだし、秘書の一人によると、英国最大の危機に当たって一世一代の名演説を口述しながら、チャーチルは、まるで子供のように泣きじゃくったという。

「われわれは絶対に負けない。最後まで戦い抜く。フランスで、海上で、あくまでも戦うであろう。空中においても、断固たる信念と決意をもって戦う。いかなる犠牲を払っても、英国を守りきるのだ。戦闘は、わが国の沖で、敵の上陸地点で、野や丘や街角で続くであろう。だが、われわれは戦う。絶対に屈伏しない」――それは、イギリス人を奮い起たせた大演説だった。

逆境にも不屈の闘志

戦争の終結時にこそ英国にとって真の大問題が始まるのが明らかになるにつれ、チャーチルの心はどんなに痛んだことだろう。実は、もっと大きな打撃が待ち伏せていたのである。一九四五年七月二十五日、ポツダムでトルーマンとスターリンに別れたチャーチルは、総選挙の開票に備え、空路ロンドンに帰った。その夜、刺すような胃の痛みで目覚めたのが凶兆だった。開票結果は、チャーチルにとっても世界にとっても意外、青天の霹靂《へきれき》のような労働党の地すべり勝利だった。保守党は、権力の座から放り出され、代わってクレメント・アトリーが首相になった。

戦時中の指導者が、平和の到来とともに弊履《へいり》のように捨てられるのは、先例がないわけではない。ドゴールも、そうだった。戦争中の偉大な指導者の資質が、必ずしも平和時に国民の望む指導者の資質と一致しないのが、その一因であろう。野戦にあっても平和時の政界にあっても成功したウェリントン、ワシントン、アイゼンハワーは、むしろ例外ではないか。

こんなことが許されていいのか！　開票結果を手に、チャーチルは茫然と自問したに違いない。これが勝利を約束し、約束しただけでなく勝ちとった者に対する報奨か？

チャーチルは、例の如く、心の痛みを警句に包んだ。「これは、不幸に見えて、実は、かえって幸せなのだろう。だが、かなり理解しがたい幸せだ」と妻に言ったそうである。皮肉なことに、ちょうど十年前の著作『偉大な同時代人たち』の中に「あざやかな引き際こそ最高のものである」と書いたのは、ほかでもないチャーチル自身だった。

総選挙の屈辱に加え、大英帝国解体の不可避なのを知り、米国が入れ替わって超大国になり、そのうえ対ソ冷戦に当たって米英の紐帯《ちゅうたい》の必ずしも万全でないのを見たこの時期のチャーチルは、深い失意に打ちのめされたはずである。彼が引退し、戦中の栄冠を抱いて余生を送るだろう、と考えた人は多かった。私が新人下院議員として渡英した一九四七年には、チャーチルの復帰を予言する者は、一人もいなかった。すでに七十二歳、心臓発作もやった老人に、実際、何が期待できたことだろう。

だが、真にチャーチルを理解する人々は、彼が屈辱のうちに去る男ではないのを知っていた。そのとおり、彼は下院の野党指導者として六年間を雌伏《しふく》のうちに過し、一九五一年十月の保守党勝利とともに首相の座に復帰した。ハリウッド映画の中でさえ、あまりにも劇的すぎるとして却《しりぞ》けられかねない筋書である。しかし、チャーチルにとっては、劇的すぎることとこそ現実であった。

再び首相になったチャーチルは七十六歳。ほとんどの人が、彼は大幅な権限委譲を実践し、選挙の勝利を確認したあとは後継者イーデンにバトンを渡すものと予想した。だが、権力を放棄するのは、だれにとっても困難なわざだが、とくに老人にとっては、人生そのものの放棄を意味するものである。

私は一九七〇年にベルグラードに行ったとき、チトー夫人とそれを話題にしたことがある。夫人は、チトーが最後にチャーチルに会ったときのことを物語った。部屋に入ってくるチトーを見て、チャーチルはおどけて、犬のように吠えてみせたという。それから、こう言った。「戦争中は、あんたが大嫌いだったもんだ。だが、最近のあんたのロシア人への態度を見て、意見を変えたよ」

互いに古強者《つわもの》、会談は和気あいあいだったそうである。

そのときのチャーチルは八十歳。すでに政界を引退し、葉巻とアルコールは医者からきびしく制限されていた。ところが、依然として元気なチトーは、そんな人物の前でチャーチル好みの太い葉巻をすぱすぱやり、スコッチはチャーチルの分まで飲んでしまった。チャーチルは悲しそうな顔で「どうして、そんなにいつまでも若さが続くのかね」と、聞いたという。チトーに会った人なら知っていることだが、彼が若く見える一半の理由は、髪を染めていたからである。だが、チャーチルは、チトーに答えるすきを与えず、「いや、知っておる。権力だ。権力が若さを保つのだ」と、一人ごちたという。

大病でもしないかぎり、老政治家は、活力持続力や柔軟性などの点で失ったものを、年齢に伴って熟していく英知や判断力で補うものである。私が一九七二年に会った周恩来は七十三歳、一九六九年のドゴールは七十八歳、一九五九年のアデナウアーは八十三歳だった。みな、ばりばりの現役だったが、それは部下の若い連中より実力と才知で上回っていたからである。

チャーチルも、みずから権力を投げ出すことが、どうしてもできなかった。引退を、一寸刻みに先へ延ばした。はじめは、エリザベス女王の戴冠式まではと言っていた。それが女王のオーストラリア訪問が終わるまでになり、胃の大手術をしたイーデンが全快するまでになり、最後にはジュネーブ会議までになった。何年経っても、首相官邸を去ろうとしない。とうとう自己の体力や周囲の進言を無視できなくなった。「もう辞めよう。イーデンだって、いつまでも生きていないのだから」と言って、やっと引退したのが一九五五年四月五日のことである。

八十歳だというのに、チャーチルのような行動の人にとって、引退は苦痛に満ちた体験だった。その年のジュネーブ首脳会談から帰ったアイゼンハワーは、チャーチルから手紙をもらったと話してくれたが、責任がなくなってほっとした一方で、自分抜きで国際的な会談が行われると思うと「素っ裸になったような気がする」と、書いてあったそうである。

私が最後にチャーチルに会ったのは一九五八年、セント・ポール寺院でアメリカ戦死者の碑の奉献式があったときである。病気と聞くチャーチルに面会を申し込むのは気が重かったが、彼を知る人が、病気以外の話題を話せばかえって気が晴れるかもしれませんと言うので、その気になった。

そのずっと前から、私は病人に会っても病気の話をしないことに決めていた。聞けば、当然のことに病人はくどくど説明する。しかし病人の多く、とくに指導者となると、自分自身のことより世界について話したがるものである。元国務長官ジョン・フォスター・ダレスが、ガンで死の床にあったときも、ウォルター・リード病院に見舞うたび、私は、時の外交問題について話すようにしていた。それがかえって、彼に自己の重病を忘れさせ元気になると、ダレス夫人や看護婦、秘書から聞いた。

ハイド・パーク・ゲートの屋敷でチャーチルを一目見て、私はそのやつれぶりに激しいショックを受けた。リクライニング椅子にすわり、半ば目を閉じた姿は、まるで亡霊で、挨拶もほとんど聞き取れなかった。差し出す手も弱々しかった。ところが、執事にブランデーを命じ、それを一気に呑み干すと、みるみる生気がよみがえり、目に輝きが戻り、言語も明瞭になった。それは、まるで昔のままのチャーチルだった。

その日の朝刊に、ガーナがギニアの併合を狙っていると出ていたので、どう思うかと私は聞いてみた。

「ギニアを取る前に、ガーナには解決する問題が多いのだ」

そう切り出したチャーチルは、信じられないほど明晰な口調で、英国はじめ帝国主義勢力に植民地の放棄を強制したルーズベルトは早まったと断言した。アフリカ諸国は、準備もないのに独立させられ、かえって苦しんでいると言った。四年前、ホワイトハウスへの車の中で聞いた彼の信念は、不変だった。

次に、東西関係を聞いた。自由な人間は、力を持ってはじめて世界に平和と自由を広めることができると、これまた明快だった。抑止力《デタレンス》なくして緊張緩和《デタント》なし。言葉は、ちゃんと頭韻を踏んでいた。

一時間、そうやって話した。これが最後とわかっていたので、私は疲れの見えるチャーチルを前に、少し口ごもりながら、アメリカはじめ世界の何百万の人間があなたに感謝していますと言った。それ以外に、私の気持ちを言い表わすすべがなかった。

私が立ち上がると、チャーチルはどうしてもドアまで送っていくと言って聴かない。椅子から助け起こされ、両側から支えられながら、よろよろと廊下を歩いた。

表のドアを開けたとたん、目もくらむようなカメラマンのライトが当たった。瞬間、チャーチルはしゃんと立ち、両側から支えている人を押しのけた。私は、その瞬間の光景を忘れることができない。ぐいとあごを突き出し、目を輝かせたチャーチルは右手を高く掲げ、あの有名なVサインをしていた。カメラが回り、フラッシュがポンポンとはじけた。次の瞬間、ドアは閉じられていた。最後の最後まで、カメラの前では、チャーチルは英雄だった。老齢は、彼の肉体を蝕んだかもしれない。だが精神は、ついに衰えることがなかった。

今日、チャーチルが生きていれば、自由世界に向かって、何と言うことだろう。

戦時の偉大な指導者ではあったが、チャーチルは深く平和を望む人でもあった。戦争を避けたいがために戦ったのである。戦いつつも彼の念頭を去らなかったのはただ一つ、正しい平和の支配する世界を建設することだった。チャーチルは平和を望んだ。ただし、何が何でも平和ではなかったのである。

チャーチルがいま生きていれば、平和を守る唯一の道は力だと説いたことだろう。自由陣営に対してソ連拡張主義の危険を訴え続け、産業世界の鉱物資源へのソ連の魔手に対しては（昨今の一部ヨーロッパ指導者とは違って）、ドイツ平原を攻めて来る戦車兵団に対すると同じ危機感を持ったことだろう。

開発途上国でのソ連冒険主義に警告したサッチャー首相には、拍手を送ったに違いない。また、アメリカの外交イニシャチブには是々非々の態度をとりながらも、米ソをともに平和への脅威と考える昨今の西欧の一部思想家には、痛撃を加えたに違いない。

その一方で、彼はあの使い古された「恐れから交渉するな。だが、交渉するのを恐れるな」という格言に活を入れ、争いを避けるためには可能な部分から敵と交渉し、究極的対決の危険を消していけと自由世界に訴えたことだろう。一九五三年五月の英国下院での演説で、チャーチルはすでにソ連との間では、総ての問題を片づけない限り一切の合意はあり得ない、などと、述べているのである。

世界の危機を見据えながらも、チャーチルは、自己についても、自己の住む世界についても、心の奥底では楽観的な人だった。今日の世界についての彼の考えは一九五三年十一月三日、英国下院での最後の外交演説の希望と晴朗の調子にもあらわれていると思う。核兵器の破壊的な力についての懸念を述べたのち、彼は、こう言った。

「妙な話ですが、私はときどき、恐ろしい核兵器がかえって人類の安全を約束するのではないかと、思うのであります。人類が希望を捨てず、大量殺戮の恐怖からの解放を望み続けさえすれば、かつてないほどの繁栄と夢は、いままさに実現しようとしています。われわれ、いや全世界は、いま人類の歴史を決定する大破局か大繁栄かの岐路に立っていますが、私は神の御導きにより、人類が必ずや正しい決断をするものと信じて疑わないのです」

シェークスピアによれば「人間には生まれつき偉大なのと、生まれてから偉大になるのと、死んでから偉大と呼ばれるのがいる」そうだが、チャーチルは長い人生と政治生活の中で、それを三つながら体現した。権力のために権力を欲せず、権力の中に自己充足を求めなかった。チャーチルが権力を求めたのは、他のだれよりも自分がそれを巧みに行使できると、心から信じたからにほかならない。彼は、時代の危機を処理する能力と性格と勇気を持つのは自分一人と信じた。そして、その信念は正しかったのである。

チャーチルの判断の大部分は、正しかった。それに長寿が加勢し、一九四〇年という英国が最も彼の経験と指導力を必要とした瞬間に、居合わせることができた。

チャーチルについて書いた良書は多いが、わずか三十九ページのイザヤ・バーリン（オックスフォード大教授）の著書の最後の一節ほど、みごとに彼を定義した文章は例がないと思う。こういうのだ。

「チャーチルは人間の規矩《きく》を超え、常の人より大きく明快な資質を持ち、生前すでに巨大な歴史的人物だった。超人的な豪胆と力と想像力に恵まれ、英国が生んだ二大行動人の一人であり、比類まれな雄弁家、救国の英雄、伝説とともに現実に属する神秘な勇士だった。彼は、われらが時代の最大の人物である」

シャルル・ドゴール

神秘な指導力

フランスを体現した男

かつて大フランス帝国の首都であったパリも、あの日――一九七〇年十一月十二日ほど、世界の指導者を一堂に集めたことはなかった。三日前、八十歳の誕生日まであと二週間で急逝したシャルル・アンドレ・ヨーゼフ・マリー・ドゴールを悼むために、世界各地から参集した現・元元首や政府指導者は、実に六十三人を数えた。

ノートルダム寺院の二百六十フィートもある中央通廊をおごそかに歩く一団の中に、アメリカ大統領としての私も混っていたが、それはまた故人の一友人としての参列でもあった。

われわれは、ドゴールを埋めるために行ったのでなく、彼を讃えるために行ったのである。何年も前に、ドゴールは自己の葬儀について、きびしい遺言を残していた。はでな儀式はするな、名士貴顕を招くな、ただ、そっとコロンベ・レドゥゼグリーズの村の墓地に横たえてほしい――と。

遺言どおり、彼の遺体はわずか七十二ドルの樫《かし》の棺に入れられ、肉屋やチーズ屋や農夫など村人に担われ、ドゴールが愛した娘の墓地の傍《かたわ》らに埋められた。障害を持って生まれ、二十年前に十九歳で死んだ、アンヌという娘である。墓石も、ドゴールの望みどおり「シャルル・

ドゴール 一八九〇‐一九七〇」としか彫られていない。

ノートルダムでの盛大な葬儀は、だから、ドゴールの遺志にはないものであり、ドゴールを讃えんと願う全世界のために、フランス政府が提供した便宜にすぎなかった。

ドゴールの名を聞いて、人は何を連想するだろうか。「きびしい人」「扱いにくい男」「意志の強い人」……ある人は、フランスの「栄光」を連想するかもしれない。年輩の人なら、ドゴールが第二次大戦中にあの横木が二本あるロレーヌの十字架を旗印に、フランス解放のための自由フランス軍総司令官として戦ったことを想起するだろう。あるいはまた、チャーチルが言ったという「かつて私が負った十字架のうち、ロレーヌの十字架ほど肩に食い入るものはなかった」という警句を思う人もいるに違いない。

私も、そのようなドゴールを回想する。だが、同時に、私が大統領になってからも一私人のときも、同じように人並はずれた親切と優雅と思いやりで接してくれた彼のことを、思わないわけにはいかない。ドゴールから受けた助言は、たとえ同意しかねる場合にも、私にとってきわめて貴重なものだった。

ドゴールは、われわれの意識の上に、なぜこうも強い印象を残すのか。フランスより強力な国の指導者は何人もいるのに、なぜドゴールが二十世紀に屹立《きつりつ》する存在であるのか。

指導者について考えるとき、われわれはその業績とともに彼の姿を見つめ、功とともにその個性を併せ考えざるを得ない。ドゴールより大きい事業を成しとげた人はいても、個性の強さに思いをいたすと、彼ほどの人物は寥々たるものなのである。

頑固で、意志的で、自信のかたまりのようだったドゴールは、巨大な自我の持ち主であると同時に、徹底した没我の人だった。むりな要求ばかりしたように見られがちだが、それは彼自身のためではなく、フランスのためにほかならない。自己の生活は簡素だが、彼の夢は壮大だった。たった一人の役者しか演じ得ない役割を創造して、それを実際に演じた。それのみか、演じられる役者へと、自分自身をつくり上げていった。彼は、公人としてのドゴールを創作し、ドゴールを演じ、フランスを体現したのだった。

ドゴールは、謎《なぞ》であるかもしれない。わざと謎めかす努力をした気配さえある。だが、彼は二十世紀を代表する真の英雄の一人であり、フランスにとっては史上まれに見る英雄だった。フランスが産する名ワインのように、複雑でありながら、腰が強く、それでいてコクがあった。そして、ワインの名品と同様に、時の試練にみごとに堪えたのである。

私がはじめてドゴールに会ったのは一九六〇年、大統領に復帰後二年の彼がワシントンを公式訪問したときだった。当時の私は、彼について類型的な予備知識しか持っていなかった。ワシントンのいろんな集まりで、ドゴールを話題にする人は、必ずといっていいほど彼を漫罵《まんば》の対象にした。顧みて他を嗤《わら》う愚劣は、えてして英知と見誤られやすいのである。ドゴールの風貌が漫画の好対象になったように、彼の態度も戯画化された。他人を罵倒することにより知恵をひけらかそうとする人は、申し合わせたようにドゴールを標的に選んだ。

当時、私のイメージの中のドゴールは、冷淡で小うるさく、処置なきまでに自己中心で、どうにもこうにも仕様のない男という、世評どおりのものだった。ロレーヌの十字架についてチャーチルの言った言葉に、完全に影響されていた。公人についての一言の破壊的な警句が、当人のどんな努力をも帳消しにしてしまう、それは一つの好例だったのだろう。セオドア・ルーズベルト大統領の娘アリス・R・ロングワースが、共和党の大統領候補トマス・E・デューイを嘲笑した「ウェディング・ケーキの上のちっちゃな花聟さん」という形容も、同じほど破壊的な効果を持った。あれが一九四八年の大統領選で彼を負かした、と言う人さえいる。単に、こざかしい、ぶっている、見てくれだけなどという表現では、デューイを政治的に殺すことはできなかったはずである。

下院議員として一九四七年にフランスに行ったときも、私が会ったアメリカの外交官やフランスの役人は、全員がそうしたドゴールのマイナス・イメージを裏付けるようなことを言った。あんな男、傲慢なファッショ以外の何者でもない、二度と政界復帰はあり得ないと、彼らは断定した。

半ば公然とドゴールを軽侮する国務省の連中の意見にも、私は影響された。第一級のキャリア外交官であり、ケネディ、ジョンソン両政権の駐仏大使をつとめたチャールズ・ボーレンでさえ、ドゴールへの嫌悪感を隠そうとしなかった。ルーズベルト時代駐仏大使だったウィリアム・バリットによると、ボーレンは大使館で晩餐会を催すごとに機智を弄して〝ドゴール殺し〟の名句を吐き、外交官ばなれした名人芸でドゴールの態度をまね、それで客を笑わせたという。どこからかそれを伝え聞いたドゴールは、ボーレンを毛嫌いし、悪意に対するに悪意をもってした。私は、その個人的な憎悪こそ、やがて多くの人にドゴールの反米偏見という印象を残すに至ったものではないかと思う。

一九六〇年、ドゴールとの初会見を前にして、私は大急ぎで予習をした。そして、学べば学ぶほど、それまでの偏見が消えていくのを感じた。マッカーサーと同じように、彼は戦場ではきわめて勇敢、時代に先んじて国家の危機を予言したのを知った。また、チャーチルと同じように、権力の座につくまでに浩瀚《こうかん》な名著を書いていた。権力を奪われて野に下り、その時間を立派な著述のために充《あ》てた点でも、チャーチルと共通だった。

マッカーサー、チャーチル、アイゼンハワー、ドゴール……彼らはすべて第二次大戦中の私にとっては、途方もなく巨大で遠い存在に感じられた。南太平洋の小島を転戦する一下級海軍士官にすぎなかった私は、自由フランス軍を率いる気むずかしい将軍の話など、たまに新聞で読むくらいで、十六年後にその人とワシントンで会うのはおろか、四分の一世紀後には互いに大統領としてパリで相見《まみ》えようなど、想像さえできなかった。

一九六〇年、何よりも強烈な初対面の印象は、ドゴールの特異な体軀だった。六フィート四インチ、フランス陸軍で最も背の高い将官である事実は知っていたが、軍人らしい姿勢のせいで、いっそう高く見えた。少し猫背なのに気付いたのは、のちのことである。

しかし、よく見ていると、巨軀の人からは想像もできないほど、身のこなしが優美だった。身ぶり、歩調、ディナーの席での食器の扱い方さえ、ぎくしゃくしたところは一切なかった。ドゴールの身の回りには常に静寂と堂々たる威厳があり、その感じは一種古風な宮廷調を思わせる彼のしぐさによって、強められた。

一九六〇年のドゴールは、私が新聞記者や外交官から聞いていた傲岸不遜とはまるで異質の人だった。非常に親切で、そのうえちょっと形容しがたいシャイなところがあった。なるほど温かみはなかったが、かといって素っ気ないわけではない。やさしいと言ってもいいと思う。だが、もちろん、指導者の態度のやさしさと政策がやさしいかどうかは、全く別物である。私が近付きになった指導者の多くは、性格の一面にやさしさを持っていたが、だからと言って「やさしい人」と呼ぶのは誤りだろう。やさしいだけの人は、ほとんどの場合、権力の行使には向かない。指導者というのは、事を為すに当たって、ときには獣的な非情さを必要とするものである。自己の職責の非情さにたじろいだり、感傷に溺れるようなことがあっては、一流はおろか二流、三流の指導者にもなれないだろう。

以後、ドゴールを深く知るにつれ、私は、指導者として人間としての彼にますます敬意を感じるようになり、ドゴールもまた敬意で報いてくれた。一九六七年、駐仏武官になったバーノン・ウォルターズ（現国連大使）は私の友人だが、一九四二年いらいドゴールの知己でもあった。ボーレン大使の歓迎昼食会のあと、ドゴールは改めてウォルターズを呼び、最近ニクソンに会っているかと聞いたそうである。

ウォルターズがイエスと答えると、ドゴールは私のことを、やがて必ず大統領になる人物だと予言し、「われわれは、ともに砂漠を渡った者だ」と言った。権力を失った期間のことを、砂漠の孤独な長旅にたとえたのである。そのあとで、のちにウォルターズが首をひねるほど予言的なことを言った。

「ニクソン氏も、やがて私と同様に、郷里における流罪人となるであろう」というのだった。

ドゴールは、二十世紀の子であるとともに、十九世紀の子でもあった。前とうしろ——彼はフランスを二つの方向に引っ張った。ドゴールの全人生と政治生命のすべては、フランスの伝統の連続性と過去の存在感によって彩られていた。シャルル・ドゴールという名そのものが、シャルルマーニュとゴールという両大王を髣髴《ほうふつ》とさせる。彼の言う「グランデュール」は、偉容、栄光、偉大などと翻訳されたが、それらはすべてドゴールが国家に必須、とりわけフランスにとっては不可欠と考えるものであった。

ドゴールは歴史に属していると言う人がいるかもしれないが、決して偶然ではない。彼は、まさにそれを意図したのである。みずからの生命を賭して、わがビジョンどおりに歴史を造形しようとした。ある評論家が言うように「ドゴールにとって、政治は可能性の芸術であるより先に意志ある者の技術」だった。ドゴールにとっては、意志こそ国家を動かす基本的なものであり、わが意志によって歴史を形づくる能力に関するかぎり、彼は絶大な自信を持っていた。

彼はまた、フランスに、偉大さへと向かう意志を持たせようとした。繰り返し、国民に「前へ」と呼びかけた。どんな前なのか、ときには漠然たる感もあったが、ドゴールにとって重要なのは国民が前進を自覚することだった。その自覚によってのみ、国家は偉大になることができる。「偉大なる目標に向かって進まないフランスは、かつて一度も真のフランスだったことがない」と断言したことさえある。彼は、みずからをフランスの化身《けしん》と観じ、フランスの精神の作興をわが使命と信じた。

ドゴールという人間の面白さは、その歴史的な意義もさることながら、われわれに指導者の資質と技術を解明してくれた点にある。彼ほどそれを緻密に分析し、みごとに書きとめてくれた人はいないだろう。自分の手法を明快に図示しながら、その間も神秘のベールを身にまとう技術では、彼の右に出る者はいないだろう。ドゴールは、幻想の天才だった。そして、天才的な幻想作家の例として、どことなく魔術師に近かった。不可能を演じるように見せて、一再ならず不可信の芸当をやってのけたのである。

偉大な指導者には例の少ないことだが、ドゴールの魔術を解く鍵《かぎ》のかなりの部分は、文章力と洞察力に秀でた回想録や初期の分析的な著述など、彼自身が書いたものの中に発見することができる。

権力の座につかず、まだ名さえ知られないころの話だが、ドゴールは『剣の刃』という指導者への手引書を書いている。フランス陸軍大学での連続講演をまとめ、一九三二年に出版した薄い本で、私はドゴールの死後まで存在を知らなかったが、読んでみて、それが私の知るドゴールの特質と政治技術を気味悪いばかりに描いているのに一驚した。のちに全フランス人に呼びかけ反ナチ抗戦を指導した神秘な「ドゴール将軍」のイメージをつくり上げた技術は、彼が四十一歳のとき出版されたこの本の中に、すべてタネ明かしがしてあったのである。

それは、単にドゴールを研究する上の好個の書であるにとどまらない。彼を理解するには不可欠な枠組みを提供している。

『剣の刃』の中で、ドゴールは指導者たる者が持たねばならない資質を、三つ挙げている。正しい針路を選ぶ知性と本能、および国民にその道を行けと命じる権威である。

アカデミズムの世界に住む政治学者は、往々にして知性を重視しすぎる。だが、指導者は必ず鋭い本能を持っていた、と、ドゴールは書いている。アレキサンダー大王は、それを「希望」と呼び、シーザーは「運」、ナポレオンは「星」と呼んだ。指導者が、「ビジョン」を持っているとか「現実把握」が優れているというのは、つまりは時代の動きを本能的に察していることであり、ドゴールによれば、それは「物事の秩序の根源を衝く」能力なのである。

「現実を前にして、知性はその理論的かつ抽象化された概括的知識を与えてくれるが、本能は現実そのものに即した実感を与えてくれる」というわけである。本能は、複雑な状況を一刀両断にし、いきなり物事の本質に迫る。直観によって「素材」を捉えさえすれば、あとは知性がそれを体系づけ、形を与え、洗練していく。

知性と本能の間に正しいバランスが保たれてはじめて、指導者の決断は先見性を持つことができると、ドゴールは考える。

先見性、どの方向へ導いていくかを知っていること。それこそ偉大な指導力の秘密であろう。指導者という言葉そのものが、現在を超えて未知の世界へ人々を導いていくガイド役を意味する。一九六九年に私がフランスに行ったとき、ドゴールは「自分は、あさっての新聞の見出しになるような政治をやっている」と、教えてくれた。あまりにも多くの指導者がきょうの見出しにこだわり、現在に押されて長い視野の展望を見失う。だが、ドゴールは現在に生きず、逆に現在を利用した。

有名になるはるか前、ドゴールはすでに、同時代人の頭上を越えて遠くを見ることのできる才能を示していた。フランス軍のマジノ線に拠る防衛、ヒトラーへの降服決定、第四共和制の弱々しい政治機構……彼は、そのすべてに反対した。そしてその全部で、ドゴールは正しかったのである。

一九三四年、ドゴールは早くも『未来の軍隊』の中で、近代戦の新しい理論を展開している。かつてのような整然たる大会戦は、内燃機関の発明という技術革命によって、時代遅れになってしまった。「われわれの運命は、機械が決定する」と、ドゴールは明快である。機械は、人間生活のあらゆる分野に変革を持ち込んだ。戦争も例外ではないと明言している。

そういう認識の上に立って、ドゴールは十万人の兵員をもって機械化部隊六箇師団をつくれと提言した。かつての戦争では兵員の数と火力がすべてを決定したが、次の戦争で勝つには機動力と突進力だ、というのだった。

ドゴールのこの予言は、フランスでは不評を買った。アンリ・フィリップ・ペタン元帥は、ドゴールの本を「一種の警句」と軽く見たし、マキシム・ウェイガン将軍は「危険思想」だと片付けた。

フランスでは『未来の軍隊』は千五百部も売れなかったが、ドイツは二百部を買い入れ、熱心に研究した。

大戦を五年後に控えた一九三四年、フランスのジャーナリスト、フィリップ・バールはドイツに行き、ヒトラーと機動部隊司令官アドルフ・ヒュンヘリン将軍にインタビューした。後者が「で、貴国の権威者は、機動作戦をどう考えておられますか」と聞いたとき、ドゴールの名を知らないバールは、返答に窮した。ヒュンヘリンは続けて「機動作戦の大家、つまりドゴール大佐のことですよ」と言ったという。

ドイツがドゴールの予言に傾聴したのに、フランスは耳を貸さなかった。ドイツ軍の侵入の四カ月前のメモでは、ドゴールは、政府がどんなにマジノ線を強化しても、敵は突破または迂回するに違いないと予言した。いったん突破されれば、全マジノ線は直ちに崩壊し、あとは車でならパリまでわずか六時間。そのあとは『未来の軍隊』の言葉どおり「過去百年の例から見ると、パリ陥落のたびごとに、全フランスは一時間以内に抵抗をあきらめる」のだった。一九四〇年六月十四日、果たしてパリは陥落し、ドゴールの悲劇的な予言は成就した。

フランスがみるみる屈服していく中で、ドゴールはひとり、戦争はまだ終わっていない、これからだと叫んだ。イギリスに逃れた彼は、ヴィシー政府が降服しても戦い続ける――「フランスは戦闘に負けたかもしれないが、まだ戦争を失っていない」と、宣言した。

ロンドンからの最初のラジオ放送で、ドゴールはヨーロッパの戦争がいまや世界大戦に発展し、フランスは決して孤立していないぞと訴えた。世界に広がる植民地を基地に戦争を継続することにより、イギリスの海洋支配とアメリカの軍需生産の支援を受けることにより、最後には必ず勝つと豪語した。この予言がドゴールの名を不滅にし、大戦の暗黒期にもフランス人の胸の中に希望の灯として残ったのである。

引退・捲土重来・復活

戦後、祖国に抱いたドゴールの希望は、旧態依然たる政争の中で潰《つい》えた。国民は彼を救世主として迎えたが、ドゴールの提案する憲法改正にはそっぽを向き、戦前派の政治家や政党は彼を引退生活へと追い込んでしまった。

ドゴールは、一九四〇年の敗北を招いた不健全な防衛政策の責任者・第三共和制議会の復活に反対した。多党乱立の議会では、だれも多数を支配して合理的な政策を決めることができない。十七世紀英国の政治学者ホッブズが説いた「万人の万人に対する戦い」があるのみ。ドゴールは、議院内閣制の復活は、政治的な微震にも崩壊する脆弱で無能な連立政権をつくるにすぎないと警告した。はるか後年の彼の言葉だが、議員は行動を麻痺させることはできるが、行動を始めることはできないのだった。

ドゴールは、フランスが本質的にラテン国であることを理解していた。プエルトリコ知事ルイス・ムニョス・マリンは、かつて私に、ラテンの血をこう説明したことがある。

「私は、わが血管を流れるラテンの血を、誇りにしています。われわれは家族を重んじ、教会を支え、立派な哲学、音楽、美術を生んできました。ただ、政治はどうも不得手で、要するに秩序と自由のバランスがうまく保てないのです。秩序に走りすぎて自由を殺すか、自由に走りすぎて秩序を殺すか、極端に走ってしまうんですね」

ドゴールの天才は、フランスにおいて、その困難なバランスを保ち得たことにある。

戦後のドゴールが政党政治の復活に反対したことから、多くの政治家や言論人は、彼を指して独裁を狙う者ときめつけた。実は、それは見当違いで、ドゴールは解放闘争中と解放が成った直後にだけ、彼のいわゆる「一種の王制のようなもの」が必要と考えたにすぎない。状況が落ち着くと、遅滞なく民選政府へと移行した。主権が国民にあることは、一度もこれを否定しなかった。ただ、コンセンサスにたよる指導は指導ではなく、大統領や首相は議会を指導すべきで、議会のあとから随《つ》いていってはならないと考えたにすぎない。

一九四五年末、臨時政府主席だったドゴールは、もはや自説の容《い》れられぬことを悟った。第四共和制憲法は、立法府をあまりにも強大にし、行政府を身動きできないほど縛っていた。彼は「状況が私から退く前に、私が状況から退く」べきだと判断した。そして閣議を招集すると引退の意志を表明し、そのままさっさと部屋から出てしまった。再びフランスが彼に指導を要請するときが来るはずだが、そのときは自分が示す条件でやる、というのである。ドゴールは、このときも時代に先んじ、事実、フランスが彼の指導を必要とするときはやがて来たのだった。

運命の流れを感じていたドゴールは、単に大統領になりたいから大統領職を欲したのではない。フランスの必要とする指導力に応じるのが自己を措《お》いてないと信じてはじめて、大統領職を望んだ。政治の世界のおとなと子供を区別するのは、まさにその点——子供は偉くなりたいから高いポストを狙うが、おとなは何事かを為すためにそれを望むものである。ドゴールが権力を欲したのは、わが身のためでなく、それを行使せんがためだった。

引退後、一年も経たぬうちに、ドゴールは権力奪回に向け、全精力を傾けて運動を始めた。祖国の大転機を処理してきた人にとって、小事件にかかずらう他人の醜態が辛抱できなかったのだろう。祖国に呼び戻されるのを待たず、彼は復帰のためにＲＰＦ（フランス国民連合）を結成し、その総裁となった。

それは一九四七年。世界はすでに冷戦へ向け動きつつあった。フランスは物資不足と低賃金と高物価に悩んでいた。だが、ドゴールはそんな些事《さじ》には見向きもせず、自分は「マカロニの配給量を心配するため」にフランスを解放したのではないと宣言した。些事を無視して世界的な視野で語り、フランスの偉大さを強調した。

政治的混沌の中で、フランス人が「嵐の男」と呼ぶドゴールの人気は劇的に高まり、一九五一年にはＲＰＦは国民議会の第一党になってしまった。ドゴールは、その前から、どんな政府にも支持を与えるなと支持者たちに厳命したが、これは皮肉にもＲＰＦにフランス共産党と同一歩調をとらせる結果になった。

左右両翼からの猛反対の前に、中道政権は生まれては消えた。だが、さほど能力のない政府ぞろいだったのに、一九五〇年代も半ばに達するころには、フランス内外の諸問題は、つぎつぎ片付けられていった。つまり、結果的に「嵐の男」は、い、か、ず、ち、を取り上げられたわけである。ドゴール自身もそれを察したらしく、客に向かって「フランスを治める現政府のやり方はなってないが、政府そのものの防衛はうまいようだ」と、絶望を口にしたのはそのころだった。

一九五二年、RPFが政府を倒せないことは、すでに明らかだった。ドゴールの政権参加拒否命令により党は分裂し、なだれを打って脱党者が出たため、翌五三年にはRPFは議会内の小会派にまで落ちぶれてしまった。その次の地方選挙の結果が思わしくないのを見たドゴール自身、ついに党とも絶縁した。

いまRPF騒動の顚末《てんまつ》を顧みると、賢明な指導者も常に無謬とはかぎらないのを痛感する。ドゴールには先見力があったが、もっと手近な「現在」は、ときに彼の意に反した動き方をした。国民の心を、恐ろしいほど本能的につかむ人だったが、ときには人々の感情はドゴールの予期せぬ方向へと動いた。フランス国民連合の失敗は、その好例だった。議院内閣制への彼の批判は、時代を先取りしていたが、惜しむらくは先んじすぎた。その結果、ドゴールの予言は成就の機を失ったわけである。

そんなドゴールを再び政権に戻す時の勢いは、一九五四年末には、早くも動き始めた。アルジェリアのイスラム教徒の一派が結成したFLN（民族解放戦線）が、フランスの植民地支配に対し、ゲリラ戦で挑戦を始めたのである。内戦は長引き、フランス軍の強圧的な態度は日を追って強まり、第四共和制の指導者をもってしては、いかなる形の収拾も困難になった。

一九五八年、アルジェリア問題に関するフランス政府の当事者能力喪失は、どうにもならないところまで来た。とくに陸軍は、一九五四年のインドシナでの敗北のあとは、万難を排しフランス領としてのアルジェリアを守ろうとした。右翼ドゴール派の政治家やアルジェリアの植民者は、軍と連携し、フランス政府に対する一種の共同戦線が成立した。政府がもたもたしているのに反し、彼らの行動は積極果敢だった。

一九四六年のドゴールの引退いらい内閣は二十三度も交替し、ついには一カ月近く政権空白という事態さえ起った。アルジェリア問題が爆発したのは、そのときである。

群衆はアルジェの政府機関を襲撃、警備隊が手を束ねているのに乗じて、建物を占領した。将軍たちは、秩序回復を名目に、アルジェリアの行政権まで掌握してしまった。二週間も経ぬうちにコルシカ駐屯軍が反乱派に合流し、将軍たちはフランス本土の都市部への進撃を唱え始めた。しかも、これほどの危機に、パリ政府にはそれを阻止する力がなかった。

この間のドゴールの身の処しかたは、実に巧妙だった。クーデター関係者の中にはドゴール派もいたが、彼自身は公式にはクーデターに賛成とも反対とも言わなかった。ひたすら沈黙を続け、国民の期待が自分一人にあつまるのを待って、「共和国の権限を掌握する」と、発表したのである。第四共和制の政治家たちが力を使い切るのを待ち、最後に彼に救いを求めたとき、自己が示す条件での出馬に応じたのだった。

条件を出しはしたが、ドゴールは独裁を要求しなかった。それなのに、フランス人の多くは、彼の独裁を怖れた。ドゴール伝を書いたブライアン・クロジエによると、再出馬の条件を聞いた国民議会議長アンドレ・ルトロケは、ドゴールに向かって「完全に憲法違反じゃないか。私はアルジェリア転戦時代から、よく知っているが、あなたは本質的に独裁者だ。そんなに権力がほしいのか」と、叫んだという。

「議長閣下、フランスを取り戻したのは私です」ドゴールは、きびしく、そう答えたそうである。

ドゴールがついに復帰を果たすころの第四共和制は、もはや崩壊一歩前で、従ってドゴール復活をクーデターと呼ぶのは誤りだろう。彼は、死に体の体制に止めを刺したにすぎない。

第四共和制に対し、ドゴールは国民投票により直接民意に問う権限を要求し、そのための憲法改正を求めた。そして、大統領が強大な権限を持つ第五共和制を成立させた。国民議会の無用な干渉を排して政策を立案、実施できる大統領は、こうして政治的にも経済的、社会的にも潰滅に瀕しているフランスを救った。

大統領に権限を集中したドゴールへの批判は、その後も続いた。しかし、いま振り返れば、私は新憲法がフランスに与えた政治的安定は、ナポレオン法典がナポレオン最大の遺産だったように、ドゴールが残した最大の遺産だと信じる。

副大統領時代の私は、先に述べたように、アイゼンハワー大統領が出迎えるのは国家元首だけと決まっていたので、どこかの国の首相が来るたび、空港への出迎え役を仰せつかった。そしてドゴールが復帰する前は、ほとんど一カ月交替にフランスの新首相とイタリアの新首相を迎えるような感じを持った。イタリアは、今日も依然として当時の不安定を克服できずにいるが、ドゴール時代に入ってからのフランスは様相が一変、安定した。ちょっと気のきいた憲法学者なら、同じような政府形態を考え得たかもしれないが、ドゴールだけがその必要を予見し、それを実現する権威を持っていたわけである。

ギリシャ神話のアポロは、カサンドラに先見能力を授けた。だが同時に、彼女の予言を聞く人が、だれ一人それを信じないよう、呪いを吹きかけた。ドゴールも、先見力だけでは不十分なことを知っていた。指導者というのは「何を為すべきか」を正しく見きわめるだけではだめで、人々を説いて、それを為さしめなければならない。かつてホワイトハウスに住んだアメリカの大統領も、例外なしに、正しい道を見据えながら、政府官僚や議会や国民をその方向に動かすことの困難なのを知り、カサンドラの呪いを感じたのである。ドゴールは『剣の刃』の中に、「指導者は部下を心服させ、自己の権威を確立しなければならない」と書いている。

ドゴールによれば、権威とは威信から来るものであり、また威信とは「主として感情、暗示、印象などから発し、説明不可能な天賦の才、生得《しょうとく》の個性などに支えられる」ものである。こういう天賦の才に恵まれた人はまれであり、ドゴールの言葉を引くと、「ごく特別な人だけが、生まれつきと思われるほど早くから、権威をあたかも汗のように全身から滲み出させるが、その汗の組成を正確に言うのは不可能」だという。

最近では、これを「カリスマ」と呼ぶのが流行になっている。だれもが認めるが、だれも説明できない、不思議ななにものかである。

この定義できない資質に対し、ドゴールはさらに三つの具体的な資質を加えなければならないと言う。すなわち、神秘と個性と威光である。「なにより大切なのは、神秘なくして威信なしという真理だ。馴れ馴れしすぎれば侮りを招く。あらゆる宗教には神秘なおくつきがあるが、いかなる英雄も従者から見れば凡俗の人である」という。指導者たる者は、その見識にも物腰にも常に「他者がさぐれず、理解できず、それに動かされ注目せずにはおれない」なにものかを持たねばならないと、ドゴールは書いている。

こう書きながらも、私は一九六三年十一月、ケネディ大統領の葬儀に出るためワシントンに来たときのドゴールの姿を、ありありと思い出す。私は妻と二人で、メイフラワー・ホテルの部屋の窓から葬列を見送ったが、棺に随《つ》いて歩く各国元首の中で、ドゴールは断然ぬきん出ていた。背の高さでも、威厳、威容、カリスマでも、とにかく周囲を圧していたのである。

私は何度も、ドゴールと公式、非公式の会話をしたが、常に荘重なまでの威厳を感じた。その堂々とした態度からは、一種超然たる印象を受けた。人は、それを気取りと呼ぶかもしれないが、ドゴールの場合は違う。気取りは不自然だが、ドゴールの超然はごく自然だった。他国の元首とは、同等の立場で気さくに交わったが、ごく親しい人に対しても馴れ馴れしいということはなかった。

この点は、私が一九六九年に大統領に就任する前に知ったすべてのアメリカ大統領にも共通している。リンドン・ジョンソンは唯一の例外だが、フーバー、アイゼンハワー、ケネディ……そして庶民的と言われたトルーマンすらが、非常に鋭い「我」の意識を持ち、過度に馴れ馴れしくされることを好まなかった。

若いころから、ドゴールは交友において超然としたところがあった。肉親の中には、彼の性格の冷たさを皮肉って、赤ん坊のとき冷蔵庫の中で育てられたからだろうと言う人さえいた。陸軍大学のある教官は、ドゴールが「亡命した王のようだった」と回想している。

選挙民や同僚に対して、ドゴールが気やすく背中を叩いたり、自分の議論に熱中して相手の二の腕をつかんだり、俺お前のやりとりをするシーンなど、とても想像できない。他人がそうするのには反対しなかったが、自分の性格には合わないと判断していたのだろう。だが、ケチな男が偉くなったときに見せる傲慢も、ドゴールにはなかった。

国民的英雄ドゴールには熱烈な信者が多かったが、「威信なくして権威なし、距離なくして威信なし」という自己の言葉どおり、ドゴールはそうした支持者から超然としていた。エリゼー宮の彼のオフィスのデスク脇には、電話機が二つ載ったテーブルがあったが、電話は鳴ったためしがなかった。ドゴールは、電話を近代文明の生んだ毒と見、どんなに彼に近い補佐官も、直接会話を敢てする者はいなかった。

マッカーサーと同様、ドゴールも会談のイントロの当たり障りのない雑談を嫌い、常にいきなり重要問題について話すのを好んだ。記者会見、即席スピーチ、質問への返事、非公式な発言……いかなる場合にも言葉を選んで語った点でも、マッカーサーに似ている。両者は、ともに、言わんとすることのニュアンスを正確に伝える、美しい言葉で語った。アメリカ議会では、速記録が出る前に自己の発言の訂正を要求する議員が多いが、そんなのとは大違いである。

ドゴールは、無能な者を許さなかった。一九六〇年の訪米時、彼を主賓とする公式晩餐会で、通訳はアメリカのさる大都市に駐在する総領事だったが、ドゴールの挨拶を訳す彼の手は震え、言葉は途絶えがちで、ドゴールの苛立つのがはっきりと見てとれた。あとで聞いたところでは、その人は直ちに職を解かれ、通訳も交替させられたという。

ドゴールは、一度として雑談というものに加わらなかった。閣議では、閣僚の発言にじっと耳を傾け、発言はていねいにメモをとったが、意見を交わすときは大臣を一人ずつ、個別に呼んだ。

重大な決断を、ドゴールは一人で決めた。ソロモン王の知恵はともかく、ソロモンに匹敵する判断力くらいはあるという自信が、彼にそれをさせた。まず特定の問題について関係書類を、全部提出させる。続いて、細部まで把握する超人的な能力で、すべてを知る。あとは補佐官さえ遠ざけ、孤独のうちに決断するわけである。ドゴールは、指導者にとって考える時間がいかに大切かを、よく承知していた。それを知るスタッフは、一日に数時間を、ドゴールの孤独な思考のために割いた。

大統領になってからの私も、同じことをやろうと試みたが、行政・立法両部門の幹部などから自分の時間を守るのがいかに指導者にとって困難かを知った。彼らは、指導者の日程表を見て空きがあると、直ちに「ああ、会える」と考える。自分にとって大切なことは、指導者にとっても大切だと考える。だが、一般的に言って、それは事実ではなく、事実であってはならないのである。指導者の責任は、部下の責任をはるかに超越している。

大統領として私が下した決断のうち重要なものは、あまり大統領執務室からは生まれなかった。大きい決定をしなければならないときは、ホワイトハウス内の「リンカーン居間」に一時間か二時間、あるいはキャンプ・デービッド、キービスケーン、サンクレメンテなどの別荘の書斎にこもった。騒々しいワシントンの空気から孤立してはじめて、じっくりと考え、最良の決断の下せることを知ったのである。

強者の沈黙と演技力

ドゴールによれば、超然に加えるに神秘性を持つためには、言葉とゼスチャーを節し、物腰と動作に十分留意しなければならないという。実際に「沈黙ほど権威を高めるものはない」と書いている。だが、「強者の最大の徳」である沈黙は、内に秘めた精神と決意の強靭さとマッチして、はじめて効果を発揮するものである。ドゴールは、こうも書いている。

「内なる強さと外見の自制が両立することにより、はじめて支配は可能になる。それは、賭け金を積み上げるときの賭け師が異常なほどの冷静を装い、俳優最高の演技が外見平静の中に感情の昂揚を包む才能にかかっているようなものである」

ドゴールは、政治というものが、その本質はともかく、手段において演劇に似ているのを知っていた。そして、彼が政治的な意志を通し得たのも、一つには演技力をマスターしていたからである。

シーザーやマッカーサーがそうだが、ドゴールも書く物の中で、しばしば自分を指すのに三人称を用いた。「ドゴールの耳に達するに至り」「ドゴールの決定に賛成することは」「これ以外にドゴールには選択の余地がない」といった表現を、何度も使った。あるとき新聞記者に理由を問われた彼は、文体の必要から使うときもあるが「もっと大きい理由は、人々の心の中にドゴールという人間が存在し、それが私とは異なる人格を持つのを発見したからである」と答えた。

彼がはじめて、この公的人格の存在に気づいたのは、戦時中、フランス領赤道アフリカのドゥアラを訪れたときだった。何千人という人波が、町に出て「ドゴール！　ドゴール！　ドゴール！」と叫んでいた。その中を歩みながら、彼は自分が実際の姿よりはるかに大きい伝説的存在になったのを感じた。ドゴール自身の述懐によれば「あの日から、私はドゴール将軍と呼ばれる男を意識せずには生きていけなくなった。私は、ほとんど彼のとりこになり、演説するときや重大な決断をする前には、ドゴールはこれに賛成するか、国民はドゴールにこれを期待しているか、ドゴールや彼の役割にとってこれは正しいかと、問わずにおれなくなった。ドゴール将軍にふさわしくないと思い返し、やりたいことを思い止まったのも一再でなかった」という。

人間シャルル・ドゴールは、事の大小にかかわらず、常にこの「イメージとしてのドゴール」に似つかわしい行動をとった。晩年の彼は、白内障のため視力が減退し、分厚い眼鏡をかけなければ握手する相手の顔さえ見えぬときがあった。ポンピドー首相が話してくれたところでは、あるときドゴールに陪乗して町を走っていたとき、彼が耳元に口を寄せ「国民が並んでいるようなら、手を振りたいが」と言ったことがあるという。道の両側はぎっしり人の波だったが、車の中のドゴールには、それが見えないのである。だが、イメージの中のドゴール将軍は、ドゴールに国民の前で眼鏡をかけることを許さなかった。この意志力に加えるに抜群の記憶力があったから、彼は最後まで演説にプロンプター装置を使わなかった。

マッカーサーと同様、ドゴールは身の危険をものともせず、また、自分の勇気が国民にいかに強い感銘を与えるかを計算していた。ピエール・デマレとクリスチアン・プリュムが共著で出した『標的はドゴール』によると、暗殺未遂事件は三十一件に上ったという。一九六二年、パリ郊外で機関銃が乗車を狙ったときなど、一弾は頭からわずか二インチのところを通った。だが、空港で車から降りたドゴールは、悠然と服からガラス破片を払いのけ、「運がよかった。近かったが。それにしても狙撃のへたな連中だ」と、一言したそうである。

自己の公的行動を、ドゴールはみごとに演出した。年に二度の記者会見は、会見というより接見に近かった。会見場であるエリゼー宮の祝典の間は、クリスタルのシャンデリアが下がり、天井は金色や天井画で飾られ、会見はさながら祭儀で、出席する記者団は千人にも達した。

一九六〇年の夏にパリに行ったときの私は、ボーレン大使の部屋でテレビを見た。燕尾服に白いタイをした男が二人、合図に合わせ舞台の赤いビロード幕をさっと開くと、ドゴールが入ってくる。記者団は全員起立した。ドゴールは、マイクの置かれたテーブルを前にすわり、その両側に全閣僚が居並ぶと、ドゴールの合図ではじめて記者団は着席した。まずドゴールが、あらかじめ選んでおいたテーマを一つだけ、二十分ほどしゃべる。あとは、たった三つ質問を受けただけで、はや散会だった。

質問に至るまで、すべてが明らかに演出である。報道担当官は、新聞記者と事前に結託して質問の順番や内容まで決め、ドゴールも返答を暗記しているらしい。だが、演出と知りつつ、われわれは催眠術にかけられたようになった。日ごろドゴールのことを悪く言うボーレン大使も、出ていく彼の姿を見やって感じ入り、「何というすごい演技だ」と、首を振っていた。

それ以外の公的行動でも、事情は同じだった。一九六九年、われわれ訪仏団を迎えての公式晩餐会の席で、ドゴールは実にいい挨拶をしたが、メモ一つ見なかったので、みんなが即席スピーチと思った。あとで当方の一人がそれをほめると、ドゴールは答えた。

「いや、まず原稿を書き、暗記してから原稿を捨てたのです。チャーチルも同じようにしていたが、それを認めなかった点だけが、私と違う」

それほどの演技力を持ちながら、われわれとの会談でフランスの立場を主張するときのドゴールは、一度も芝居がかった身ぶりや声を高めることさえしなかった。相手に自説を押しつけようなど、そぶりも見せず、意見が合わないところは、単にその個所をとばして先に進んだ。非常に大事なところでは、ちょっとゼスチャーのようなことをしたが、決して粗野なしぐさではなかった。実に明晰な思考をする人で、ドゴールの公的、私的な発言から、それは容易にうかがわれた。彼の思考や発言は、一度として疎漏を感じさせたことがない。ドゴールの結論は、必ずしもすべて正しいわけではなかったが、物事を最初から最後までじっくり考え、それを説得力ある論理で語れるというのは、やはり希有《けう》の才能である。

近年は、テレビ映りを気にかけるあまり髪型まで心配する政治家がいるが、ドゴールがマス・メディアを存分に利用した最初の人物であることは覚えておいてもいい。ドゴールが例のドゴール将軍のイメージを創《つく》ったのも、ラジオの力を借りてだった。電波を武器とした指導者は多いが、フランスに抗戦を呼びかけるドゴールの手段はラジオしか存在しなかったから、やはりパイオニアである。第二次大戦の暗黒の時期、ロンドンから電波に乗って届くドゴールの声は、フランスの伝説の一部にさえなった。

一九五八年の彼の再起は、折からテレビがメディアの王座につこうとする時期と符合していた。ドゴールがテレビの威力を十分に認識していたことは、のちに彼が「居ながらにして至るところに顔を出すという革命的手段が、突如として登場した」と、テレビを評価したことからもわかる。

テレビ時代に成功するため、ドゴールは、それまでのやりかたを一変しなければならないのに気付いた。ラジオ放送では原稿を読んでいたが、

「これからは、国民はドゴールの声を聞きながら姿を見る。わがイメージを損わないためには、原稿なし、眼鏡なしで、直接彼らに語りかけねばならない。七十歳を過ぎた私が、強烈なライトを浴びながら一人で机の前にすわり、大きなゼスチャーや苦しい表情ひとつせず、元気な顔と自然の声で国民の注目をひきとめなければならなくなったのである」

ドゴールは、そう書いている。

そして、絶妙の演説だった。低音だが明瞭な発音、堂々とした態度は、「フランスの父」の名に恥じなかった。ドゴールのフランス語は、チャーチルの使う英語と同様、名句と雄弁のそれだった。古典的……ほとんど古風と言うべきフランス語。だが、ドゴールの語り口はきわめ

て明快で正確、言わんとするところは言葉そのものを離れて視聴者に伝わった。フランス語をよく知らない人でも、演説の大意はわかったはずである。

アルジェリアの反乱軍将軍や植民者たちが彼の権威に挑戦している最中に、テレビに出るドゴールは軍服を着た。在仏のアメリカ人たちは、その芝居気たっぷりなのを嗤《わら》い、あまりにもメロドラマ調と評したが、それはフランス人の心情を知らない見方だった。軍服姿を国民に見せることにより、ドゴールはフランス人の心の琴線に触れ、最悪の事態の中で希望を仰ぎ見る国民的結束をなしとげたのである。

しかし、ドゴールがドゴール将軍の役割を演じおおせたのは、軍服というシンボルや雄弁や演劇的才能によってだけではない。それは国民の前に立つときの工夫のすべて——舞台や背景だけではなく、彼の演説の計算し尽くされた余韻、さまざまな国民のためにわざと多種多様な解釈が可能なよう練りぬかれた言葉の効果が大きかった。ドゴール将軍は、単なる見てくれのイメージだったかもしれないが、それは決して偽りのイメージではない。見てくれの背後には、燃えるような知性と異常なまでの決意があった。同じ外見でも、それはハリウッド映画の大道具のように実体なきものではなく、大聖堂の正面《ファサード》の偉容に似ていた。

神秘さでは、一時の興味を惹《ひ》くかもしれないが、人々の心をつかむことはできない。人をつかむには、指導者はドゴールの言う個性を持つほかない。個性と言えば、強い倫理性や不屈の意志を考える人が多いだろうが、ドゴールが意味するのは高い理想と意志実現に賭ける情熱である。「指導者が人の上に立てるのは、その個性から発する前進への確固たる意志を、国民に及ぼすことのできる能力による」と、ドゴール自身が書いている。

挑戦に直面したとき、個性ある指導者は、内に向かい、自己のみをたよる、とも書いている。その独立独歩の情熱によって、指導者は暗黒の時期にさえ魅力ある存在たり得る。なぜなら、困難と取り組んではじめて、自己の限界を実感し、それを拡大する機会をつかむからである。真の指導者は、決断の瞬間にも棒立ちにならず、みずから進んで危機を迎え撃つ。

個性ある指導者は、集団の努力に秩序を与える。ドゴールによれば、集団とは「自己の地位保全に汲々とする軍人や官僚」——生命力のない人間であり、彼らは「取るばかりで与えることを知らない寄生虫、常にびくつき、事あらば裏切りかねない弱い者ども」であるから、他者を心服させるのは絶対に不可能なのである。

危機に当たって真価を発揮し、危機を組み敷き、「一撃にすべてを賭け得る」指導者だけが、部下の信任を獲得する。ドゴールによれば「そのような個性は、一種の磁力を持つ。部下にとって、その指導者は目標の象徴であり、希望の権化になる」というのである。

強い個性を持つ者は、上司に気に入られるよりは自己に忠実ならんと欲する。その傲岸不遜は、強い意志力の価値を知らない上役からは、うとんぜられる。ドゴールが「軍人であると政治家であるとを問わず、国家の至宝となる人物は、付き合いの悪い人である場合が多い。指導者には指導者ならではの精神と神経が必要で、強い個性を持つ人物を単に扱いにくいという理由だけで追放するのは最大の愚策。物事が順調なときには付き合いも大切だが、危機に当たっては、それは破局につながる」と書いているが、これは自己を語ったものと解釈すべきだろう。

ドゴールは、この内なる力と自己依存と独立独歩の必要性を、他国の指導者に向かっても繰り返し説いた。彼を非常に尊敬していたイラン国王パーレビには「私の助言はただ一つ。だが、きわめて重要なことです。全力を尽くして独立独歩しなさい」と教えた。一九六一年のケネディ大統領には、彼自身の長年の信念「わが声だけを聞け」を授けた。一九六九年、私をオルリー空港に迎えた車中では、私の手の上に手を重ね、「あなたは若いし元気だし、指導力がある。非常に大切です。どうか、いまのままで」と言った。

戦争中の彼の指導を見ると、ドゴールの言う個性の意味がよくわかる。あの大戦の困難な時期に、彼は異常なまでの情熱を燃やした。その点では、毛沢東に似ている。両者とも、危機からかえって活力を得た観がある。ただ、毛が闘争のために秩序を破壊したのに対し、ドゴールは秩序のために闘争しただけの差である。

北京空港から市中へ向かう車の中で、周恩来は、毛沢東が三十二年の戦乱の果てに故郷に帰って詠んだ詩の話をした。逆境は人生の偉大な教師である、というのだった。私も同感だが、選挙の敗北は戦場の傷より深いと付言せずにはおれなかった。戦傷は肉体を傷つけるが、政治的な傷は精神を蝕む。だが同時に、選挙での敗北は、将来の戦闘に必須な力と個性を育てるのである。私が、十二年間の在野時代がドゴールの個性を育てたのだと言うと、周恩来もうなずき、平坦な道を歩むだけでは力はつきませんからねと答えた。偉大な指導者は、流れに沿わず、むしろ流れに逆らって泳ぐものである。

逆境に遇わない指導者もいれば、逆境に打ち負かされる指導者もいる。ごく少数の者だけが逆境によって力をつける。ドゴールは、その数少ない一人だった。

ドゴールは、逆境に事欠かなかった。第一次大戦では重傷を負って戦場に放置され、捕虜となって戦争の大半を幽囚のうちに過した。第二次大戦では、絶望的な状況の中でフランスの名誉回復のために献身し、勝つとまもなく捨てられた。それでいながら、十二年後には再起したのである。

政界を追われたドゴールは「荒野」に下った。いったん権力の美酒を味わった政治家が、権力の中心の周辺から去ろうとしないのと対照的である。選挙で負けたり引退したアメリカの議員は、たいてい故郷に帰らず、ワシントンにうろうろして権力の周辺を徘徊する。だが、ドゴールは常に故郷を忘れなかった。帰っていく土地、力を汲みとる源泉を忘れなかった。

ドゴールの「荒野」にしてサンクチュアリであるコロンベ・レドゥゼグリーズは、象徴的にも実際上も、荒野そのものである。シャンパーニュ地方ラングル高原の端にあるコロンベは、パリから約二百キロ東南に当たり、人口わずか三百五十人、道路地図にさえ出ていない。「森の館」と名付けられた彼の家は、褐色の瓦を戴いた白い石造で、十四室ある家の一隅には六角形の塔があるが、木立ちに妨げられ、道を行く人からもよく見えない。寒村の田舎家は、ドゴールの神秘性を深めるには絶好の道具立てだった。

故郷に帰ったドゴールは、権力は孤独だが権力なき状態はもっと孤独なのを知った。しかし、そこには悔恨はなかった。「人と事件の交錯の中では孤独は誘惑だったが、いまやそれはわが友になった。歴史と対面したあとで、私は至福の一刻を発見した」と、ドゴールは書いている。

荒野の彷徨を知る

第二次大戦で大活躍したのに、戦後になって権力を失った点で、ドゴールはチャーチルと共通している。だが、両者は、全く異なる方法で復帰を狙った。フランス国民連合の敗北は、二点を結ぶ最短距離が必ずしも直線でないことをドゴールに教えた。一九五五年に記者会見で引退を表明した彼は、堂々たる風格を保ちながらも政治からは一切絶縁し、人の目につこうという努力を全く払わなかった。まるで名優のように、舞台から去るトキを誤らなかったのである。

それは、政治家としても最善の態度だった。権力は女の如きものであることを、ドゴールは本能的に知っていたのだろう。「追えば逃げ、逃げれば追うのが女の常」というフランスのことわざがある。アイゼンハワーもそうだが、ドゴールは権力を手にする最善の法は、ときには権力を求めぬふりをすることなのを見抜いていたらしい。その点、チャーチルは手をつかねて傍観することができなかった。彼は忠実な野党を率いてその先頭に立ち、一刻たりとも政権奪回の野望を隠さなかった。チャーチルもドゴールも、ともに奪回に成功しはしたが、それは異なる道程によってだった。

アメリカで政治を志す人には、私はいつも内心の野望と外見の野望は違うのだと教える。前者は指導者に必要不可欠だが、後者はかえって人々の反感を買うのである。

ドゴールは、週に一度の割でコロンベを出てパリのソルフェリーノ街にあるオフィスに行き、人々に会った。第四共和制に関与する連中は、ドゴールの指導力を憫笑《びんしょう》したが、政治上の意見を求めに来る人は少なくなかった。そして多くの場合、彼らはドゴールに会ったあと、彼らよりドゴールのほうが、より多く問題から学んだのを実感した。そのような意見交換を通じ、ドゴールは第四共和制の内情や欠陥に関して、おそらくフランス最高の消息通になっていった。

ドゴールはまた、勝利より敗北に当たっていっそう忠誠を尽くしてくれる支持者たちと、連絡を絶たなかった。支持者の存在は、彼にとって最大の政治的財産であり、再び起つ機会がめぐり来たとき、ドゴールにその機会を捉えさせる中心勢力になった。ドゴールが権力の座にあるかどうかに関係なく、彼らは危機に際会した指導者が不可欠とする忠誠を捧げていたのである。

ドゴール支持者の多くは、彼の思想よりも個性に、強く惹きつけられた。たとえばアンドレ・マルローは、政治的にはドゴールよりはるかに左だが、ドゴールの個性に傾倒するあまり、ほとんどドゴール信者と言えるほどだった。私は初の北京行きの直前、ホワイトハウスにマルローを招いて晩餐を供したが、宴のあと玄関へ案内されながら、マルローは衷心からの敬意をこめてドゴールの名を口にした。

「私はドゴールではありません。だれだって、ドゴールになれやしません。しかし、ドゴールがもし、いま、この場にいたなら、ニクソンの壮図を知る者よ、ニクソンに拍手を送れと言ったことでしょう」

　個人崇拝は、ふつう本人の死とともに消えてなくなる。だが、ドゴール主義がドゴールの死とともに消えなかったのは、彼の偉大さの証拠であろう。いまでも、勢いこそ減じはしたが、ドゴール派はフランス政界に隠然たる力を持っている。彼らが親しく会い忠誠の火をともされたのは、コロンベ隠棲時代のドゴールからだった。

　もっと大切なのは、在野中のドゴールが、みずからの知性を磨いたことだろう。アデナウアー西独首相は、あるときジャーナリストに向かって、「コロンベ時代にドゴールは大きく成長し、西欧きっての大政治家になった」と、評したことがある。偉大な指導者は、必ずと言っていいほど、成功よりも失敗から、より多くのことを学ぶ。ドゴールも、野に下って三巻の『大戦回顧録』を書きながら、自己の行動を批判的に分析した。わが行動について書くに当たって、彼は、とり得たかもしれない別の行動可能性をも合わせて検討した。そのような評価や自己批判に必要な客観的情勢判断は、政治家には希有《けう》なものだが、ドゴールの再起のためにはなくてはならぬものであった。

　ドゴールの友人の一人は「回顧録を書くことにより、彼は策士になった」と評している。その事実は、一九五八年六月に政界復帰した彼が首相に指名されたあと、まもなく明らかになった。彼は、フランスの危機を収拾するため、国民議会に対して特権を要求した。昔のドゴールなら、議会が合意せねば辞職するぞと脅したに違いない。だが、新しいドゴールは、懐柔ということを知っていた。政治という名の機械は、少し油を差したほうがスムーズに動くことを、承知していたのである。

議会に登場したドゴールは、愛想満点だった。休憩時間には、反対派とさえ歓談した。自分が求めるのは、単に「フランスをより強く、より健康に、より効率的に動かし、破滅から守ること」だと力説した。議員たちに向かって「再びみなさんと相見《まみ》えることができ、私がいかに感激し名誉に思っているか、お察し願いたい」とさえ言った。それまでドゴール復帰に反対してきた議員たちも、これにはびっくりし、すんなりとドゴールの要求する特別権限を与えたのである。

ドゴールは、アメリカ政界の分析においても一流だった。一九六〇年の訪米時の彼は、折からの大統領選挙に鋭い関心を寄せた。むろん、どちらかを支持するようなことは言わなかったが、いい忠告をしてくれた。一方の候補者である私に会って、アイゼンハワー政権の副大統領としての実績を土台にして選挙戦に臨むのは当然だが、それでは時代の要求に応えるのがむずかしかろう、と言ったのである。

「あなたは〝新しいアメリカ〟を掲げて戦うべきです」

私も同感だが、それでは自己の属する政権を批判することになり、できない相談だった。だが、ドゴールの助言は肯綮《こうけい》に当たっていた。ケネディは〝新しいアメリカ〟を旗印にすることにより、私に勝ったのである。

一九六二年のカリフォルニア州知事選にも破れた私は、家族を伴ってヨーロッパ旅行に出た。

パリ滞在はわずか数日だったが、ドゴール大統領から妻とともに昼食に来るよう、ボーレン大使も同席をと招待が来たのには驚き、ボーレンは私以上に驚いた。

二度も選挙に破れ、私自身もアメリカの政治評論家も、私にはもはや政治的未来はないと見限っていた。だから、ドゴールの招待は、ほとんど身分不相応な友情のゼスチャーと映った。非公式な昼食会ではあったが、挨拶に立ったドゴールは、三年前はじめて私に会ったとき、私がいずれアメリカの「より大きい指導力」を握るに違いないと直観した、と言った。その信念はいまも変わらず、いずれ「最高の座」につかれるのを確信している、というのだった。

うれしい予言だが、ドゴールは心からそう信じていた。なぜなら、私が大統領になってからも、ワシントンを去ってサンクレメンテに住むようになってからも、訪れるフランスの政治家でドゴールを知る人は、申し合わせたように、アメリカの新聞が書き始めるずっと前から〝ドゴールは私のホワイトハウス入りを言い当てていた〟と語ったのである。

ドゴールが会うのは現役の指導者だけがきまりだったが、私だけは在野時代も、パリに行くたび、ドゴールは留守でないかぎり会ってくれた。われわれは互いに敬し合ったが、その敬意は長い歳月に育《はぐく》まれたものであり、私はドゴールが私という人間に特別の尊敬を抱いていたと言おうとは思わない。だが、彼はアメリカの政治や国際情勢の第一級の見巧者だった。

おそらくアメリカの政界を見回して、国際政治を知る者の寥々であるのを感じたのだろう。あるいは、やがて世界情勢を理解する指導者が求められ、私の出番が来ると思ったのかもしれない。一私人にすぎなかった私との交遊は、単なる友情の交換に終わらず、フランスにとって最も重要な国アメリカの将来の指導者にドゴールの意見を伝えるという、貴重な役割を果たしたのだった。

もう一つ、ドゴールが私を特別扱いした理由は、「荒野」での彷徨《ほうこう》を知る者同士の連帯感だったと考えられる。


逆境は、献身的な支持者をドゴールのまわりに惹きつけ、彼の人格を育てた。だが彼は、偉大な指導者たるためには、単なる個性に加えるに威厳がなければならないと書いている。「高きを望み、ビジョンを示し、偉大なスケールで行動し、浅い水の中で遊ぶ一般大衆に対して権威を確立できなければならない」というのである。平俗の事で華《おわ》れりとする者は、よき公僕にはなれるかもしれないが「人類の信頼と夢をひきつける人物になることはできない」というのがドゴールの信念だった。

ドゴールにとって、大義とはフランスであった。フランスの栄光の象徴ほど彼を喜ばせるものはなかったが、フランスの脆弱と失敗ほど彼を悲しませるものもなかった。

戦時中の回顧録の第一行に、ドゴールは「私はフランスについて、独特の観念を抱き続けてきた」と、はっきり書いている。それに続く感動的な文章の中で、彼は単なる民族国家としてのフランスではなく、フランス国家の魂についての、ドゴールならではの考え方を説明している。それによると、心情的には、彼はフランスが偉大な成功か偉大な失敗を宿命づけられていると感じるときがあるという。

「にもかかわらず、フランスが凡庸なことをしでかすのを見ると、それは異常であり、フランス魂にあるまじきこと、フランス人として許すべからざる行為」と映った。また、理性的には、フランスは「先頭に立たぬかぎり真のフランスではない」と考えた。フランスを歴史の先頭に立たせようという偉大な国家的野心があってはじめて、ばらばらなフランス人の間に団結が成立する。「つまり、偉大さを失ったフランスは、もはやフランスたり得ない」というのである。

一九四二年、ドゴールはアメリカ大西洋艦隊司令長官ハロルド・スタークに、こんなことを言った。

「フランスの指導者が失敗したときには、永遠なるフランスの魂の中から新しい指導者が誕生するのです。シャルルマーニュからジャンヌ・ダルク、ナポレオン、ポアンカレ、クレマンソーみなそうでした。こんども、われわれの指導者の失敗の中から、私が生まれたのだと思います」

ドゴールが、みずから名指しするフランスの救世主の中に自分を数えていたことは、否定できない事実だろう。彼の率いる自由フランス軍は、ジャンヌ・ダルクと同じロレーヌの十字架を掲げて戦った。第三共和制がナチに蹂躙《じゅうりん》されたとき、ドゴールは「私はあえてフランスの痛苦を担う」と宣言したが、それは抵抗の継続により、フランス人にとってのフランスの象徴たらんという決意の表明にほかならなかった。

この事実を理解できなかったことが、第二次大戦中、連合国のドゴールへの敵意となって表われたのである。あるとき、チャーチルが何か小さいことでドゴールの妥協を求めると、ドゴールは傲然として「総理大臣、あなたはすでにしてジャンヌ・ダルクを味方につけたのに、再び彼女を火刑にしようとするのですか」と、拒絶した。

ドゴールの意志を理解し得なかったルーズベルト大統領は、友人との会話で、ジャンヌ・ダルクを気取るドゴールのことを、何度も笑い草にした。チャーチルは、ドゴールに同情も敬意も払っていたが、そのかたくなさには手を焼き「ドゴールは自分がジャンヌ・ダルクになったと信じている。問題は、わが教会の司教連中が、彼を焼かせてくれないことだけだ」と言ったという。

ひとりアイゼンハワーは、ドゴールを軍人として政治家として、尊敬していた。そして、アメリカの外交官の多くがドゴールをけなすのを歎き、一九五八年の彼の再起を喝采した。私に向かって、ドゴールは扱いにくいかもしれないが、彼の指導力がなければフランスは自由国家として生存しなかっただろうと断言した。それから十年以上が経った一九六九年、大統領としてフランスを公式訪問する前に、私はウォルター・リード病院に入院中のアイクを見舞った。七十八歳のアイクは寝たきりで、死の数週間前だったが、意識も記憶も明瞭で、「戦争中、われわれはドゴールに十分配慮をしなかったな」と語った。

大統領時代のアイゼンハワーは、敬意をもってドゴールを遇し、ドゴールも礼儀に報いるに友情をもってした。一九六〇年代になって米仏関係が悪化した大半の原因は、わずかばかりの敬意ある配慮や礼儀があれば国家間の友好は保たれるという単純な真理を、アメリカ当局者の側が忘れたことにある。

ドゴールが何よりも恐れたのは、過去の栄光を誇るフランスが、それを語るだけの国になり果てることだった。私は、一九六九年のパリ到着のメッセージの中で、「あらゆる人は二つの国の市民である。自分の国とフランスの」というベンジャミン・フランクリンの言葉を引用した。フランスが現代文明のために貢献した美術、文学、哲学、科学、政治学などを思うと、これは真実である。ドゴールは、その真実を何としてでも復活させようと献身したのだった。戦後ヨーロッパの物質主義を、ドゴールは深く憂えた。フランス人が生活水準ばかり口にするのを、悲しんだ。

「生活水準は、国家にふさわしい野心ではない。他の国々は、そんなことは後回しにして世界の征服を狙っている。しかも、戦わずして征服しつつあるのだ」

そう言ったことがある。

アイゼンハワーに向かって「イギリス人と違って、われわれはまだ第一人者たらんとする意志を失っていません」とミエを切ったときさえある。ドゴールはその意志を堅持したが、フランス人の多くは失った。彼は何度も、フランスの栄光を達成するための最大の障害はフランス人だと嘆いた。いくらフランス人を「高み」へ導こうとしても、国民がついて来なかったのである。ドゴールが大統領職を投げ出す一九六九年、フランス全土に波及した騒擾に対し即時停止を呼びかける彼のテレビ演説には、あまり反応がなかった。失望したドゴールは、補佐官に「フランス人は牛馬の群れになってしまった。牛馬だ」と漏らしたという。

あれほど国家としてのフランスを愛したドゴールが、人間としてのフランス人を蔑《さげす》んでいたとは、不思議に聞えるかもしれない。だが、ドゴールにとってフランスとは、単なる国民の集合体以上のなにものかだった。彼は国家に向かって理想化したビジョンを示し、フランス魂を昂揚させようとした。しかし人間は所詮人間にしかすぎず、実利主義的で不完全で、足元を見るばかり、地平線のかなたにまで視線は届かないのだった。

フランスが諸国家の先頭に立ち、歴史のアバン・ギャルドを演じることは、ドゴールにとって至上の命題だった。だが、フランスに偉大な国家的野心を抱かせようとの彼の努力は、水泡に帰した。フランスの中に資本主義と共産主義を融合する思想をつくろうという試みも、成らなかった。しかし、フランスの国家的誇りの再建は、ほぼ成功した。彼は、フランスは独自の核爆弾と核兵器を持つべきだと主張し、一九六〇年代のアメリカ政府がフランスとの外交的な意思疎通を怠っている間に、フランスをさっさとＮＡＴＯ（北大西洋条約機構）の総合司令部から引き揚げてしまった。

一九六七年に会ったときは、私と会話する態度や口にする国際問題に関する意見からも、フランスを再び一流国にしたいという意欲が見てとれた。会ったのはエリゼー宮のドゴールの執務室、立ち会ったのは彼の通訳だけである。ドゴールは英語を絶対に口にしなかったが、その態度から、かなり私の言葉を理解しているらしかった。学生時代にフランス語を学んだ私は、通訳がときどきドゴールの発言のニュアンスを訳し間違い、ドゴールが誤訳の個所について非常に正確な表現で言い直すのがわかった。あの完璧主義の人が、不完全な英語でしゃべりたがらないのは当然だが、フランス語に固執する裏には、再びフランス語を国際外交界の公用語にしたいという意志が感じられた。

フランス語で話すには、それなりの戦術的な理由もあるらしかった。通訳が私の発言や質問を訳しているあいだ、返答を考える時間が二倍になるのである。私のしゃべる間も、通訳の間も、同じほど集中して聞いているのを見て、そのことが想像された。

一九六七年、アラブとイスラエルの「六日間戦争」が起った直後にも、ドゴールに会った。そのときの彼は、中東その他の国際問題を話し合うための首脳会談を、すでに呼びかけていた。私にも、ソ連は中東情勢に「苦悩している」から、アラブとイスラエル双方の納得できる解決には同意するかもしれないと言った。

私は、中東全域でのナセル（当時のエジプト大統領）の拡張主義を現にソ連が支援する以上、双方の納得できる解決など求めているとは信じられないと、疑問を呈した。ドゴールは、ソ連がエジプト以下の「いわゆる社会主義国」を支援し、アラブ諸国内で勢力の伸張を図っている事実は認めたが、まだクレムリンは首脳会談をはっきりとは拒否していないと言った。

結局、ソ連は西側との首脳会談を拒絶してしまった。私は、フランスにもっと大きい国際的役割を演じさせようと望むドゴールが、みずからの熱意に気圧《けお》され、珍しく判断を誤ったのだと思う。あるとき、イタリアのジュゼッペ・サラガット大統領が、私にこう言ったことがある。「ドゴールは正直だし、いい人です。だが、鏡を見ては、おのが姿に満足せず、顔をしかめている女のようなところがあります」

ドゴールは、かつて世界的な大国だったフランスが、今日では軍事・経済面でアメリカの何分の一かになってしまった現実に、どうしても堪えられないらしかった。米ソ両超大国が、フランスに相談もせず介入もさせぬまま、世界の重大問題を決めていくのを憎んだ。外交にかけて経験十分なフランスは、経験も思慮もないアメリカ人よりはるかに東西関係の改善に役立てると、信じて疑わなかった。

彼の現実把握には、こうした欠陥もあったが、中東の将来の分析では抜群の見通しを持っていた。イスラエルは「六日間戦争」で得た占領地域を容易には手放すまいと予言し、こう断じた。

「聖書に出ているユダヤ人の歴史を読めば、わかります」

ユダヤ人はとにかく過激だ、というわけである。だが、アラブ人も同じように過激だと、ドゴールは見ていた。

「双方とも、常に自分の権利以上のものを要求しているのですから」

アメリカはじめ関係諸国は、力を合わせ、復讐によらず和解に基く中東和平に努力しなければならないと、ドゴールは説いた。そのような平和は、長期的に見て、イスラエルにも得になる。「あの国は、アラブとの戦争にはすべて勝ってきたし、次の戦争も勝つでしょう。だが、憎悪の海の中でいつまでも生きていられません」というわけだった。

当時の西側指導者として異例のことだが、ドゴールは中東危機の責任をアラブ、イスラエル双方にありと見ていた。そのため、ときに反ユダヤ主義の烙印《らくいん》を押されることがあったが、それは不当な評価である。日ごろドゴールに批判的だったボーレン大使も「問題は、彼はユダヤ人は一般に国際人だと見、そう見るドゴール自身は徹底した国家人であることです。それだけの差にすぎない」と言っていた。

一九六七年に会ったとき、私は、対ソ関係でＮＡＴＯ諸国はもっとよく協議すべきで、アメリカは重要な問題について米ソ二国の交渉に重きを置きすぎてはならないと思う、と言った。ドゴールは微笑し、「そのお言葉、覚えておきます」と言い、事実、忘れなかった。

大統領になってからの私は、ドゴールの協力を得て、米仏関係の改善に尽力した。それまでの大統領と違って、ドゴールの助言を無下に却《しりぞ》けず、むしろ歓迎した。国際問題に関する彼の経験と英知を高く買っていたからである。私は、このときの態度変更だけでも、米仏関係の改善には大いに役立ったと信じている。

よき家庭人として

ドゴールが『剣の刃』に盛った指導者の条件は、明快ではあるが、同時にきびしい棘《とげ》も隠していた。それは神秘と個性と威光があれば指導者は威信を持つことができ、威信がカリスマと結べば権威を確立し、さらに先見力が加われば、ドゴールのように歴史に残る人物になり得る、ということである。

しかし、神秘に伴う超然、個性に伴う独立独歩、威光に伴う超俗は、いずれも人間に大きい犠牲を強いるものである。ドゴール自身、高い地位は「不定形の憂愁」と不可分のものだから指導者は地位か人生の幸福のどちらかを選ぶほかないと書いている。「幸福には静かな生活や足るを知る心がなくてはならないが、大きい権力を握る者は、そのような幸福に与《あずか》ることができない」というのである。たしかに、指導者たるものは、きびしい自制心、絶えざる冒険、永遠の内的葛藤から逃れることはできない。

フランスの栄光を取り戻そうとするドゴールは、使命の前に進んでわが人生の幸福を犠牲にした。年齢と事件が多くのしわを刻んだ彼の暗い顔には、指導者独特の憂愁の色があった。固く結ばれた唇は、まるで永遠の渋面だった。微笑するときも、ドゴールの微笑は薄く、大笑いするようなことは絶えてなかった。深い眼窩《がんか》、氷のような青い瞳、眼の下の黒い隈《くま》には、何とも言えない悲しさが感じられた。やや外側に向いた左眼などを見ていると、ドゴールが夢を抱きながらついに夢の実現を見ることのできない絶望のロマンチストであることが、よくわかった。

超然を保つため、ドゴールには、わざと友人を避けるようなところがあった。どんなに彼に近い人でも「将軍《モン・ゼネラル》」より親しい言葉でドゴールを呼ぶ人はいなかったはずである。ある伝記作家によると、ドゴールは部下と親しくなりすぎないよう、何年か仕えた男は意図的に転出させたという。

だが、あれほどの陰気できびしい表情は、人間なら、だれも常に続けるわけにはいかない。ドゴールも、ときに人間的な一面を見せることがあった。たとえば、家庭を非常に重んじたドゴールは、部下の妻や子の名をすべて諳《そら》んじ、元気かと聞くことがよくあったそうである。

また、フランス特有の皮肉なユーモアが、ドゴールの暗い顔に一瞬の光を投げる瞬間もあった。彼が大統領だったときの話だが、部下の一人が電話で用を足そうとしてパリの電話のかかりの悪いのに業《ごう》をにやし、「ばか者ども、みんな死刑だ！」と叫んで受話器を叩きつけたことがある。そのとき、背後のドアから部屋に入ってきたドゴールは、卒然として言った。

「ああ、きみは何という大事業を望むのか」

ベルサイユ宮殿の有名な館長ジェラール・バンダーケンプが、ドゴールの逸話を聞かせてくれたこともある。改装なったグラン・トリアノンの国賓用宿舎を彼が視察に来たとき、だれかが、ナポレオンのバスタブでは巨軀のジョンソン大統領はむりではないかと言った。するとドゴールは「そうかもしれん。だが、ニクソンにはぴったりだろう」と答えたという。ジョンソンの人柄と彼の時代の米仏関係を知っていると、この話は面白い。

指導者には友情を楽しむ機会がないと書いたドゴールだが、社交の場での彼は、その言葉とは違って、好意のかたまりのような人だった。公式晩餐会で会話を独占するようなことは一度もなく、私の妻やドゴール夫人をも話の輪の中に招き入れた。偉大な軍人、偉大な政治家であることは知っていたが、近くで見るドゴールは偉大な紳士でもあった。

指導者の多くは、国事や眼前の職務に没頭するあまり、晩餐の席に連なる人々と話すのはおろか、興味さえ見せない。この点でも、ドゴールは違っていた。

一九六〇年の話だが、ドゴールを主賓とする私の晩餐会の前に、妻が馬蹄形のテーブルの真ん中に水盤を置き、苦心してランの花を活《い》けたことがある。それを見たドゴールは、みごとな花だ、たいへんだったでしょうと妻をねぎらった。ふつうの客なら盛り花に目を留めるのはおろか、口にまで出してほめませんよと、私の妻は大喜びだった。「自分のことだけでなく、他人のことも考え、それを話題にするのは、真の紳士でなくてはできません」と、うれしがっていたものである。

ドゴールが公的な場で示すそのような人間味は、しかし、秋の霜のような彼の威厳の中では例外的なものだった。喜怒哀楽の情を家族の中だけにとどめるドゴールは、指導者にとって最も困難な課題の一つ、家族への義務と職務への義務の使い分けを、みごとに解いてのけた。人の上に立つ者は、どうしても家族のことをおろそかにせざるを得ない。べつに意図して家族をうとんずるのではなく、何百万という家族の運命が自己の決断にかかっているのを自覚するからである。仕事のために長い時間を割き、予定外のことが急に入ってきたりすると、家族は取り残されたという感じを抱く。いつもカメラマンや記者に狙われ、ゴシップのネタにされるのさえ苦痛なのに、そんなとき何よりのたよりになる一家の主は、家族のために割く時間がない。

ドゴールは、家庭と職務を厳然と分け、きびしく一線を引いた。エリゼー宮での彼の居住区は、執務室から廊下を一つ横切ればいい距離だが、両者は完全に異質の世界であり、まるで二つの異なる大陸のようだった。補佐官たちは、一日の仕事を終わってドゴールが居住区に引き揚げたあとは、もはや連絡はとれないものとあきらめた。緊急事態でもなければ、家族と過す時間は完全にドゴールのものであり、家族のものだった。逆に国事に携っている間は、家族とはいっさい交渉なしである。きっぱり両者を分けることにより、ドゴールは指導者には珍しいバランスを実現した。家族も職務も、どちらも優先しない。それぞれの領域において最優先なのだった。

何もない日、ドゴールは午後八時ごろエリゼー宮の居住区に帰る。テレビのニュースを見、静かに夕食をとったあとは、家族とともに読書、音楽、会話のうちに時を過す。とくにスポーツをするでもない。アデナウアーやデ・ガスペリと同様、ドゴールにとって唯一の運動は散歩だった。ドゴール家は敬虔《けいけん》なカトリック信者で、日曜のミサを欠かすことはなかった。

家門の長として、週末のドゴールは、例の「森の館」に子供や孫を集めるのを好んだ。彼の一族は、常にドゴールやその政策の忠実な支持者だった。

家族の支持は、指導者にはきわめて大切なものである。公私をきびしく分け、公的生活では威厳と超然の仮面をかぶっているような人は、よけい温かく優しい家庭を必要とする。完全に信頼できる人々に囲まれ、くつろげる場がなくてはならない。ドゴール将軍も、生身《なまみ》のドゴールとして生きる場所が必要だった。気の許せる友のいない彼は、それだけに、いっそう家庭を必要とした。回顧録にも「健全な家庭は重要である」と書いている。

ドゴール夫人イボンヌは、世界のファースト・レディの中でも一流の人だった。だが、夫とは別に公的生活を持った宋美齢やエリノア・ルーズベルトとは、全く異なる役割を演じた。できるだけ人の目に触れぬよう、なるたけ目立つのを避けようとした。パリの上流階級の中には、彼女が最新のファッションを着て社交界に出ないのを怒る人が多かったが、ドゴール夫人は動じなかった。

偉大な歌手の伴奏をする名ピアニストのように、ドゴール夫人は夫を助け、夫を立てた。それが、ピアニストの正しい役割である。伴奏者の偉大さは、演奏のみごとさではなく、歌手がいかに巧みに歌ったかによって評価される。ドゴール夫人がまさにそれで、彼女は自分がよく見られるかどうかを度外視し、ひたすら夫に脚光を譲った。

イボンヌ・ドゴールには、派手なところなど薬にするほどもなかったが、彼女は完全な意味のレディだった。服装も行動もレディだが、物の考え方までレディらしかった。私は何度も話したが、夫や子供のため幸福な家庭をつくるのを第一に考えていることがよくわかった。「大統領の職には終わりがありますが、家庭は永遠ですもの」と語ったこともある。彼女は、簡素で目立たない家庭をつくり、ドゴールはそれをこよなく愛した。ドゴールが妻を深く愛し、敬意を抱いているのは、そのそぶりからも察しられた。ドゴールのさる友人が「将軍はどれほどイボンヌをたよりにしていることか。知る人は少ないが、彼をずっと支えてきたのはイボンヌなのです」と教えてくれたことがある。

ドゴール夫妻にはフィリップ、エリザベート、アンヌの一男二女があった。指導者をその家族により評価するのは必ずしも正しくないが、ドゴールの場合は正しいだろう。指導者の子の出来の悪いのは、金魚鉢の中のような生活から来るストレスが原因になるケースが多いが、出来のいいときは指導者の公的生活を律する価値観を幼いときに叩き込まれたためであることが多い。ドゴールの妻と子は、ドゴールが持っていた古きよき時代の礼儀作法、キリスト教的な価値観、女性への敬意、家庭生活を重んじる態度などを引き継いだ。家族こそ、ドゴール最大の遺産だったとさえ言える。

父親そっくりのフィリップ・ドゴールは、戦争中、自由フランス軍に属して勇敢に戦った。いまでは、フランス海軍で提督の位にまで進んでいる。一九八〇年にパリに行ったとき、私は彼の案内で大統領時代のドゴールの書斎を見せてもらい、その簡素なのに深い感銘を受けた。豪華な調度も高価な絵もない、単に古い机と椅子と、おんぼろのタイプライターとわずかな遺品があるだけ。ドゴールにかぎらず、偉大な指導者は、大きなオフィスによって客を圧倒しようなど思わないものである。政治家、経営者、その他の職業人に共通して言えるのは、器量の小さい人間ほど大きいオフィスを要求することだろう。

フィリップは、公職にはいっさい関心がないと言い、唯一の希望は海軍軍人として国に仕え、「将軍」の名を汚すようなことをしないだけだと語った。長女のエリザベートは陸軍将校と結婚し、母そっくりの飾らぬ優雅さをたたえた人である。

公職にある人間が子供に世間並みの正常な生活をさせるのがいかにむずかしいか、私はドゴール夫人の話から感銘を受けたことがある。彼女は言わなかったが、私は知恵遅れの子として生まれ十九歳で死んだアンヌのことだなと察した。私の妻の話では、ワシントンに来たときのイボンヌは、パーティや史蹟には何の関心もなく、子供病院や養護ホームへ行って、知恵の遅れた子らがどう扱われているかを、ひたすら見たがったという。

ドゴールには人間的な感情がなかったと評する人は、アンヌの生と死を知れば、直ちに意見を変えるだろう。それほども悲痛な物語である。

ドゴール夫人は、アンヌの生まれる直前、車にはねられた。怪我《けが》はなかったが、ショックが悪かったらしい。アンヌが生まれたとき、知恵遅れでおそらく一生しゃべれないだろうと聞いて、夫妻は絶望した。イボンヌが友人に書いた手紙の中に、こんな一節がある。

「シャルルと私は、自分たちの健康、お金、地位、名誉、すべてを投げ出してもいいのです、アンヌが世間ふつうの娘になってくれさえすれば」

夫妻はアンヌを深く愛し、手許に置いて育てた。養護施設に入れたらと勧める人がいると、ドゴールは「あの子は、自分から望んで、この世に生まれてきたわけではない。アンヌをしあわせにするためなら、われわれはどんなことでもする」と、断わった。

アンヌの短い生涯、彼女を笑わせてやれるのはドゴールだけだった。娘といっしょのときの彼は、あらゆる威厳を脱ぎ捨てた。コロンベの村の人々は、アンヌの手を引いて庭を歩き、頭を撫で、静かにアンヌの理解する乏しい語彙で話しているドゴールを見た。ドゴール伝を書いたジャン＝レイモン・トルノーによると、アンヌの手を取って踊ったり、ゼスチャー芝居をしたり、歌まで歌ってやったそうである。あの将軍帽まで、おもちゃにさせた。アンヌは、目を輝かせながら帽子で遊んだという。うれしいときには、言葉に近い音も出せたし、よその子供と同じように笑った。「遊び疲れたアンヌは、父親に手をとられたまま、しあわせそうに眠った」と、トルノーは書いている。

ドゴールは、新聞記者や物見高い人々の目から、全力を挙げてアンヌを守った。戦争中、在英時代に住んでいた田舎家でも、家族と一緒の写真は絶対に撮《と》らせなかった。アンヌを入れないことが人の話題になるのを避けたのである。だが、アンヌは近所の子供たちからいじめられ、なぜいじめられるかわからぬまま、苦しんだ。

自分たちが死んだあとのアンヌの生活を、ドゴール夫妻は何よりも心配し、そのために信託に入った。乏しい資産の中からミロン・ラ・シャンペルに近い森にシャトーを買い、聖ジャキュ会の修道女に経営をたのんで、一九四六年に開園した。のちに回顧録の印税の大部分を投じ、アンヌ・ドゴール基金の原資とした。

一九四七年、アンヌは二十歳の誕生日を目前に、肺炎で死んだ。コロンベの村の墓での簡素な葬儀が終わったあとも、ドゴールとイボンヌは、目に涙を浮かべて墓のかたわらにたたずんでいたが、やがてドゴールは妻の手を取って言った。

「さあ、行こう。これで、彼女はみんなと同じになれたのだ」

別れのマルセイエーズ

ドゴールほど気高《けだか》い資質を兼ね備えた指導者は、歴史にも例が少ない。人間的であると同時に、超人的でもある人だった。一九六〇年に彼をワシントンに迎えてから、私は無冠の時代にも何度かエリゼー宮に招かれた。だが、最も記憶に残るのは、そのあと、互いに米仏の大統領として会った会談である。

一九六九年二月二十八日、私の乗機「エアフォース・ワン」は、オルリー空港に着いた。大統領としての初の外遊で、パリのあとはワシントンに帰るだけだったが、あの歓迎式は忘れることができない。赤い絨緞、きらびやかな儀仗兵、新装なったターミナル……そしてタラップの下に立つドゴールは、そのすべての上に君臨していた。寒風の中に帽子なし、オーバーもなしの姿だった。

最初、私は超大国アメリカへの敬意のために、ドゴールがそんなことをしてくれるのかと思った。だが、バーノン・ウォルターズの話では、ドゴールはどんな小国の元首にも、同じような儀礼で臨んだという。小国の代表を大国なみに扱うのは、第二次大戦中にドゴールが連合国から受けた屈辱的な処遇への怒りに発するものなのだろう。それはまた、アフリカやラテン・

アメリカにフランスの影響力を強めようという計算にも基いていた。外交的な侮辱や儀礼上のミスは、意図的か偶然かに関係なく、大国よりは小国に対して大きく作用するものである。

エリゼー宮での大晩餐会やベルサイユ宮での贅を凝《こ》らした昼食会などは、フランスの過去と現在の栄光を誇示するものだったが、もっと重要なのは、われわれがサシで語り合った十時間である。ドゴールの話題は、米仏関係を超え、全世界に及んだ。それは、会議場のグラン・トリアノンの窓から望むベルサイユの庭のように、壮大そのものだった。大げさだが決して嫌味のないゼスチャーで、ドゴールは「ルイ十四世は、この部屋から全ヨーロッパを治めたのです」と説明した。ベルサイユという荘厳な舞台に立つドゴールは、まさに水を得た魚で、本人には気取りはなくても、威厳はごく自然に、あたりを払っていた。

会談中のドゴールの演技（悪い意味の演技ではない）は、みごとだった。ときには雄弁に、ときには冷酷なまでに実務的に、いずれの場合も（マッカーサーと同じように）明晰な論理で迫った。私は、彼の主張が常に正しかったとは言わない。だが、そこには確信があった。

最初の話題は、ソ連に対する西側の態度だった。ドゴールを批判する人は、彼をこちこちの右翼だったように言うが、実はソ連との緊張緩和《デタント》については徹底して実際的だった。戦後のヨーロッパがソ連の脅威を感じつつ生きているのを認めながらも、ドゴールは関係改善を望むソ連の意志を信じた。ソ連の人間が伝統的に持つ対独恐怖症は、中国という脅威により増幅されていると見るドゴールは説いた。

「彼らは中ソ衝突という事態が念頭を離れず、従って西欧とは戦う余裕がない。和解以外に道

力すべきです」

「西欧も選択の余地なしです。ベルリンの壁を撤去させるために戦うつもりがないんなら、他に取るべき手段はない。緊張緩和が正解でしょう。戦争する気がないんなら、平和のために努力すべきです」

私は、かわってNATO結成いらいの最大の問題を取り上げた。

「ソ連が侵攻を始めれば、アメリカが対抗して戦略兵器を使うと考えておいでですか。ヨーロッパ人は、ソ連の侵攻または侵攻の脅威に対し、通常兵器による大規模地上作戦で対抗すべきだと考えていますか」

私の質問が翻訳されたあと、ドゴールはたっぷり一分間は考えてから、言葉を選んで答えた。

「フランスについてだけ答えます。ソ連も、アメリカが彼らのヨーロッパ征服を傍観するとは思っていないでしょう。だが、ソ連の侵攻に対し、アメリカの側も直ちに核兵器で応じたりはしないはずです。そうなれば、ソ連人をみなごろしにしなければなりませんから。米ソ双方が戦術兵器だけしか用いなくても、やはりヨーロッパの終焉です。西欧と英国はソ連の戦術兵器で、東独、ポーランド、チェコ、ハンガリーはアメリカの戦術兵器で、それぞれ破壊される。ヨーロッパが消えたあと、米国とソ連は無傷で残るのです」

それで終わりかと思っていると、翌日、ドゴールは巧みに同じ話題に戻った。そのときの話は、第二次大戦がヨーロッパに残した惨禍だったが、ドゴールは大戦の結末を一つの文章に要約して言った。

「戦争に負けたのは二国だけだが、実はヨーロッパのすべての国が敗北したのです」

死ぬ一年ほど前のドゴールは、アンドレ・マルローに向かって「究極の勝者は死だ」というスターリンの言葉を披露したという。ドゴール自身の発言と重ね合わせ、私はドゴールが核戦争には勝者がなく、敗者のみだと言おうとしたと解釈する。彼の考える実際的な解決とは、抑止力と緊張緩和の結合にほかならなかった。

中国について尋ねると、ドゴールは「彼らのイデオロギーを甘く見てはならないが、アメリカはいつまでも中国を怒りのうちに孤立させておくべきではありません」と答えた。彼は一九六三年にも同じようなことを言い、私も当時から同意見だった。

「ソ連との対話を進めるに当たっても、中国のことは前向きのままにしておくつもりです。十年後、中国が核大国になってからでは手遅れです。中国への窓口を開くべきだと思います」

私がそう言うと、ドゴールはうなずいて、それからうまい表現で答えた。

「無視できなくなってから承認する前に、承認しておくのが得策というものです」

ドゴールは、国連のことを「子供だまし」と呼んで軽蔑していた。この点は、チャーチルも似ている。チャーチルは私に「偉大な国家は、生存にかかわる重大事を他の国々に決めてもらおうとは思わない」と言ったことがある。ドゴールのほうは、アイゼンハワーに向かって、こう語った。

「あなたは、いまは国連を支配しているから国連を大切にするが、米ソがそれぞれ別の理由に基いて進めている〝独立の開花〟が進むと、まもなく支配できなくなりますよ。ソ連は、力の真空を利用したいため、反植民地運動をやっている。だが、アメリカは、ジョージ・ワシントンは英国植民地主義者を追い払ったインデアンの酋長《しゅうちょう》だったという幻想に基いて、同じことをやっているのです」

米ソがともに植民地解放に熱心だったそのころ、ドゴールがアイクに与えた予言は次のようなものだった。

「開発途上国や中小諸国はソ連に操られやすいから、アメリカの支配力はいずれ侵食される。しかし、アメリカは国連を聖なる機関にしてしまい、彼らが常識外れを言ったり、あなたの利益に反するようなことを命じても、従うほかなくなるのです」

アメリカがそれほど唯々諾々と国連の言いなりになるとは、少し言いすぎだが、これは国連に関する予言的分析だったと言えるだろう。

一九六七年と六九年の二度、私はベトナムを話題に、ドゴールとじっくり話し合った。私がまだ大統領候補だった一九六七年、彼はなるたけ早く、なるたけ有利な条件で、ベトナム和平を達成するようにと助言した。

アデナウアーと違って、ドゴールは、ソ連もベトナム和平を希望していると信じていた。ドゴールに会ったコスイギンは、ベトナムがソ連にとってどんなにお荷物かを説明したという。コスイギンは、げんこつで片方の掌《てのひら》を叩きながら「東南アジアのため、われわれがどんなに予算を使ってるか、おわかりにならんでしょう」と、舌打ちしたそうである。

私は、この点については、ドゴールほど判断力ある人物も過っていたと考える。彼は、指導者の重要な任務の一つは経済の均衡を維持し、インフレを抑え、通貨の健全を保つことだと信じ、ソ連指導者も同じはずと思い込んでいた。だが、ソ連の当局者は、予算を何に使おうと意のままなのである。彼らの拡張主義は国内経済に優先する。国民の不満には、耳を塞いでいればいい。

一九六九年に会ったときのドゴールは、ベトナムから早く撤退するよう、しかし急ぎすぎて「破滅的」なことをしないよう勧めた。撤退が持つ政治的な困難も、彼はよく理解していた。「フランスの一部」であったアルジェリアから撤兵する残酷な決断は、はるかにむずかしかったが、ほかに道がなかったのだ、とも言った。

ソ連との交渉を成功させるにはベトナムからの米軍撤退が必要というのがドゴールの考えだったが、ある意味ではこれは正しい。ベトナム戦争がなければ、米ソ関係はもっと単純だったことだろう。しかし、引き揚げさえすれば対話ムードが生まれたかとなると、疑問になってくる。

一九七二年、モスクワで米ソ首脳会談を開く直前、ハノイは南ベトナムに対し大規模な攻撃をかけてきた。私の補佐官の多くは、強硬な報復措置をとれば首脳会談が流産すると言ったが、私は敢てハノイ爆撃とハイフォン港の機雷封鎖を命じた。ロシア人は、この力の論理を理解し、首脳会談には何の支障もなかった。むしろ、かえってソ連側の対話への意欲を刺戟したはずである。

ドゴールの意見に、私は常に同意したわけではないが、深い感銘は受け続けた。三日間の会談中、彼はメモ一つ見ず、一人の補佐官の助けも受けなかった。世界のどの地域のどんな問題についても、あれほどの知識と知力と、ときには深い洞察力をもって語ることのできる指導者に、私は会ったことがない。

それが一九六九年二月の話だが、その年の三月二十八日には戦時中の盟友アイゼンハワーが死んだので、ドゴールは葬儀に出るためワシントンに来た。私は彼をホワイトハウスに招いて約一時間、国際情勢を語り合った。

ドゴールは三度《みたび》、ベトナム戦争の一日も早い収拾を勧めた。だが、このときも、決して急がず、秩序ある撤兵をと主張した。そして、アメリカがベトナム戦争を終わらせることができれば、アメリカの力と威信は高まり、世界各国からの信頼も増すはずだと言った。

私は彼にベトナムからの撤退計画を明かし、北ベトナムとはすでに隠密裡に準備交渉をしている事実を打ち明けたが、交渉の成否は秘密が保たれるかどうかにかかっているのでと、クギを刺した。ドゴールはそれに対し、戦争収拾のため秘密交渉の用意あることは、北ベトナムからフランス側にも連絡があったと、教えてくれた。顧みれば、このときの会談が、キッシンジャーのパリ隠密旅行と四年後のパリ和平協定、アメリカのベトナムからの脱出に道をひらいたのだった。ドゴールを継いだポンピドー大統領とフランス政府の協力がなかったら、和平交渉は成功を見なかったに違いない。

また、当時のドゴールは、超遠心分離法による濃縮ウラン製造に関する英独協定のことを、ひどく心配していた。対して私は、仏独和解はドゴールの偉大な功績の一つで、成功を疑った人が多かったのに実現したではありませんかと応じた。

ドゴールは満足そうな顔をしたが、いかにして一般ドイツ人に対する内心の疑念を抑えてアデナウアー首相と和解、協力するに至ったか、その実際面を淡々と語った。「ドイツ人の偉大な活動力、行動力、力量」には感心し、一種の「人のよさ」も認めないわけではないが、西独との和解には慎重を期した。なぜなら、気を許すたびにフランスはじめ世界の国々に迷惑をかけてきたドイツ人に、心の底では警戒を解いていないからだ、というのだった。

同じ理由から、フランスは西独が核兵器を持つのを絶対に許さないと言った。ドゴールが英独協定を恐れるのは、「あれだけの技術力を持ったドイツ人が濃縮ウランを持てば、好きなときに核兵器を持てる」し、それをフランスはとうてい認めることができないからであった。

十三年の歳月を経たいま、振り返ってみれば、このときの会談では、米ソ関係をめぐる意見交換が、非常に面白い。私は、ソ連の猛烈な軍備拡大能力、とくにミサイルと海軍力の拡充への疑念を口にしたが、同時に、東西緊張緩和を彼らが望んでいるらしい兆候もあると語った。

そう言っておいてから、私はクレムリンの指導者を個人的に知らないので、ドゴールの意見を聞かせてほしい、とくにタカ派とハト派が分裂しているそうだが本当かと聞いた。ドゴールは答えて、たしかに「大それた野心」を持つソ連だが、クレムリンの連中の狙うのは古典的な意味の征服ではなく、外敵に備え外国（とくにアメリカ）にひけをとらない防衛力なのだと語った。

ポドゴルヌイ議長のことを、ドゴールは「やる気も何もない年寄り」と片付け、ブレジネフについてはクレムリンの唯一無二の権力者と断言した。また、コスイギン首相は努力もするし実力もある官僚、ブレジネフより柔軟、一九六八年のチェコ民衆蜂起に続くソ連軍のチェコ侵入では、クレムリンの中で最も穏健派だったとの情報があると、教えてくれた。

ソ連指導者はチェコ動乱などは大事件と見ていず、従って部内意見の相違はあるが、大きな問題、とくに軍事力の充実では一致している、と、ドゴールは言った。さらに、彼が会った印象では、クレムリンの実力者たちは質問には虚心坦懐に答えるふりをするが、どうもかなり見せかけのようだとも語った。そして最後に「アメリカ大統領かクレムリンか、どちらかが先手をとって接触することを、全世界は待ち望んでいます」と結んだ。直接交渉しても大丈夫だろうかと聞くと、「申すまでもありません」――明快に答えた。

ホワイトハウスの玄関へ送っていく途中、ドゴールは、アイゼンハワー夫人にお悔みの言葉を伝えておいてほしいとたのんだ。あまり感情を顔に出さないドゴールだが、彼がアイゼンハワーについて語る口ぶりから、どんなにアイクを敬愛していたか、いかに衷心から彼の死を悼んでいるかが、察しられた。

このアイゼンハワーの葬儀のとき会ったのが、ドゴールとは最後になった。彼のワシントン公式訪問の下準備が始まっていた一九六九年四月二十九日、ドゴールは突然辞任し、引退してしまった。

大問題で辞めたのではない。上院と地方選挙の制度に関する国民投票に破れるという、一見些細《ささい》なことがきっかけだった。のちにマルローが、なぜあんなばかばかしい問題で辞めたのかと問うと、いかにもドゴール将軍らしい答えが返ってきた――「なぜなら、ばかばかしかったからだ」。

チャーチルやアデナウアーと同じように、ドゴールも後継者を育てることができなかった。チャーチルはイーデンを抑え、アデナウアーはエアハルトを抑えたが、ドゴールもポンピドーを抑えた。ポンピドーは、私が会った指導者の中でも優秀な人物だが、偉大な先人を継ぐのは困難なものである。少なくとも歴史的な意味では、トルーマンはルーズベルトに及ばなかったが、彼はそれなりに歴史に足跡を残したと言える。だが、ドゴールの足跡は、何人をもってしても埋めがたい。世界の第一級の経済通であるポンピドーは、よくやったと言うべきだろう。とくに感心したのは、外交政策を論じるに当たって、地域的利害にとらわれず、全世界を考えたことだった。

ドゴールの辞任を聞いた私は、手書きの手紙をしたためて彼をワシントンに招待し「他の数都市も御日程の中に入れ、ぜひ歓迎させて下さるように」と書いた。手紙の最後を、私は「率直に申しますと、この凡庸の世界の中で、アメリカ魂は、あなたの御訪問を待ち望んでいるのです」という文句で結んだ。ウォルターズが、手紙をコロンベに隠棲したドゴールに渡してくれた。読んだドゴールは「真の友だ」と言い、その日のうちに机に向かって、やはり手書きの返信を書いた。

拝啓

身に余る公的メッセージと心あたたまる私信を頂戴し、感激しております。私の感激は、単に書簡がアメリカ大統領からのものであっただけでなく、それが私の心より敬愛し、信じ、真の友と感じるリチャード・ニクソン氏よりのものであったからです。

いつの日か、再びお目にかかる機会と名誉を持ち得ることでありましょう。今日は、ただ、あなたの国内、国際両舞台での御成功を、心の底から祈るだけにとどめたいと思います。

どうかニクソン夫人によろしく。妻も、よろしくと申しています。大統領閣下、あなたへの私の友情は不変であります。

敬具

シャルル・ドゴール

大統領閣下

これが最後で、ドゴールは一九七〇年十一月九日に長逝、私は世界各国の指導者と肩を並べて、パリまで永遠の訣別を告げに行ったのだった。

生前のドゴールは、その身の丈で周囲の人々を圧倒したが、彼が発散する力は、内的なそれであった。巨大な鼻、少し曲った猫背、柔かくしなやかな手などは、その力を強めも弱めもしなかった。それは肉体性を超えた力――ほとんど人間の能力を超え、他人に沈黙を強い尊敬の念を、起さずにはおかせない自制心から来る力だった。

ドゴールは疑いから語らず、常に信念から語った。ときには過ちもあったが、その過ちさえ歴史に残る力になった。

ドゴールは、単にフランスの過去の栄光に拝跪《はいき》するのをいさぎよしとせず、それを現代に蘇らせようとした。マルローの言葉によれば、彼は「一昨日の人であるとともに明後日の人」だった。

現代に生きた大伽藍の建造者とも言えるだろう。ドゴールの建てようとした伽藍は、一つの観念であり、それは現実にして現実でなく、目に見えるが見えず、手に触れるがつかめないもの、つまり「フランス」そのものだった。地理的、政治的なフランスではなく、精神的な意味でのフランスである。ドゴールはフランス人の目の前に、ビジョンとしてのフランスを差し出し、これこそがフランスだと言い、現実のフランスを少しでもそのビジョンに近づけようとした。

古代の中国人が中国を宇宙の中心に置いたように、ドゴールが見るフランスも一種の中華帝国だった。他の国は、フランスに関係があるから意味があるにすぎない。世界情勢を冷静に、先の先まで分析できる人だったが、ドゴールの政治は完全にフランスの利益を伸長し保護するためだけに向けられた。

ドゴールはフランスの解説者、保護者、予言者、良心、鞭、そして霊感だった。ある意味では、ドゴールはフランスそのものだとさえ言える。彼とフランスが合体したのではなく、最初から一体なのである。彼はフランスを体現した。世界に向かってのみならず、フランス人自身に向かって、フランス人の代表だった。

ドゴールは、アメリカ人を人間としてあまり好かなかった。だが、好き嫌いを言えば、フランス人をさえ、とくに好きだったわけではない。彼は家族とフランスを愛し、フランス以外の国々は、その人間がどうであるかに関係なく、要するにフランスにとってどんな意味があるかで判断した。ドゴールは政治家だったのであり、べつに人道主義者であったのではない。

生きているうちから、ドゴールは何度も、はげしい論争の的になった。だが、結論は明らかだろう。ドゴールなくしては、フランスは第二次大戦の敗北から立ち直れなかった。ドゴールなくしては、フランスは大戦の破壊から再起できなかった。ドゴールなくしては、仏独の和解はあり得なかった。ドゴールなくしては、第五共和制憲法はあり得ず、フランスは政治的、経済的、社会的な混沌の底に沈んでいたかもしれなかった。そしてドゴールなくしては、何世紀にもわたってその活気と活力《エラン》と輝きと不思議な特異性と普遍性の結合により全世界を啓発してきたフランス精神は、今日の活況からはほど遠い冥界へと去っていたかもしれなかった。

ドゴールとその時代を顧みて、私が最もあざやかに思い出すのは、ノートルダム寺院でのミサが終わりに近づいた一瞬である。世界各国の元首や貴顕は、出口へ向かって歩き始めていた。何人もの人が私のところに来て、アメリカ人の代表としてはるばる来たことに対し、感謝の言葉を述べた。だが、私が出口に達したそのとき、あの大寺院のオルガンが高らかに鳴って『ラ・マルセイエーズ』を弾き始めた。

私は立ち止まり、回れ右をし、右手を胸に当てながら祭壇のほうへ戻ろうとした。ちょうどそのとき、音楽に気のつかないどこかの国の偉い人が、私の手を握り挨拶を言った。そして、最高に劇的だったであろう瞬間は、永遠に失われた。もしあのとき、全世界の指導者がこぞって祭壇に引き返し、オルガンに合わせて一斉にフランスの国歌を歌っていたら、それはシャルル・ドゴールの精神に最もふさわしい瞬間であった。私は、悔まれてならないのである。

マッカーサーと吉田茂

東と西の出会い

この意外な組合わせ

一九五一年のうららかな春の日のことである。折から園遊会を主催していた七十歳のさる日本紳士が、宴の最中に、ワシントンから思いもかけないニュースを受け取った。トルーマン米大統領がマッカーサーを解任した、元帥は朝鮮半島で戦闘中の米軍の指揮権も、日本駐留連合軍の最高司令官職も、すべてを剝奪された、という報である。顔面蒼白になった紳士は、そそくさと桜樹の蔭を去り、以後三十分間は一語さえ発することができなかった。

紳士とは、言うまでもなく日本の政治を一手に握っていた吉田茂のことである。鉄の釘のように剛直な彼は、どんな異常事態にも感傷が禁物であることをよく知っていた。鉄槌をもって野党を叩き続けてきた彼は、政治のきびしさ、はげしさを、十分に承知していた。マッカーサーとトルーマンが壮絶な権力闘争を演じ、要するにマッカーサーが負けたのである。日本人から絶大な尊敬を受けていた将軍ではあるが、トルーマンの決定の当否に関係なく、以後の日米関係はマッカーサー抜きで運ぶほかない……吉田はそう直感した。

吉田は一九四六年いらい、日本の独立回復のために専念してきた。いまトルーマンを怒らせて平和条約の希望を失うのは、絶対に禁物である。

それなのに、吉田が発表した声明文は、外交儀礼としても異例なほど、去りゆくマッカーサーに好意的だった。

「終戦以来五年有余、マ元帥が温情をもって国政の指導に当たられたことに、全国民を代表して感謝を表したい。講和の完成を見ずして元帥がわが国を去られることは、国民挙げて遺憾とするところである」

吉田らしくもなく、感情をむき出しにした表現であった。

もちろん、吉田のこの発言は、アメリカの通信社によって世界に報じられたが、マッカーサー解任直後に爆発し彼の死に至るまでつきまとった大政治論争にとりまぎれ、注目されずに済んだ。それから三十年、おおかたのアメリカ人は、マッカーサーの名を聞けば朝鮮や第二次大戦での水際立った指揮ぶりを思い浮かべることだろう。だが、実はマッカーサーが残した最大の遺産は、その解任直後に、ほかならぬ吉田によって述べられていたのである。

「日本を終戦後の混乱と虚脱から救ったのはマ元帥であり、わが国のあらゆる分野に民主主義が根を下すことができたのも、元帥の尽力によるものである」

朝鮮戦争で、大統領の命令を無視してまで主戦論を主張したため首を切られた男に対し、吉田は惜しみない賛辞を浴びせた。

日本の復興に当たって吉田が果たした役割も、マッカーサーのそれと同様きわめて重要だが、吉田は、自己の功については一度として揚言していない。だが、マッカーサーと吉田——勝者と敗者、西洋人と東洋人、将軍と政治家——の協力があってはじめて、日本という大きな国の世界史上まれに見る急速かつ劇的な再起が可能になったのは、何びとも否定できない事実であろう。

マッカーサーは、アメリカ史上の巨人だった。伝説的な人物につきものの矛盾と逆説を抱きつつ、歴史の中に屹立する巨峰である。思慮深い知性を備える一方で、自信と自意識にあふれた武人であり、権威主義的であると同時に民主的、何百万の聴衆を魅了してやまないチャーチル的修辞の飛躍を駆使し得る天才的な雄弁家、生半可な進歩派《リベラル》など鎧袖一触の語り手だった。

対する吉田は、危機の渦中にあっても気随気儘のお天気屋、葉巻の煙の奥で茶目っ気たっぷりな瞳を光らせつつ、廃墟の中から祖国の経済的勝利をつかみ出してみせた元外交官である。彼の腹中の剛毅、鞭のような舌鋒、丸っこい体軀、そしてほとんどの人が退隠の生活に入る年齢で権力の座についた経歴……すべてが「日本のチャーチル」という吉田の異名を裏書きしている。

一九四五年、マッカーサーは、日本の精神と肉体を支配下におさめた。二百五十万の日本人が戦いに死し、しかも死者の実に四分の一が非戦闘員だった。工場は灰になり、一九二〇年代いらい日本の国力の礎石であった貿易は杜絶していた。食いつなぐ食糧もなかったが、もっと大きい打撃は、日本人を内から支えてきた神州不滅の信念の崩壊だった。彼らが崇敬する天皇裕仁は、日本の開闢《かいびやく》いらいはじめて、武人たちに銃を捨てて敗者の屈辱の中に生きよと命じた。それのみか、自分は一個の人間であると宣言し、何世紀にもわたって日本人の価値観を支えてきた基盤を、みずから放棄した。

軍事的敗北が、一国の民をかほどの精神的、物質的な空白に追い込んだ例は、史上かつてなかった。だが、それからわずか九年後、吉田が首相を辞したときには、日本はすでに自由主義圏第二の巨大な経済の建設へと前進を始めた、強力な民主主義国に変貌していたのである。

周知のように、そのすべてはマッカーサーの功に帰せらるべきだろう。一九四五年から五一年にわたる彼の統治下に、日本の社会的、経済的、政治的な改革のほとんどが着手されたのだから。私はマッカーサーと吉田の両者を個人的によく知り、彼らの業績を熟知しているがゆえに、日本の復興は両人の協力の賜であること、立法家としてのマッカーサーと執行者としての吉田のみごとなパートナーシップを通じて成就されたものであることを、断言し得る。

マッカーサーの命令は、夾雑物の介在を許さない純金の如きものだった。吉田はそれに日本の特殊事情を混ぜ、日本に適合するような形に叩き直した。その協力の結果は、僅々数年にして全体主義国を民主主義国に変え、潰滅した経済を世界最強の一つへと変容させたのである。

二人とも、決して最初から適任者と目されていたわけではなかった。マッカーサーを批判する人々は、彼を単に見栄っ張りの厳格主義者だと片付けていた。ところが、結果的には、彼は歴史にかつてないほど寛大な征服者であり、史上寥々たる征服成功者の一人になった。吉田も就任時は政治の完全な素人であり、ろくに選挙や行政の実務を知らない暫定内閣の首班くらいに思われていた。しかし、その人が、戦後最高の首相となって穏健保守・産業界支援政権のモデルを創設し、日本はいまに至るも彼が敷いたレールの上を走り続けているのである。

マッカーサーが戦後の日本に落とした影はあまりにも大きく、吉田は単に占領軍のおかげを蒙ったただけの人物であるように錯覚する人もいるだろう。そういう印象は、単に二人の個性の差から来るもので、彼らが書いたものを読むと、それが実にはっきりわかる。

マッカーサーの回想録は劇的であり、ときどき自己称讃の言辞が混入する。まるで独力で占領をやってのけたかのようなことさえ言う。吉田に言及している個所は、吉田がマッカーサーを褒めている言葉の引用を除くと、単にひとこと——「有能な総理大臣だった」と書いているにすぎない。

それに比べると吉田の回想記は正反対で、ゆかしい謙譲で貫かれている。至るところ受身の表現で、他の政治家なら「私はこう決定した」「かくかくの確信を抱いた」と書くべきところを、「……と決定された」「という方向に情勢が動いた」と書いている。

日本占領の真実は、おそらくマッカーサーの文章と吉田の文章の中間に存するのだろう。日米両政府は、ときに助け合い、ときにぶつかり合いながら、七年のあいだ日本を動かしていったと見るべきではないだろうか。マッカーサーは声を大にし、堂々と布告した。吉田は時に目に見えぬ、記録にさえ残らぬ微妙な舵さばきで、それを実施した。両者は同じほど重要だが、マッカーサーの権力はあまりにも大きく、個性があまりにも強かったので、その光芒《こうぼう》のために吉田の姿が目立たない。……それだけのことではないかと思う。

それに加えて、吉田にはもう一つの不利な条件がある。七年間に及ぶ在任中、多くの学者が彼のことを悪く書き続けたことである。

一部の評論家は、吉田に時代遅れの独善家とレッテルを貼り、マッカーサー司令部が命令した労働、教育、警察など各面での改革をいちはやく逆コースに導いたと非難した。かと思うと、そうした吉田の施策は、極東の共産勢力に急に過敏になったアメリカの方向転換を映したものだと見る人もいた。

ほんとうの吉田は、心の底では進歩的な政治感覚を持ちながらも非常に慎重な男で、占領軍が試みた一連の性急な改革の性急すぎる点を懸念したにすぎない。もともと日本人は、世界で最も外国からの影響に寛容な国民で、何世紀にもわたって近隣の文化を摂取し続けたが、常にそうした外的要因が日本の社会を破壊せず、より豊かなものにするよう、細心の注意を払ってきた。マッカーサーの改革を受けいれるに当たっても、同様だった。

マッカーサーは、日本に民主主義的な諸制度を持ち込み、日本人を一日も早く民主化しようとした。吉田は、日本人がそうした新しい自由の恩恵とそれに伴う責任を十分に持つようになるには、一定の時間が必要なことを知っていた。彼はまた、アメリカで成功したことすべてが必ずしも日本で成功しないことを、見抜いていたのである。

マッカーサーと吉田は、こうして、全く異質の役割を果たしたわけだが、そのためにも、二人は全く異質の個性でなければならなかった。私が彼らにはじめて会ったときの印象もまた、その異質性を裏書きしている。

私が最初にマッカーサーを見たのは一九五一年。上院議員の私は、両院合同会議で、あの有名な「老兵は死なず」の名演説を聞いた。現代政治史の中でもおそらく最大の劇的対決の大波に洗われたばかりのマッカーサーは、古代神話の英雄のように登場した。彼の言葉は実に力強く、議場全体が魔術に痺《しび》れたようになった。演説は、何度も何度も、拍手で中断された。そして最後に、彼が「老兵は死なず。消え去るのみ」の感動的な訣別の辞で口を結んだとき、両眼に涙を浮かべた議員たちは一斉に起立し、絶叫した。あれは、きっと、歴代大統領をも含めて、合同議会がかつて演者に与えた最大の拍手ではなかったかと思う。

熱狂は、やがて拍手に応《こた》え終えたマッカーサーが、堂々たる歩調で壇を降り、議場から消え去るまで続いた。私は、一人の議員が「ああ、これこそ神の声だ」と、つぶやいたのを覚えている。また、別の皮肉好きな上院議員は、後日「あのときは共和党員は感激でまぶたを濡らし、民主党員はマッカーサー立候補の可能性を思って恐怖でパンツを濡らしたわけだ」と、私に語った。

吉田にはじめて会ったのは、その二年後の東京である。彼は面会の時刻にちょっと遅れ、ハンカチで口と鼻を抑えながら部屋に入ってきて、しきりに詫びた。鼻血が出たので……と言ってから、吉田はクックッと笑いながら説明した。

「実は、昨夜、キャビアを食べすぎましてね」

一国の指導者だから、政務多忙でとか何とか、口実はいくらでもあるはずである。それなのに、即物的な説明を口にする吉田に、私はあっけにとられた。

第一印象は、その後の何度かの会談によって補足された。マッカーサーは英雄であり、充実した存在感であり、一つの歴史だった。ニューヨークに引退してからのマッカーサーに招かれて会った人々は、私と同じ印象を受けたに違いない。われわれは神前に出たように畏敬のうちに沈黙し、マッカーサーが部屋の中を歩き回りながら折々のテーマについて熱弁を振るうのを、ひたすら謹聴した。ところが吉田は、低い椅子に深々と全身を沈め、いたずらっぽい微笑を葉巻の煙に隠しながら、上機嫌のうちに充実した会話の受け渡しを楽しむ男だった。

二人には共通点がある。彼らは、ともに、高い教養を備えた知識人だった。両者とも、強大な権力を手にしたのは七十代になってからである。生まれながらに勝者の運を担っていた二人には、いずれも一種古風な威厳と謹厳さがあった。ただ、マッカーサーのほうは、一度もその態度を崩さなかった。補佐官によると「部下を叱りつけるときさえ、あくまでも紳士だった」という。それに反して吉田は、必要とあれば小気味いい野人性を発揮した。野党議員を国会内で馬鹿野郎呼ばわりしたり、無礼なカメラマンにコップの水をぶっかけたりした。

マッカーサーと吉田の第一印象だけでも、どちらが崇高な理想主義者でどちらが頑強な現実主義者かは明らかだった。そして、戦後の日本は、その両者を、二つながら必要としたのである。

マッカーサーの高遠なビジョンがなければ、戦後日本の大改革はあり得なかった。だが、吉田が、慎重に細部にまで目を配らなければ、そうした改革はいたずらに日本を混乱させ、混沌に陥れていたに違いない。

心の芯《しん》から西洋の子であったマッカーサーの生涯は、東洋に向かって開いた。東洋人であった吉田の人生は、西洋に向いて開いた。二人の人間性と、互いの文化を融合しようとする使命感が、日本列島の上で結びつき、おかげで新しい強力な戦後日本は誕生したのである。

目立つ男

マッカーサーは、アメリカ史上最も偉大な将軍の一人である。また、最も華麗な人物の一人でもあり、その結果として、彼の身の持しかたのほうが業績よりはるかに注目を浴びた。貴族的な挙措動作、壮麗な措辞に満ちた演説などは、浅薄な観察者や皮肉屋の好餌になり、マッカーサーは時代遅れの自惚《うぬぼ》れ屋、半世紀前に生まれているべきビクトリア朝的倨傲《きょごう》の人などと評される結果になった。事実、アメリカの拠《よ》って立つ偉大さを雄壮にして感動的な表現で語るマッカーサーの演説は、多くの人々により好戦的と烙印を押された。

だが、そうしたマッカーサーの批判者たちも、彼を一つのタイプに押し込めてしまうことはできなかった。それは、マッカーサーが実に複雑な内面を備えていたからで、第一級の俳優グレゴリー・ペックをもってしても、マッカーサーを演じきれなかったことからも、それがわかる。偉大な将軍ではあるが複雑さにおいて劣るジョージ・パットンを、俳優ジョージ・スコットがみごとに演じきったのと対照的である。

私がはじめてマッカーサーの存在を強く意識したのは、第二次大戦中、南太平洋の海兵隊部隊に海軍作戦将校として従軍していたときだった。新聞が概して反マッカーサー的なのと、例によって陸海軍の競争意識があって、私の耳に届く将軍の評判は、悪いものばかりだった。たとえば、私たちが乗るC47輸送機のシートの大半は、カンバス製のすわり心地の悪い席《シート》で、二つだけ高級将校用の旅客機そっくりな席があったが、みんなはそれを「マッカーサー・シート」と呼んで妬《ねた》んだ。

こうした評判は、実は真実とはほど遠かった。フィリピンのバターン半島やコレヒドール島の戦いで、マッカーサーは塹壕《ざんごう》に隠れるのを拒否し、家族ともども日本軍の砲撃に対してむき出しの地上家屋に住んでいた。それなのにバターンで戦っていた兵士が自嘲まじりに歌った歌の中では、マッカーサーは「塹壕《ダッガウト》好きのダグ」ということになっていた。コレヒドールが危機に陥ったときも、彼はあくまで島に踏みとどまり、最後はピストルで日本兵と戦って自分も死のうと覚悟した。ルーズベルト大統領の命令でようやく脱出したわけだが、私たちが聞いた評判は、戦況不利と見るや女房と三歳の息子と中国人の家政婦まで連れ、さっさと逃げ出した臆病者のそれだった。

第二次大戦で彼がダッガウト・ダグと呼ばれたのは皮肉で、マッカーサーがほんとうに塹壕《ダッガウト》の中に隠れたのは、第一次大戦中、西部戦線の塹壕戦で歩兵たちと起居をともにしたときである。参謀総長として、のちにレインボー師団長としての彼は、戦術の巧みさと前線の兵士と危険を分かち合う勇気とで、兵から尊敬され、偶像視された。一再ならず突撃の先頭に立ち、第一次大戦では十三個もの勲功章を得ている。

軍人としての長い生活のあいだ、マッカーサーは何度も死神と袖ふり合うところまでいった。

一九一四年、ベラクルスで単独偵察に出たときは、メキシコ軍の銃弾が彼の軍服を破った。第一次大戦では毒ガスを吸ったし、機関銃弾が服をかすめたこともあり、メッツの司令部は彼が移動した翌日に破壊された。そのメッツが敵の一斉砲撃を受けたときにも、彼は「全ドイツががんばっても、マッカーサーを殺す砲弾《たま》はつくれんよ」と豪語し、浮き足立つ参謀を尻目に、平然とすわっていた。

第一次大戦後、マッカーサーの乗用車がニューヨーク郊外で強盗に停められたことがある。そのときも彼はひるまず、銃を置いて素手で来いと賊に挑戦した。強盗は元レインボー師団に属していた男で、マッカーサーとわかると平謝りに謝り、一物も取らなかったという。第二次大戦中も、マッカーサーは日本軍の猛撃下に平然と眠り、参謀たちが逃げ場をさがしたり将軍に避難を勧めても、悠々と双眼鏡で戦況を見ていた。俺には銃弾は当たらんのだと、常に豪語した。

マッカーサーの豪胆は言うまでもないが、彼はよくそれに、無分別に近い芝居がかりの行動を交えた。

一九四四年、レイテ島への逆上陸後、日本軍の捕虜収容所を奪還した彼は、そこで栄養失調と虐待のためひょろひょろになった元部下に会った。その瞬間、軍医を顧みたマッカーサーは、「おい、俺はアタマに来た。こうなれば最前線まで出ていくぞ。日本軍の本隊がいる最前線までだ」

そう言い残して日本兵の遺体の間を縫い、日本軍の機関銃陣地が見えるところまで大またに歩いていった。そして戦況を見てからゆっくり回れ右をし、うしろから撃たれる危険も気付かぬげに司令部に戻ってきた。

偉大な人物の子は、親に反逆するか競《せ》り勝とうとあせるものである。ときには無鉄砲に見えるマッカーサーの豪胆も、ある意味では、父親アーサー・マッカーサー将軍を意識してのものではなかったかと思う。

故意か偶然か、マッカーサー父子の生涯には共通点が多い。南北戦争中の一八六三年、北軍に属した十八歳の副官アーサーは、先頭に立って師団旗をテネシー州ミッショナリー山稜に立て、シャーマン将軍のジョージア進出を助けた功で議会功労章を取った。その子ダグラスは、コレヒドール死守で同じ功労章を受けた。アーサーは最初は南西部《サウスウエスト》に、ついでフィリピンに、生涯の多くを前哨点で過した。子のダグラスも、一九三五年から一九五一年に召喚されるまでの間、祖国を訪れたのは一度きりである。

フィリピン人は、二人のことを親《エルダー》マッカーサー、子《ヤンガー》マッカーサーと呼ぶが、父子はともに極東の重要性を固く信じ、とりわけフィリピンの戦略的価値を重視した。そして、結局は二人とも、シビリアンとの衝突によって、その生涯を終わった。ダグラスはトルーマン大統領に罷免されたが、父アーサーも軍事総監だったときフィリピン民政委員長ウィリアム・H・タフトにより職を追われた。

父アーサーがマッカーサーの目標だったとすれば、母ピンキーはわが子を励ましつつ目標に近づけ、できれば父の域を越えさせようと尽力した。マッカーサーがウェストポイント士官学校に入学すると、ピンキーも子供について学校の近くに移り、マッカーサーが真面目に勉強するか、色恋に迷って道を踏みはずさないかと監視した。ハンサムで、娘たちにもてたはずのマッカーサーが首席で卒業できたのは、母の力もあったはずである。第一次大戦中、三十八歳の大佐マッカーサーが塹壕で戦っている間、母ピンキーは、夫の友人だった将軍たちにお世辞たらたらの手紙を書き、わが子の昇進を運動し続けた。マッカーサーが米陸軍史上の最も若い将官に進むまで、彼女はその努力をやめなかった。

一九三〇年、マッカーサーがついに陸軍参謀総長に就任すると、ピンキーはわが子の肩章の四つの星を撫でながら、こう言った。

「お父さんが健在なら、どんなにお喜びになったことでしょう。ダグラス、あなたは、お父さんの夢を叶えたのですよ」

マッカーサーは、常に周囲とは異なる人間であらねばならないと、努力し続けた。いささか子供っぽいまでの奇行は、そんな動機から発している。たとえば彼の異様な軍服。軍隊では全員が同じ軍服を着るのが一体性の証《あかし》だが、マッカーサーは敢て原則を破り、目立とうとした。注意する友人がいると「軍人は、いかなる命令を無視するかによって有名になる」と、平然としていた。

第一次大戦中のマッカーサーは、軍規を無視してヘルメットを着けず、くたびれた帽子にタートルネックのセーターを着、赤紫色のサテンのネクタイを締め、乗馬ズボンを穿いていた。

ドイツ人と間違われ、歩哨に捕まったことさえある。

一九一九年から二二年にかけ、史上最年少の士官学校長だったときは、乗馬用の鞭を手にして校庭を歩いた。第二次大戦中の彼の姿は、レイテ島の浜を歩いて上陸するシーンでよく記憶されている。サングラス、色褪せた夏軍服、カジュアルな帽子、そしてコーンパイプ。例の姿である。二十二も持っている勲章は、いっさい付けず、シャツの襟に元帥を示す五つ星の丸い記章が光るだけだった。

今世紀後半、世界は「平民の時代」になり果てたから、マッカーサーが勲章や階級章の大きいのを付けなかったことも、かえってシックなように思われがちである。だが、トルーマンなどは、たとえば一九五〇年にウェーキ島まで朝鮮戦争問題でマッカーサーに会いにいったとき、かんかんになった。何年か後にトルーマンは当時を回想し、「奴はサングラスをかけ、シャツのボタンをはずし、金モールぎらぎらの帽子というでたちだった。あれだけ年をとり元帥ともあろうものが、なぜ十九かそこらの中尉と同じ格好をしなければならんか、私にはわからなかった」と書いている。

異様な服装をしなくても、マッカーサーは目立つ男だった。そもそも、著名人で彼ほどの美男子は少なかった。そのうえ強力な磁力があり、それが鋭い知性に裏付けされて聴衆を魅了し、兵を奮起させ、彼の周囲で働く人々に絶対の忠誠を誓わせた。士官学校で補佐官だった男は、こう言った。

「服従は、どんな指導者でも命じることができる。だが、忠誠は違う。指導者がみずから勝ち得なければならない何物かです。しかしマッカーサーは、本能的にそのやり方を知っていました」

部下の忠誠をあつめる点では、マッカーサーは特殊な才を持っていた。私の大統領時代に下で働き、レーガン政権下では国務長官になったアレキサンダー・ヘイグと同国防長官カスパー・ワインバーガーは、ともにマッカーサーに仕えたことがあり、いまなおマッカーサーを偶像視している。ワインバーガーは、大戦末期の太平洋戦線で参謀部の大佐であり、日本占領軍の中尉だったヘイグは、朝鮮戦争の勃発を最初にマッカーサーに告げた当直将校だった。

マッカーサーは、まず絶対に病気をしたことがなかった。運動は体操しかしなかったが、常に歩くことを忘れず、オフィスでも自宅の居間でも飛行機の機内でも、ときには敵襲下の軍艦のデッキの上でも、毎日数マイルは歩いた。マッカーサー自身は、健康の秘訣として、午後の仮睡とあまり酒を飲まないこと、腹八分の食事、どこでも欲する時に眠れることなどを挙げた。

彼はまた、きわめて信仰深かったが、あまり教会には行かなかった。

その思考、発言、挙措のどれを取っても、マッカーサーは十分に自己を練り抜いた。「老兵は死なず」の演説やらウェストポイント士官学校の訣別の辞は有名だが、上院聴問会での振舞いもみごとなものだった。

私は委員ではなかったが、きびしい聴問にマッカーサーがどう対応するか、ちょっと覗くつもりで委員会室に入った。ところがマッカーサーの発言があまりにもみごとなため魔法にかけられたようになり、以後三日間ずっと部屋にすわり通した。民主党のウィリアム・フルブライト上院議員らは十分な予備調査を背景に、痛烈な質問で攻め立て、マッカーサーが大統領命に違反し軍のシビリアン・コントロールの大原則を無視したのを立証しようとした。

ふつうの人間なら、猛烈な質問に音を上げたはずである。マッカーサーは、最後まで乱れなかった。身の破滅になるような証言は絶対にせず、あらゆる質問の逆手を取って自己の論点を主張した。長い泥沼の質疑の一日が終わりに近づくころも、朝と変わらぬ明晰で鋭い発言だった。

しかし、彼の発言よりはるかにみごとだったのは、その発言のしかたである。私が何より感心したのは、どんな複雑な問題を論じるときでも、完全に秩序立った文章でしゃべる彼の能力だった。ドゴールの演説と同様、一点の淀みもなく、同じ議論の繰り返しもなかった。まるで事前に答案を書いて暗記してきたようでさえあった。私はやがて、個人的な会話のときも、マッカーサーが同じような魔術を使うのを直接に知った。

英雄の政治的野望

最初にマッカーサーと言葉を交わしたのは、一九五三年八月、タフトの葬儀のときである。私が、タフトはマッカーサーの最も親しい友の一人だったと言うと、彼はこう言い返した。

――「私はタフトの最大の親友だった」。

その後まもなく、私はマッカーサー側近のコートニー・ホイットニーから、こんどニューヨークに来るときは元帥が会いたいと言っているからと伝言を受け取った。

あの日のことを、私は絶対に忘れない。朝食は、ウォルドーフ・アストリア・ホテルの貴賓タワー31A室で、フーバー元大統領とともにとった。フーバーを、私はいつも「おやじ《チーフ》」と親しく呼んだが、会うたびに得るところが多かった。その日のフーバーは、連邦予算と朝鮮戦争の収拾について私にいろいろ質問し、説明にじっと聞き入った。

フーバーは、すでに実社会から完全に引退していた。政治的にはタフト支持だが、タフト亡きあとはアイゼンハワー政権の成功を見守るのだけが唯一の関心事だった。その日、私たちの会話の唯一の気まずい一瞬は、朝食のあとでフーバーが上等のキューバ葉巻をいっしょに喫わないかと誘ったときである。朝のうちは葉巻を喫わない私だし、だいいち禁煙を解いたのはそれから二十五年後のことであった。

フーバーと別れた私は、エレベーターで37Aのマッカーサー用続き部屋《スイート》に行った。ホイットニー将軍が出迎えて応接室に案内した。フーバーの部屋が簡素ながらも威厳があったのに比べると、マッカーサーの部屋はサイズは同じでも、目を見張るにぎやかさだった。東洋勤務の間に受けたかずかずの記念品が、壁も狭しと並んでいた。フーバーとどちらが大統領だったかと首をひねりたくなるほど、それははなやかだった。

私が部屋に入ると、マッカーサーはつかつかと歩み寄って私の両手を取った。

「やあ、よく来てくれた」

そして夫人を紹介した。マッカーサー夫人は、私が会った女性の中でも最も優雅で魅力的な人だが、私の妻や子のことを少し聞くと、まもなく部屋から消えた。

それが以後十年にわたるマッカーサーとの会談の第一回である。会話は常に、実に興味しんしんだった。話題はアメリカの政治と外交と決まっていて、マッカーサーが主にしゃべり、私は聴き役だった。フーバーは必ず私の意見を求めたが、マッカーサーは一度たりとも聞かなかった。まさに大学院のセミナーで、彼は一方的に語る教授であり、私は学生のように黙って傾聴するかノートをとるほか、することがなかった。

それで思い出すのは、東京のＧＨＱでマッカーサーに十五分間の面談を申し込んだ一大佐の話である。会えはしたが、マッカーサーは一方的にしゃべりまくり、大佐は圧倒されて自分の用件を言い出せずに終わった。あとになって大佐は、マッカーサーが彼のことを「なかなかいい会話の相手だ」と評したと聞かされたそうである。

副大統領の私とマッカーサーの会話は、元帥にとってアイゼンハワー政権との貴重な接触の機会だった。話の内容を、私はいちいちアイクに報告しなかったし、二人でマッカーサーを話題にしたことさえ記憶にない。私の印象では、アイクはあまりマッカーサーについて聞きたがらなかったように思う。

一九三〇年代、アイゼンハワーがマッカーサーの副官だった時代から、両将軍は距離を置いて付き合っていたらしい。私は、帰国後のマッカーサーがいかに熱烈にワシントンでのポストを望んでいるかを知っていた。私との会話の間、彼はしきりに、自分が国防長官か統合参謀本部議長になればいかに軍事予算を削減してみせるか、いかに「一カ月で国防総省《ペンタゴン》をピシッとする」か、データを挙げて熱弁を振るった。しかし、ついにお呼びはかからず、マッカーサーはアイゼンハワーの大統領在任中、公式には一度も相談にあずからなかった。

アイクのほうも、なにかと問題の多い元帥を政権の中に入れるのをためらう理由はあったはずだが、大統領の冷たい仕打ちによりマッカーサーが傷ついたことは否定できない。アイクを名指しで非難はしなかったが、それと匂わすことはあった。あるときなど、補佐官当時のアイクを回想して、こう言ったことがある。

「右するにしても左するにしても、彼（アイゼンハワー）は立派な意見具申をした。ただ、右すべきか左すべきかは、別の人間が決めなければならなかったがね」

一九五五年、アイゼンハワーは最初の心臓発作に襲われ、果然、再選が問題になった。ホイットニーがマッカーサーの伝言を持ってきたのは、そのときである。

「元帥は副大統領閣下を全面的に支持なさり……もう一人の奴は早くくたばればいいんだとおっしゃっています」

もちろん、とんでもない伝言だし、アイクに漏れれば私も困った立場に立つところである。だが、病気のアイクよりはニクソンがましとマッカーサーが考えていることはわかった。

マッカーサーは、アイクの人気を妬んだ。それに加えて、戦争中のアメリカ人の関心がアイクとヨーロッパ戦線に向きすぎ、極東が軽視されたことを、彼は憤っていた。一方のアイゼンハワーは、マッカーサーをはで好みの自惚れ屋と信じていた。めったに口に出しては言わなかったが、一九四二年にマッカーサーから戦略的助言を受けたときのことは、日記にこう書いている。

「彼（マッカーサー）は、われわれの長年の勉強を知らないようだ。まるで士官学校生徒に対する説教のようなことを言う」

私が、ジョン・ケネディと争った一九六〇年の大統領選挙、マッカーサーは公的には中立だったが、私を支持しているという信号は、しきりに送ってきた。その年の六月、マッカーサーが日米親善に尽くした功により日本政府から旭日桐花大綬章を受けたので、私は祝電を打ち、その中で元帥の歴史への「英雄的な貢献」を賛え、それは「世界中の自由な人々への励まし」になるであろうと述べた。

折り返しマッカーサーは「すばらしい祝詞に感謝。大統領候補へのわが全面的支援を示すよすがに、貴電を記者団に発表す」と打ってきた。私の祝電の公表が私への票につながるとは、マッカーサーほど自信満々の人でなければ、考えないことだろう。だが、彼は、心底からそう信じて疑わないようであった。

私と話しているとき、マッカーサーはよく、ケネディを痛烈に批判した。選挙前は悪い気のするわけがないし、選挙に敗れてからは慰めにもなったので、私も当然ながら喜んで聞いた。第二次大戦中のケネディの武勇譚として知られるPTボート遭難の一件を、マッカーサーが話してくれたのは選挙前で、あれはケネディの「勇敢には違いないが軽率な行動で、ほんとうなら軍法会議ものだった」という話だったと記憶している。

一九六一年六月、ケネディ大統領がキューバ侵攻作戦に失敗したときのマッカーサーは、それこそコテンパンにケネディを罵倒した。元民主党全国委員長でルーズベルトの有名な側近だったジム・ファーレーと話したがと言って、ファーレーがケネディの反応の素早さをほめたのに対し、マッカーサーはケネディには判断力――とくに決断に達する前にあらゆる要因を秤量する判断力がないと反論した、という話だった。私に向かって、マッカーサーはこう言った。

「司令官にとって最も大切なことは、五パーセントの重要な情報を、九五パーセントのどうでもいい情報から見分けることだ」

キューバ侵攻作戦のケネディは、それができず、いまや軍とCIAの信頼を完全に失った、というのである。マッカーサーは、ケネディの政治的なすばしこさを認め、フィリピンへのセンチメンタル・ジャーニーのために専用機を提供してくれた配慮を多としてはいたが、「あいつは、判断力の点ではゼロだ」と、酷評を変えなかった。そのあとで、ひとしきり力をこめて（マッカーサーが力をこめて物を言わない場合のほうが珍しかったが）……「しかし、ケネディはキューバを取るだろう。いまは時期ではない。だが、いずれは取るだろうし、取らねばならない」と言った。

マッカーサーと話をしていると、多くの場合、話題はいつかアジアに返っていった。あるときは朝鮮戦争を回顧し、あのとき鴨緑江で百万の国民党軍を麾下に持っていたら、中国を二つに分断できたし、一撃で国際勢力地図を変えられたのにと語った。そのチャンスはなかったわけだが、その後のマッカーサーは、共産勢力の進出を見てアジアの将来に悲観的になり、米軍をアジアの陸上戦闘に使うのは過ちだと考えるようになっていた。ホワイトハウスへの彼の最後の助言は、リンドン・ジョンソン大統領にベトナムの米軍兵力を増やすなというのだった。アメリカは単に脅すだけでいい、現地政府を支援して中ソの支援を受けた勢力と戦わせるだけでいい――最後には、マッカーサーはそう考えていた。

経済面でのマッカーサーの意見も、同様に明快で、レミントン・ランド社の会長としてニューヨークに住んでみるとウォール街の実業家たちの実情がよくわかり、「信念のある奴は一人もいない」と言った。「信条というものがない。儲けそうな男を引っ張ってきて、そいつの信条に関係なく仕事を任せるだけなのだ」というのだった。一九六〇年代はじめには、税金が重すぎるからアメリカは保守化すると考えていたが、一九六四年の共和党大会前には、ゴールドウォーター候補は保守的すぎて選ばれないだろうと断定していた。

一九六一年に会ったときは、十年前に大統領の父ジョセフ・ケネディがはじめて息子を連れてウォルドーフに会いに来たとき、「彼（ジョン・ケネディ大統領）は社会主義者みたいな口をきいていた」と回想した。ただ、ケネディの記憶力は高く評価し、十年後に大統領になってから会うと昔のことを実に正確に覚えていたと驚嘆してみせた。聞いていた私は、マッカーサーのほうも抜群の記憶力を持っているのに驚いた。

マッカーサーが私に与えた個人的助言の一つには、同感する人が多いはずである。一九六二年にカリフォルニア知事選に出ようかどうか（結局は出て落選）を相談したとき、彼は私の手を握って「出るな」と言った。「カリフォルニアは大きいが、たかが州だ。きみはサクラメント（カリフォルニア州都）よりワシントンにいなければならぬ。出るなら連邦議会に出よ」が、その理由である。二時間前に、同じホテルの六階下のフロアでフーバーから受けた助言も、全く同じだった。

マッカーサーとの会話の思い出には、いつもフーバーがつながっている。二人は、ともに老いてなお賢明な人物だった。ウォルドーフ・アストリア・ホテルの同じ貴賓タワーに住んでいたので、私はよく同じ日に二人を訪問した。そして両者の意見は、面白いほど符合するときと背反するときがあった。

最後にフーバーに会ったのは一九六三年八月十日、彼の八十九歳の誕生日。看護婦の話では、重体から奇跡的に立ち直ったが、意識は終始明瞭とのことだった。夜など急に起き上がると、ノートにメモをしているという。フーバーは毎年、何百枚というバースデー・カードに自分で返事をしたためたが、その年はさすがにそれができなくなったと聞いた。

車椅子に乗って押されてきたフーバーは、見るも無残に痩せていた。だが握手は力強く、声はしっかりし、意見は簡にして要を得たものだった。強硬な反共主義者なのに、ソ連との核実験禁止協定はやれ、「そうすれば少なくとも当面の危機は回避できる。中国との関係があんなだから、フルッチ（フルシチョフのこと）も友達が必要だろうよ」と言った。

若いころ技師として中国で働いたフーバーは、中国人が非常に感情的で「血の気の多い」連中であり、西洋人とは全く世界観を異にするのをよく知っていた。「国民性は急に変わるもんじゃないから、あれいらい二十五年、そう変化はないはずだ」というのである。中国人とロシア人を対立させるよう持っていけというアデナウアーの主張には反対で、中国はまだ若い共産主義だから、むやみに攻撃的なのだ、と説明した。

ケネディに対して、フーバーはマッカーサーよりも好意的で「予想していたよりずっといいじゃないか」とさえ言った。

ゴールドウォーター大統領候補についても、マッカーサーとフーバーは正反対の見解だった。極右にもチャンスを与えればいい、そうすれば「かえってきれいさっぱり、おさらばすることができる」と、フーバーは言った。

アメリカ現代史を代表する二大英雄は、同じホテルに六階をへだてて住みながら、ほとんど行き来していないようだった。一日に二人を訪ねたことが何度もあるが、彼らがお互いを話題にした記憶はない。ただ、口をついて出る意見が、同じであることは多かった。

アジアに捧げた情熱

マッカーサーの軍規無視は、軍服だけにとどまらない。軍人は上官の命令を厳守するものだが、彼の場合は、上官が大統領の場合も、常に服従というわけではなかった。しかも、マッカーサーが正しく上官が間違っているケースが、再三にわたってあった。

南太平洋でマッカーサーが採用した飛び石作戦は、きわめて効率的で、四年間に蒙った人員の消耗は欧州のバルジ作戦ひとつより少なかった。だが、成功に味をしめた彼は、ますますワシントンからの命令を無視するようになっていった。

参謀本部が、フィリピンのミンドロ島奪回作戦は危険が大きすぎると判断したときも、マッカーサーは独断で強行し、成功した。ルソン島を奪ったあとも、本部には無断で残りのフィリピンを奪還した。日本でも、マッカーサーの経済、社会面の改革は、総司令官の権限をはるかに超えていたが、あまりにも成功したため、のちに不服従のかどで彼を罷免するトルーマン大統領も、当時はいっさい文句をつけられなかった。

マッカーサーの独断専行には父親アーサーの先例があったが、そのほかにも二つの要素が関係していたように思う。

まず第一、マッカーサーは若いころから、同僚が自分を蹴落とそうとしていると、猜疑の目で見ていた。第一次大戦中は、西部戦線ショーモンの司令部で、パーシング将軍を取り巻く連中を信用しなかった。その連中に属するジョージ・マーシャルやマクスウェル・テーラーは、やがてマッカーサーにとって最大の仇敵になった。

フーバーの子のハーバート・ジュニアは、マッカーサーを崇拝していたから、そのような連中を「ペンタゴン軍閥」と呼んでいた。つまり、ヨーロッパ戦線で活躍し、ヨーロッパのことを最優先して考える将軍たちのことで、マッカーサーに言わせれば、とくにマーシャルなどは政治的、個人的な野心から太平洋の作戦をことごとに妨害したという。マーシャルやディーン・アチソンらの一党がトルーマンを取り巻き、共産党による中国支配をむざむざ許したばかりか韓国への侵入をも座視したと、マッカーサーは信じた。そして「ペンタゴン軍閥」への彼の不信感が、結局はトルーマンによるマッカーサー解任につながったのである。

マッカーサーは、デスク・ワークを軽蔑していた。芯《しん》から野戦の男だった彼は、デスクにすわる輩《やから》より戦争をずっとよく知っていると、自信があった。もちろん、窮極のデスク・マンは大統領である。マッカーサーは、第一次大戦で上官を恐れず第二次大戦で統合参謀本部議長を恐れなかったように、戦後も大統領やその側近を恐れなかった。大統領の人物によってニュアンスの差はあったが、マッカーサーは一九三〇年代いらい、どの大統領ともしっくりいかずじまいだった。

フーバーの大統領時代には、大恐慌下の有名なボーナス・マーチがあった。在郷軍人二万五千人がワシントンに集結し、現金ボーナスの支払いを要求したのである。参謀総長だったマッカーサーは、そんな奴は愛国心がないのだと怒り、軍隊を出動させ、実力でデモ隊の小屋をぶち壊した。フーバーの命令は、完全に無視した。当時マッカーサーの副官だったアイゼンハワーは、後年、事件を回想して、マッカーサーのことをずいぶん悪く言ったものである。

ルーズベルト大統領時代も、表面は友好的だったが、一九三〇年代には陸軍と空軍の予算をめぐって確執があったし、大統領がバターン半島見殺しを決めたときには衝突した。一九四五年四月、ルーズベルトの急死を聞いたマッカーサーは、副官を顧み「ルーズベルトが死んだ。ウソが通ると見れば、絶対にほんとうのことを言わなかった男だ」と吐き捨てたという。

しかし、マッカーサーとトルーマンほど互いを憎み合ったコンビは、アメリカの歴史の中でも珍しい。大統領になって間もない一九四五年六月、トルーマンは早くも私的メモにこう書きとめた。

「戦後の最大の問題は、かのプリマ・ドンナ、金ぴか帽のマッカーサー元帥閣下をどう処遇するかだ。あんな自惚れ屋を、ああいう地位につけたのが、そもそもの悲劇。いったいルーズベルトは、なぜマッカーサーをコレヒドールで戦死させ、代りにバターン方面司令官ウェーンライトを救い出さなかったのだろう」

これに対してマッカーサーも、トルーマンがアジアに無知なのに加え「発作的に激怒する信用ならない男」だと断じた。娘の歌が下手だと書いた批評家を殴ったトルーマンの〝発作〟を指した評だが、このような相互不信が、朝鮮戦争でついに爆発したわけである。

朝鮮戦争で、またマッカーサーの全生涯で、最も輝かしい勝利は仁川《インチョン》上陸作戦だろう。みごとに敵の虚を衝く、世界戦史に残る作戦だった。

一九五〇年秋の国連軍は、釜山周辺に追い詰められ、朝鮮半島から追い落とされそうな形勢にあった。だがマッカーサーは、釜山前線に兵力を投入して死傷者の山を築く愚を避け、ソウルに近い半島西岸の仁川に上陸作戦を敢行した。ソウルを奪回して敵の退路を断ち、太平洋各地の孤島に日本軍が取り残されたように共産軍を孤立させようという狙いである。

仁川は上陸作戦に困難な地形なので、ワシントンははじめ気乗り薄だった。八月、トルーマン大統領は朝鮮情勢調査のため顧問アベレル・ハリマンを東京に送った。ハリマンの軍事顧問バーノン・ウォルターズは、のちに私と親しくなり、私は彼をＣＩＡ副長官に任命した。

彼らは、マッカーサー一家が住んでいる東京のアメリカ大使館の食堂で、元帥と朝食をともにし、マッカーサーはその席で仁川作戦に必要な増強兵力のリストを見せた。

「アメリカのような大国が、わずかこれだけの増援を送れないはずがない。帰って、大統領にこの兵力を送れと伝えられたい。私は九月十五日の満潮に乗じ、必ずや仁川上陸に成功し、上陸軍をハンマーに釜山を死守する第八軍を鉄床《かなとこ》にし、北朝鮮軍を挟撃し粉砕するであろう」

——聞いていたウォルターズは「あの宣言は、頭から冷水を浴びせられる思いでした」と回想した。

ハリマンも、言うべき言葉がなかった。マッカーサーは、首尾よく増援部隊と統合参謀本部の作戦承認をとりつけた。一九五〇年九月十五日、こうして七十歳のマッカーサーは巡洋艦マウント・マッキンレーの艦橋から第一海兵師団を先鋒とする米軍が仁川に上陸するのを指揮した。作戦は成功し、彼らはわずか五百五十人を失っただけで三万人以上の北朝鮮軍を撃破した。さらに十一日後には、ソウルを奪い返し、共産軍を三十八度線の北に追い戻したのである。

仁川での成功のあと、国連総会はすでにトルーマン政権が一方的に決定していた方針――マッカーサーに朝鮮の統一国家を樹立させる権限を与えた。しかし、その年の十月下旬、鴨緑江へと進撃を続けるマッカーサー軍の前後左右から、林彪指揮下の数十万の中国軍が襲ってきた。中国軍の動きは、ＣＩＡもマッカーサーの情報部も完全に見落としていたもので、不意を衝かれた国連軍は、狼狽しながらもどうにか秩序を保って撤退した。

翌一九五一年の春、トルーマン大統領が停戦へと動き始めたのを知ったマッカーサーは、新しい作戦計画を決定した。中国軍勢力を過小評価し、共産軍を降伏させるまで戦うというのである。彼は後日、敵を降伏させるのは現地指揮官の権限だと、この決定を擁護した。だが、朝鮮での彼の強硬な態度は、かえって北京とモスクワを硬化させることになり、トルーマン大統領の外交的収拾の道を封じてしまった。

それだけではない。トルーマンが中国に停戦を呼びかける数日前、マッカーサーは「蔣介石の国民党軍を使うつもりはないか」という下院院内総務ジョー・マーチン議員に返信を書いた。もちろん使いたい、外交官は言葉で敵を倒せると思っているが大違いだ、というのだった。アジアで共産勢力が勝てばヨーロッパも危くなる。アジアで勝てば西欧は戦わずして自由を保持できる。要するに勝利あるのみだ。……マッカーサーは、手紙の中で彼の持論を展開した。

マーチン議員がこの手紙を院内で読み上げると、議会は大騒ぎになり、余波はホワイトハウスに及んだ。私は上院議員だったが、ふだんおとなしい上院にも論争の渦が起った。マーチンは、マッカーサーの許可なしに私信を公開したわけだが、これがトルーマン大統領の逆鱗《げきりん》に触れ、マッカーサー解任の決意をさせたのである。

それは屈辱的な解任劇だった。自分が全権限を剝奪された報を、マッカーサーはラジオのニュースで知った。元大統領フーバーはすぐ彼に電話をかけ、即刻帰国してアメリカ国民に心情を訴えよと勧告した。ギャラップ調査によれば、国民の六九パーセントはマッカーサーを支持していた。

解任劇が一段落してからの話だが、私は上院にマッカーサーの名誉回復を求める決議案を提出し、趣旨説明演説をした。私にとって、上院での初の本会議演説である。

「私は元帥が無謬であるとも信じないし、彼が一度も批判さるべき決定をしなかったと信じる者でもない。しかし、この場合は、彼はアメリカ国民が支持するであろうし、支持して当然な計画を提示したと考える。アメリカがアジアを失わないよう、マッカーサーは単に代案を具申したにすぎない」

私は、そう言った。

このときの演説を、私はいまでも正しかったと思う。なぜなら、私はマッカーサーとトルーマンの両者の失敗を指摘したからである。マッカーサーは、シビリアン・コントロールの大原則を無視し、大統領の外交政策を妨害した。しかし、トルーマンのアジア政策も臆病で不分明であった。何年も前から、マッカーサーは、それが不満でならなかった。アメリカの指導者の中で珍しくアジアを知る彼は、アジアを動かす大きな流れ、その流れに断固たる態度をとらないためにアメリカが蒙っている損失を、よく見抜いていた。

マーチン議員への書簡と作戦計画は、マッカーサーにとって最初の越権行為ではなかった。のちにトルーマンが語ったところでは、その前に一度、元帥が海外派遣軍在郷軍人会宛に蔣介石支持の手紙を送ったときにも解任しようと思ったが、マッカーサーの面子《メンツ》を考えて思いとどまったという。

第二次大戦中から、トルーマン政権におけるマッカーサーの株は、トルーマン側の政治的な事情により、上がったり下がったりした。海外派遣軍在郷軍人会への書簡の件では、解任一歩手前まで行った。だが仁川上陸作戦のあとトルーマン大統領がウェーキ島に飛んだ主目的は、人気絶頂のマッカーサーと並んで写真におさまることにより、落ち目のわが人気を挽回することだった。ところがソウル奪還後は、マッカーサーの全面勝利論がワシントンの考えた「交渉による停戦」の邪魔になった。元帥の解任後四日目にドゴールが評したように、マッカーサーは「存分に利用されたあと、その豪胆を煙たがられた将軍」だったのである。

一時はマッカーサーの面子《メンツ》を気遣ったトルーマンだが、解任に当たっては慰労のメッセージ一つ送ろうとしなかった。まことにマッカーサーが書いているように「一介の給仕も家政婦も、いかなる召使いさえ予期しないような無礼なやりかた」で、職を追われたのである。

マッカーサーとトルーマンの衝突は、朝鮮戦争の最大のドラマであろう。しかし、この衝突は、何よりもアジアを最優先したマッカーサーと、あまりにもヨーロッパに傾きがちなアメリカ外交政策の摩擦という角度から捉えることができる。

ヨーロッパに対するトルーマンの政策――たとえばトルーマン・ドクトリン、マーシャル・プラン、ベルリン空輸などは、いずれも断固たる措置だった。だが彼の対アジア政策は、不思議なほど混乱していた。中国の共産主義革命、朝鮮戦争の手詰まり、アジアや東南アジア諸国の共産化などは、ワシントンの政策立案者の多くにとっては、遠い異境の出来事にすぎなかった。現在それほどでなくなっているのは、さいわいなことである。

アジア音痴のアメリカ人は多い。ルーツがヨーロッパにあるのだから、あるていどはやむを得ない。しかし彼らは、生涯の大半をアジアで過したマッカーサーを、単なるアジアかぶれだと速断した。一九二〇年代から三〇年代にかけてのフィリピン在勤時代、事実、マッカーサーは肌の色を無視してフィリピン人と付き合った。彼の催すパーティに白人がほとんどいない場合は、珍しくなかった。

今日、中国は再び国際政治の場に登場した。日本経済の奇跡は、アメリカ経済の支配に対し、ますます脅威になろうとしている。アメリカ人はようやく、今後何世代かの世界が、アジア人の欲する方向に動くのではないかと感じ始めている。だが、それがわかるようになるまでに、われわれは長い道を来なければならなかった。

アイゼンハワーは、前任のトルーマンがアジアを軽視したのに気付き、対アジア政策を決める前にまず事実を知ろうと考えた。一九五三年、副大統領になったばかりの私にアジア十七カ国を歴訪させたのは、そのためである。妻と私は、アジアで何百人もの指導者に会い、あらゆる階層を代表する数千人と出会った。アジアの持つものすごい潜在力はよくわかったが、同時に北京とモスクワの指令を受けた共産勢力の直接間接の進出をも、目のあたりにした。

たとえばインドシナには、そうした共産主義の滲透に対抗できる指導者がいないのがわかった。憂慮すべき事態だが、ともかくも旅し、話すうちに、アジアがこのさきアメリカにとって最重要の地域になるだろうことを確信した。アイクへの帰国報告の中で、私は、もっぱらそのことを強調した。

だが、新聞にお座なりな記事が出るだけの副大統領の旅行一度で、国家全体の態度が変わるわけがない。アメリカは、依然として西を向き続けた。一九六七年のスクラップを繰ると、私は「多くのアメリカ人が大西洋の同盟を自然かつ必要と感じるが、アジアに対しては相変わらず『東は東、西は西』のキップリングと同じ態度をとり、アジア人は異質でアメリカとはさほど関係ないと信じているようだ」と、歎いている。

私より半世紀も前に、マッカーサーは極東を実地に見、そのとりこになった。一九〇三年に士官学校を出たあと、父アーサーに従い、アジアに対する日本の政策と極東のヨーロッパ植民地のすべてを視察する旅に出た。九カ月もの大旅行で、それはマッカーサー生涯の最大の体験の一つになった。

「ここには、世界人口の半数が住み、将来の世界を支える天然資源のおそらく半分以上がある。アメリカの将来、いやその存立そのものが、アジアやその沖の島々と分かちがたく結びついているのが、はっきりわかった」

マッカーサーは、のちにそう書いている。

アジアへの認識を改めた彼は、三年間のウェストポイント士官学校長時代も、候補生の見えるところにアジアの地図を掲げさせ、以後二十年、彼自身の生涯も太平洋でのアメリカの役割と深くかかわり合うことになる。

東洋のアメリカ兵力に関し、マッカーサーがはじめて発言力を持ったのは一九三〇年の陸軍参謀総長時代、陸軍と航空兵力の全権を握ったときである。平和時には軍予算の現状維持さえ困難なのに、折からの大恐慌で、彼はきわめて不利な立場だった。

一九三四年、マッカーサーはホワイトハウスでルーズベルト大統領と劇的な対決をし、軍予算の大幅削減阻止に成功した。回想によれば、「感情に激した私は、もし次に戦争が起りアメリカの青年が腹を敵の銃剣で突き刺され、のどを敵の軍靴で踏みつけられたとき、いまわのきわに吐く呪いはマッカーサーではなくルーズベルトであるように、とまで言ってしまった」という。大統領執務室から出てきた彼を、陸軍長官は「よくぞ陸軍を救ってくれた」とねぎらったが、自分の強引さに吐き気を感じたマッカーサーは、ホワイトハウスの玄関に立ったまま、いい、もどしてしまった。

一九三五年、マッカーサーは、アメリカ支配下のフィリピンで軍顧問（のちに在比米極東軍司令官）に就任した。父と同様、彼もフィリピンを太平洋でのアメリカ防衛の最大拠点と信じたが、マッカーサーの要求する予算は多くの場合、応えられずに終わった。これが彼の言う「北大西洋孤立主義」、つまり西欧にのみ注目して極東を無視するワシントンとの戦前、戦中、戦後にわたる衝突の第一幕である。

一九四一年になって、ワシントンはようやくマッカーサーの要求を聞いたが、ときすでに遅く、翌年フィリピンは日本の手に落ちた。バターン半島からの撤収に成功したあとコレヒドールに立て籠ったマッカーサーは、大統領が増援を送ってくれると部下を励ましたが、その増援はフィリピンでなくヨーロッパに行った。彼がルーズベルトを恨み、「国防総省《ペンタゴン》一味」を信じなくなったのは、そのときからである。

日本占領軍最高司令官だったころのマッカーサーは、本国から要人を迎えるたび、アジアに対する日本の重要性、世界に対するアジアの重要性、アジアの巨大な潜在力等々を力説して倦むことがなかった。一九五〇年一月、アチソン国務長官が台湾と韓国はアメリカの防衛線外にあると宣言してからは、「あいつは東アジアをわかっていない」と断定した。東京に来てほしいというマッカーサーの招待を、多忙を理由に断わったアチソンは、在任中ヨーロッパへは十一度も出かけた。そして一九五〇年、共産軍による韓国侵攻は、マッカーサーにとって最後の出番になった。

朝鮮戦争をめぐるマッカーサーとワシントンの確執は、以上のような背景を併せ考えなければならない。中国軍の介入を、彼は「有史いらい、あらゆる征服者が抱いた領土拡張の野望」と解釈した。中国に屈するのは、アジアで、ひいてはヨーロッパで、共産主義者の侵略を励ますことになると考えた。当時、中ソ対立はまだはるか未来のことだったから、われわれ議員も、朝鮮での中国〝義勇軍〟の撃破は自由アジアへの脅威を封じ込めるというマッカーサーの意見に賛成した。

マッカーサーがトルーマンと対立したのは、単に戦火を拡大したいため中国本土への侵攻を図ったからではない。中国軍に米軍地上兵力で対抗しようとも思わなかったし、アジア大陸に米軍を送ることの愚は死ぬまで主張し続けた。トルーマン大統領に反対したのは、ワシントンの連中がアジアとアジアにおける共産主義拡大の脅威を理解しないのを憤ったからにすぎない。彼はまた、拱手傍観することにより、侵略者にアメリカを見くびらせてはならないと信じた。

ホイッテカー・チェンバース（元アメリカ共産党員、『タイム』編集幹部）が直観的に見抜いたことを、マッカーサーは経験から知っていた。チェンバースは、米軍を朝鮮半島に投入するトルーマンの決定への支持を求めて、私にこう言った。

「コミュニストにとっては、この戦争には朝鮮だけでなく、日本が関係しているのです。朝鮮が共産化すれば、不安定な状態で廃墟から立ち直ろうとしている日本には、共産主義運動が爆発的に起るはずです」

マッカーサーは、トルーマンがアジアですでに二度もしくじったのを怒っていた。まず中国本土を失い、つぎに対韓国政策で逡巡《しゅんじゅん》したために北朝鮮の侵攻を招いたと考えた。そして三度目、中国軍が介入したというのに、トルーマンとアチソンは相変わらず優柔不断だと、マッカーサーは逆に怒った。小心翼々たるアメリカ政府では、やがて日本を含む極東全域を失うに違いないと見たからこそ、彼はあえて大統領に楯つき、解任されたのである。

明治の男・吉田茂

マッカーサー解任の日、優秀な外交官で東京駐在の米大使であるウィリアム・シーボルトは、ワシントンからの訓令を受けて吉田首相に会い、アメリカの対日政策が不変である旨を伝達した。シーボルトが官邸二階の書斎に入っていくと、園遊会で洋服姿だった吉田はすでに和服に着替えていたが、「恐怖に震えているのがよくわかった」という。

シーボルト自身、マッカーサー解任の報に動転していたが、彼が同時に恐れたのは、マッカーサーと非常に親しかった吉田が、日本的な引責辞職をしないかということだった。そのため彼は、元帥帰国後のショックを防ぐために、ぜひとも強力な指導力が必要だと力説した。吉田は、会談の最後になって、ようやく辞職はしないとシーボルトに約束したそうである。

吉田は、そのあと三年間、首相の座に留まったが、戦後史でも最大のパートナーシップは、マッカーサーの離日をもって終わりを告げた。一九四六年いらい、吉田が野に下った一年半ほどを除いて、彼とマッカーサーは終始一貫、協力して日本を焦土から再建した。

マッカーサーの功績は比較的よく知られているが、吉田は戦後世界の「謳《うた》われざる英雄」の一人だろう。精力的だが他者への配慮を忘れず、思うところは臆せずに言うが政治技術にも秀でた吉田は、没我の人、心底からの愛国者であり、戦後世界にそびえる巨人だった。引退とそれに続く死後もなお影響力を持つ点で、希有《けう》の人でもある。私がこれを書いているのは一九八二年だが、三十年前に吉田が日本に確立した調和と寛容の路線は、依然として貫かれている。

チャーチルやドゴールの名は、中学生でも知っている。だが、多くの意味で彼らと肩を並べる吉田のことは、日本人や学者、私を含め親しく彼に会う特権を持った者を除いては、ほとんど知る人がない。

マッカーサーが東洋のとりこになったのと逆に、吉田は西洋に魅せられた。十九世紀から二十世紀にかけての日本のインテリの例で、彼もまた外交を用いて日本を世界の大国にする道を模索した。ある意味では、吉田の一生は、何世紀にもわたって外国の影響を歓迎しつつ日本の中の真に日本的なものを保持しようと努めてきた日本人の歴史を映すものだったと言える。

まず、七世紀以降の中国の強力な影響がある。それは、日本の政治、軍制、土地制度、宗教、倫理、芸術、文学等々にお手本を提供した。十九世紀になって、それに似た結びつきが、アメリカとの間で始まった。この新しい関係の中から、一八九〇年代の貿易の大幅伸張、真珠湾やバターンの悲劇、広島と長崎の悪夢、戦後の複雑な経済、安全保障に関する取り決めが生まれた。

「日本の決定的な百年」（吉田自身の表現）は、一八五三年に日本国土に砲口を向けたペリーの黒船艦隊が、日本人にもはや孤立の不可能なのを悟らせた日に始まった。まもなく改革者たちが、実権なき天皇に代わり二百七十年間も日本の権力を握ってきた徳川幕府を倒した。彼らは、政権から隔離されて京都に逼塞《ひっそく》していた明治天皇をかついで江戸城に入り、神聖不可侵の元首とした。

中国やインドシナに生まれつつある欧米列強の植民地を見た明治天皇や明治の政治家は、近代化こそ植民地にならない唯一の道と判断し、また近代的な政府が経済の繁栄をもたらすことを見抜いた。こうして十九世紀の後半、彼らは欧米をじっくり、細部にわたって観察し、まもなく教育、法制、農業、行政などの大綱を摂取した。

明治の政治家は民主主義を採用したが、それは英米よりもビスマルクのドイツに近い、制限つきの民主主義だった。東洋への西洋の移植は不完全で、西洋の民主主義は輸入はされたが、実際の運用に当たって、天皇制という東洋的絶対主義にたよった。一九三〇年代になって、経済危機と列強勢力による対日隔離政策の中から少数の軍国主義者の集団が生まれ、それが昂揚するナショナリズムに乗じて権力を握るに至った。

政治の実権を手にした軍国主義者（吉田の表現によれば「軍服を着た政治家ども」）は、前世紀までの徳川将軍家と同じように、天皇を虜囚として日本全国に号令し、国民に服従を強制した。

吉田が生まれたのは、明治維新の余燼《よじん》さめやらぬ一八七八年（明治十一年）、生地は東京の近くだが、彼の家は土佐の出である。土佐は木樵《きこり》や舟乗りを多く出した地方で、そこの人々は協調と謙譲を重んじる日本にあって、不羈《ふき》かつ疎剛の性格で知られている。いわば日本のバスク地方。吉田も土佐っぽらしく不羈、疎剛であり、晩年には独断的な政府運営により「ワンマン宰相」の異名をほしいままにした。

土佐出身の政治家、竹内綱の五男である吉田は、当時の長子相続の伝統に従い、竹内家と親しい吉田健三の養子になり、この養父は彼が十一歳のとき、かなりの資産を残して死んだ。

東大法学部を一九〇六年に出た吉田は、外交官になったが、地方出身者であったためか、最初は花の都からほど遠い中国の勤務地に送られた。親の遺産の多くは、贅沢な外地生活の間に蕩尽したが、天皇の信任あつい牧野伸顕《のぶあき》伯爵の長女、雪子と結婚する幸運に恵まれた。一九一九年、ベルサイユ講和会議の全権委員に任ぜられた牧野は、四十歳の女婿吉田を現地に帯同し、これが外交官としての吉田のその後に大きいプラスになった。

門戸開放、機会均等を謳うウッドロー・ウィルソン大統領の「十四カ条」に励まされた日本は、大きな期待を抱いてベルサイユに行った。牧野は、ウィルソンの精神に沿い、人権の基本的平等を認める一項を条約に入れさせようとしたが、日本人とその海軍力増強を猜疑の目で見る英国は、アメリカの協力を得て、その動きを封じてしまった。明治維新や門戸開放の理想主義が、第一次大戦後の非情な国際関係の前にはもろくも潰《つい》えるのを目撃した吉田は、深い心の傷を抱いて日本に帰った。

私が吉田に最後に会ったのは一九六四年、大磯の私邸での晩餐で、八十六歳になっていた彼は、ベルサイユ会議の思い出を、くわしく話してくれた。会議後ずっと、西欧列強がもう少し日本の提案に寛容であったなら、歴史はもっと異なる道をたどっていたはずと何度も感じることがあった、と、彼は語った。私は、そういう挫折にもかかわらず吉田が一転して反英、反米にならなかった事実に、畏敬を感じた。それは、彼が若くして偉大な個性と強い信念の人であった何よりの証拠だと思った。

だが、ベルサイユ会議は、やはり吉田の心に傷跡を残した。一九二四年のアメリカの排日移民法が一例だが、日本が国際社会で敵意の対象にされるにつれ、吉田を含む多くの日本人がアジアにおける日本製品の市場確保と資源確保にますます腐心するようになっていった。一九二五年から二八年まで奉天総領事だった吉田は、三〇年代に始まった日本による満州奪取を準備する重要な役割を果たした。

そんなときにも、吉田の偉いところは、政治的流行には一顧だに与えず、日本人がこぞって軍国主義に流れていく中で、逆にそれから離れていったことである。一九三二年から翌三三年にかけての欧米の在外公館視察旅行の間に、彼はベルサイユで同席したエドワード・ハウス大佐という人物に会った。ウィルソン大統領に近く、大戦中は顧問でもあったハウスは、大戦前にドイツ人に与えたという忠告を、吉田に対して繰り返した。日本が国際問題解決に当たって平和的手段を用いず、暴力に訴えるようなら、明治いらい営々と築いてきたものを一朝にして失うであろう、というのだった。

もともと親西欧的な明治の土壌の中で育った吉田は、日本を風靡《ふうび》するナショナリズムの潮に抗し、ますます強くインターナショナリズムに傾斜していった。帰国してから、聞く耳を持つ人々にハウスの言葉を伝えたが、これは「軍服を着た政治家ども」の反感を買わずにおかない行動だった。

牧野伸顕も危く犠牲になりかけた一九三六年の二・二六事件を経て、軍国主義者は日本の支配権を握った。彼らに抵抗して吉田を外相に据えようという動きは、軍の横車によって葬られ、吉田は駐英大使として祖国を追われた。

この転出は、二つの意味でラッキーな出来事だった。一つは、軍に反抗する者を待っていた特高による干渉、投獄、暗殺などから解放されたこと。いま一つは、三年間のイギリス政治との接触により、吉田の穏健、親西欧的政治哲学が定着したことである。いろんな意味で英国は、明治の改革者の夢が花開いていれば日本がなったであろう手本――立憲君主と議会と強力にして有能な行政機構を備えた、世界に冠たる島嶼《とうしよ》国家であった。

吉田は、ナショナリズムに訴えずともアジアにおける日本の経済的利権は確保し得ると信じた。軍事力による攻撃ではなく、攻撃的な外交を主張した。明らかに反軍思想だったが、一九三九年に帰国してからもしばらくは、投獄されることがなかった。政官界の有力者と連絡をとりつつ、米英との衝突を回避する方向へと努力した。後年の吉田の回想によると、東条内閣の外相だった東郷茂徳《しげのり》に向かい、以下のように言ったという。

「アメリカとの宣戦布告が避け得なければ、外相を辞めるべきだ。君が辞職すれば閣議が停頓するばかりか、無分別な軍部も多少は反省するだろう。それで死んだって男子の本懐ではないか」

日本の真珠湾攻撃により太平洋戦争が始まってからの吉田は、ジョゼフ・グルー大使に慰問の手紙を送り、米大使館に監禁されたグルーに十分な食料品が届くよう配慮した。いずれも小さい心遣いではあるが、相当な勇気を必要とする行動だった。

戦時中の吉田は、「和平派」と呼ばれる反軍部政治家と、ひそかに連絡をとっていた。ナチ時代のドイツに生きたコンラート・アデナウアーと同様、吉田も投獄や暗殺の危険が伴う積極的反戦運動をやらなかったが、反軍部の人々と協力して何度も和平工作の道を模索し、一九四五年四月にはとうとう憲兵隊に連行された。憲兵隊では、グルー大使に宛てた手紙と、近衛文麿公爵の内奏の件できびしく調べられたが、後者は宮内省にいる憲兵隊のスパイから漏れたものだった。吉田は帰宅を許されず、そのまま監禁された。

四十日間の入牢を、吉田はいかにも彼らしく茶目っ気たっぷりに過した。東条はすでに職を追われていたので、憲兵隊もたいしたことはするまいと、たかをくくっていた。実父の竹内綱も、吉田が生まれたときは西南戦争の賊側に加担した疑いで獄窓につながれていたので、「監獄生活を味わってみるのも、時にとっての一興」と、悠々たるものだった。差し入れは自由だったので、それを獄友や看守に分け与え「大いに喜ばれた」と回想している。

目黒の刑務所に移される前に、代々木の陸軍衛戍《えいじゅ》監獄で焼夷弾の直撃を受け、「蒸し殺されてはたまらん」と閉口した。まもなく仮釈放になった吉田は、東京から四十マイル離れた大磯の私邸で静養の生活に入った。世に知られない一人の元外交官として余生を送るつもりだったが、彼のその予想は完全に外れたことになる。

占領時代の某日、吉田は大磯から東京に向かう車の中で、二人のアメリカ人兵士に停車を命じられた。

「こいつは泥棒かもしれないと思っていると、その兵隊がいうには、実は道に迷って困っている。東京へ帰りたいのだが、そっちの方に行くのなら途中まででもいいから乗せてくれとの頼みである。お安い御用とばかり乗せてやったが、しばらくすると兵隊がニコニコしながら、私にチョコレートだ、それチューインガムだ、煙草だと愛想よく接待してくれたのは予想外だった」

これは吉田の好きな一つ話だが、彼はそれに続けて「これが進駐軍将兵一般の態度であって、あのときの私自身の気持がまた当時の国民一般の気持だったのではないだろうか。こうした兵隊の態度こそアメリカ軍が一発の弾丸も射たず、平穏裡に進駐を完了した所以《ゆえん》であろうと、つくづく思った次第だ」と、結んでいる。こういう見方には、一九五三年に私が東京で会った日本の進歩的文化人たちも同感らしかった。彼らは、日本には反米感情があると言いながらも、それがアメリカ兵の態度に原因するものでないことは認めた。

アメリカ兵特有の人の好《よ》さは、たしかに日本占領が成功した一原因であろう。もう一つの原因は、日本人が黙々と敗北の現実を受けとめ、敗戦とともに始まった変化に積極的に対応したことである。だが、占領があのように成功裡に劇的な第一歩を踏み出したのは、マッカーサーがそうした日本人の特質を一瞬にしてつかんだからだった。

マッカーサーが臨時司令部に予定していた横浜の近郊、厚木飛行場に到着したのは、一九四五年八月三十日のことである。すぐ近くには、降服を拒否する特攻隊員や武装解除前の日本軍人二十五万人がいた。戦争が終わってからまだ二週間、当然、日米双方には強い警戒心があった。

日本人の多くは、アメリカ兵が国土を乗っ取り、好きなように略奪、強姦するだろうと恐れた。対するアメリカ人の多くは、天皇が徹底抗戦を叫ぶ兵を率いて山中に立てこもり、ゲリラ戦争を始めるだろうと懸念した。米軍捕虜に「バターン死の行進」をやらせたり、硫黄島その他で最後の一兵まで戦ったのと同じ日本兵が、ああも整然と降服するとは、だれも信じていなかった。

信じていたのはひとり、マッカーサーだけである。側近が反対したのに、彼は身に寸鉄を帯びず、たった一人で厚木に到着した。護衛の連中にも、いっさい火器を持たせなかった。毫も恐れない態度のほうが、恨みを抱く日本人に対しては力の誇示以上に効果があるのを、彼は確信していた。いかにもマッカーサーらしく、それは大きな賭けだったが、いかにも彼らしくその賭けに勝ち、日本進駐は事故ひとつなく行われた。そしてマッカーサーのこの行動を、チャーチルは第二次世界大戦中の最も勇気ある行動と称《たた》えた。

すでにフィリピン人から神格化されていたマッカーサーは、こうした行動によって日本人との間に絶対的な相互信頼を確立し、日本人からも神格視されるようになった。たった一度の勇敢な行動が、以後の関係を決定したのである。イギリス人、ロシア人、いやアメリカ政府の中からも、天皇を戦犯として裁けという要求があった。その天皇は、先例を破って米大使館にマッカーサーを訪問し、究極の戦争責任は自分にあり、自分一人にあることを認めた。

しかし、マッカーサーは、敗北の中にあってもなお、日本人を一つに結び合わせているのは天皇への崇敬であるのを見抜いていた。彼が無事に厚木に到着できた一理由も、八月十五日の放送の中で天皇が「堪ヘ難キヲ堪ヘ」て敗北を受けいれよと国民に諭《さと》したからである。マッカーサーは、また、学究的だが気取りがなく、それでいて静かな威厳を湛える天皇に、一目会うなり好感を抱いた。そして天皇の在位を許したのみか、占領中は一貫して敬意をもって遇した。一九四七年にマッカーサーが施行させた日本国憲法は、天皇の権限を大幅に制限しながらも、彼を日本国民統合の象徴として残した。この決定は、マッカーサーのもとに寄せられた多くの意見とは反するものだったが、日本の歴史と文化に関する深甚な理解なくしては、あり得ない決定だった。

結局、マッカーサーは、日本の絶対的な政治権力を破壊せず、それを単に天皇から自分へと移した。総司令部になった第一生命ビルは、お濠《ほり》をへだてて皇居と向き合っていた。日本の支配者であった五年間、マッカーサーの態度は、終戦までの天皇の超然、神秘そのままだった。日本人の目に触れるのは総司令部か米大使館内の宿舎および往復の路上だけ。一九四五年の厚木到着から五一年の解任までの間、マッカーサーが東京を離れたのは、たった二度、いずれも日本以外の地が旅先だった。

その間に天皇は、農村や工場を訪ね、野球を観戦し、先例のない形で国民と交わった。だが、最高の権力が天皇からマッカーサーに、さらに一九五二年には国民の手に移ったにもかかわらず、マッカーサーの支配には、江戸時代の徳川将軍や明治期の政治家のそれと同様、天皇の命により政《まつりごと》を執《と》り行うといった印象があった。マッカーサーを指して「陛下は最高の人物をお選びになった」と評する日本人さえいたのである。

吉田は議会制民主主義を信じる一方で、天皇に対しては無比の忠誠を尽くす臣だった。そして天皇を敬意をこめて扱うマッカーサーの態度が、日本占領を成功させた最大の要因と考えた。だが、吉田とマッカーサーの強い友情もまた、それに劣らぬ大きな役割を演じた。

吉田は一九四六年五月、六十七歳で戦後三人目の総理大臣になったが、彼がそれを望んだわけではなく、四囲の情勢に押されたにすぎない。マッカーサーが軍国主義者に協力した前歴ある政治家を追放《パージ》した結果、自由党は党首の鳩山一郎を失い、吉田にお鉢がまわってきたのである。外務大臣として留任すべく大磯を出た彼は、周囲の人々の説得でしぶしぶ総理を引き受けたが、そのさい「金はないし、金作りもしないこと、閣僚の選定には他人は口出しをしないこと、嫌になったらいつでも投げ出すこと」という三条件をつけた。こうして、最初は暫定内閣と予想されたのに、結局、吉田の支配は七年間にわたり、第五次内閣までの長期政権になった。

吉田は、果断の人で、ときには傍若無人と見えるほどぶっきらぼうなところがあった。たとえば、学者の社会的役割については、一定限度内で心から敬意を払っていたが、自分に同意しない学者には必ずしも好意を抱かず、公然と「曲学阿世の徒」呼ばわりした。一九四七年の年頭の辞の中では「不逞《ふてい》の輩《やから》」という表現を使って物議をかもし、怒った労働組合指導者が計画したゼネストはマッカーサーの指令で回避されたが、第一次吉田内閣の倒れる原因になった。一九五三年には、占領政策の行きすぎ是正の努力を社会党議員に妨害されたのに立腹し「バカヤロー」と口走ったため不信任動議が提出された。だが、このときも選挙に勝ち、吉田の支配は不変だった。

日本のチャーチルと異名をとった吉田は、英国のチャーチルの「不人気なことを実行し、妨害をものともしない人物でなければ、危機の宰相にはなれない」という言葉を、文字どおり実践した。世論が流動紛糾する戦後混乱期の日本で、吉田はみずからの政治本能を恃《たの》み、断固として我が道を行った。「茂は人に好かれる性格ではないが、根性がある。それが大切なのだ」と、岳父の牧野伯爵も感歎したほどである。

アデナウアーはドイツ人を信じなかったが、吉田はそうした不信の念を日本人に対して持たなかった。彼は、大戦の惨禍を招いた少数軍国主義者を憎んだにすぎない。吉田の親族の一人から私が直接聞いたところでは、彼は心から日本人を信じ、指導者さえしっかりしていれば祖国の復興は必ず成ると信じて疑わなかったそうである。

吉田は、よくベレー帽をかぶりインバネスを羽織った格好で町に出、人々の評判を自己の耳で聞いた。目立たぬ姿で、自分が「ワンマン」と呼ばれているのを知ったのは、その種の外出のさいだった。その異称を、彼は侮辱と思わなかった。吉田を批判したのは、主に政策に反対する少数野党と反吉田色の濃いマスコミで、一般の人は敬意と好意をもって彼を見ていたからである。バカヤロー騒ぎでは、政治家からさんざん罵られたが、吉田が言葉を有名にしてからは、あるアメリカ人記者の体験によると、タクシー運転手にバカヤローとどなっても、どなり返されるどころか、逆にニヤリとされるだけだったという。

野党にきびしい吉田は、部下に対しても容赦がなかった。あるとき、シーボルト大使を招いた晩餐に、近くワシントンに赴任する予定の外務省員を同席させたことがある。その外交官夫妻は、終電に間に合うよう宴なかばで辞去したが、数日後にシーボルトはその男の辞令が取り消されたのを知った。主賓をさしおいて席を立つ行為を、吉田は、紳士として、また外国における日本の代表として、許すべからざる無礼と怒ったのである。

ときに独断専行なきにしもあらずだったが、吉田は決断の前に、専門家や助言者の意見をよく聞く人でもあった。新しい状況や説得力ある意見が出てきたときには、いたずらな誇りや強情から自説を固持することがなかった。自分より経験ある人の説には、喜んで耳を傾けた。たとえば、経済政策にはやや弱いのを自覚していたので、アイゼンハワーと同じように、経済については官僚よりも実業人の意見に傾聴し、財界人を閣僚に起用する数少ない総理大臣の一人になった。さらに大切なのは、ドゴールやアデナウアーと同様、池田勇人のような有能の士を蔵相に据えたことである。吉田の庇護を受けた池田は、のちに総理になった。

経済に弱いと自認してはいたが、経済問題の基本的なポイントは、本能的につかんでいた。戦後の国際市場競争に勝つには生産設備の近代化が不可避だと知っていたのは、その一例だろう。冗談まじりに、こう言ったことがある。

「空襲によって国土が灰燼《かいじん》に帰したのは、かえってしあわせだった。いまのうちに新しい生産機械を設備すれば、戦勝国よりはるかに高い生産性を持つ一流工業国になれる。古い機械を壊すにはたいへんな費用がかかるが、敵がそれをやってくれたのだ」

むろん、おどけて言ったのだが、結果的には完全に吉田の言うとおりになった。

一九五三年の東京での出会いから一九六四年の大磯で食卓を囲んだ対話まで、何度も吉田に会っているうちに、私は個人としての彼が猛々《たけだけ》しい公的イメージとはかなり異なる人物なのを知った。実に微妙なウィットの使える人で、日本式の辛辣《しんらつ》なユーモアがわからない西洋人には、ときどきウィットの通じかねるときさえあった。

私と妻を主賓とする一九五三年の晩餐では、吉田は隣にいた私の妻に向かって、米海軍の駆逐艦隊が東京湾に入港中だと言ってから「あれは、あなたがたを日本人から守るためですかな」と、尋ねた、真面目な顔だった。髪を兵士のように短く刈りそろえた吉田の口から出た言葉を、私は最初、真剣なのかと疑った。目のいたずらっぽい輝きと、くちびるに浮かぶかすかな笑みを見て、はじめて冗談とわかったのである。

吉田はよく、外交の場にもユーモアを利用した。戦後、東南アジア諸国は一斉に日本から戦時補償を求めたが、インドネシアのスカルノ大統領を迎えた吉田は、いちはやく大統領訪日の主目的を察知し、逆手をとって、微笑しながら切り出した。

「閣下のおいでを待っておりました。インドネシアは、いつも台風を送って下さるので、われわれは大被害を受けています。ぜひ補償をしていただきたいと、前から御来日を心待ちにしていたのです」

そこで大笑いしたので、さすがのスカルノも毒気を抜かれ、補償問題を持ち出せなかったそうである。

政治と人生を、吉田は満喫した。高齢者によくある自信に加えて、どことなく他を睥睨《へいげい》するような趣きがあった。午前六時には起きて首相官邸の庭を散歩し、愛する盆栽の手入れをした。話し好きで聞き上手でもあったから、会話を楽しんだが、乗馬も好きだった。子供時代、馬に乗って学校へ通った話は有名で、総理大臣になってからは皇居内の馬場で乗馬の稽古をした。

中華料理以外は、どんな物でも喜んで食べ、酒を好み、葉巻は一日三本の割で吸った。外交界の先輩の伝記をよく読んだが、英仏の文学にも親しみ、原書で読んでいた。床に入って寝られないときは、睡眠薬がわりに本を読むのだと、私に言ったことがある。

明治の日本紳士の例に漏れず、吉田も毎朝『ニューヨーク・タイムズ』とロンドンの『タイムズ』を読み、部下に読ませたい部分にしるしをつけ、回覧させた。日本の新聞を熱心に読まなかったのは、節度と客観性がないと判断したためらしい。いい記事を書く記者には個別インタビューを許すこともあったが、日本のマスメディア全体については、はっきり不信を口にしてはばからなかった。秋の園遊会に入ってきた新聞記者を警官に追っ払わせたことがあるし、カメラマンをステッキで追い払うのは日常のことだった。

妻の雪子には、心からの愛を捧げた。雪子は作歌が巧みで、若いころの吉田が派遣された外地の景に日本的な主題を詠みこみ、選者に推奨されたほどの人だが、太平洋戦争の開戦二カ月前に病没した。三カ月の入院生活の間、吉田はずっと付き添って看病し、グルー大使夫人も手製のスープを携えて日参したという。

やもめになった吉田は、終生再婚しなかった。あるとき、だれかが、どういう女性が好きかと問うと、吉田は「妻に死に別れてからは、女のことを考えないのだ」と答えた。

夫人の死後、公的な場でのホステス役は、外国語に堪能な娘の麻生和子が演じた。ときには黒幕視されたが、彼女はそんなうわさを一笑に付した。だが、ルーズベルト時代に駐ソ、駐仏大使だったウィリアム・ブリットは、一九五三年に日本へ赴く前の私に、麻生夫人のことを宋美齢と並ぶ世界一流のファースト・レディだと教えてくれた。会ってみると、たしかにそのとおり、教養もたしなみもあり、父の名に恥じぬ娘だった。あるとき私に「指導者の中には偉大だが、よき夫でない人がいます。私は、よき夫のほうが好きです」と言ったが、そういう彼女は、父親に双方の美徳を兼備してほしいと望んでいるようだった。

民主主義学校・日本

マッカーサーの性格から言っても、公然と「マ元帥」をほめちぎる吉田に対し、同様の賛辞で報いよというのは無理な注文だが、両者の深い友情には疑いをさしはさむ余地がなかった。朝のマッカーサーは毎朝、息子のアーサーが学校に、自分が総司令部に行く前の一刻、二人で愛犬と米大使館の構内を走るのが常だった。私が吉田の親族から聞いた話では、ある日、総司令部にマッカーサーを訪ねた吉田は、元帥の塞《ふさ》ぎこんでいるのを見て理由を尋ね、愛犬の一頭が急死したのを知ったという。

アーサーに対し、わが子に対するにも似た愛情を抱くようになっていた吉田は、元帥に黙って死んだ犬の写真を手に入れ、農林大臣に命じてそっくりの犬をさがさせた。そして、見つかった犬を吉田みずから車に乗せて大使館に届け、マッカーサーが満面に笑《え》みをたたえる前で、犬をアーサーに与えた。

また別のときには、吉田は例の市中微行の途中、面白い馬のおもちゃを見つけ、それを買ってアーサーにと贈った。数日後、吉田が再びマッカーサーの執務室を訪れると、おもちゃは元帥の机の上、あの有名なコーン・パイプを立てたスタンドの横に置いてあった。なぜ息子さんに渡してくれないのかと吉田が問うと、マッカーサーはちょっと恥ずかしそうに、あまり面白いから自分で遊んでいるのだと白状した。結局、しぶしぶアーサーにやったということである。

マッカーサーがいかに吉田に敬意を払っていたか、その最大の証拠は、彼がついに吉田を追放処分にしなかったことだろう。自由党の党首も含め、実に二十万人以上の日本人が公職から追われたのだから、ときどきマッカーサーの命令に反対する吉田の追放も、あり得ないわけはなかった。それなのに、吉田の要請で彼の政敵を追放することはあっても、吉田には手をつけなかった。

吉田は謙譲柔和の外見を装って日本人から愛情を買わなかったが、同時に、唯々諾々と命に服することによりマッカーサーに媚びることもしなかった。一九四六年の第一次組閣当時、東京は米よこせデモが荒れ狂っていたが、吉田はマッカーサーが大量の食糧援助を約束してくれないかぎり組閣をいつまでも引き延ばすと意向を漏らした。側近に向かっては「赤旗が一カ月も日本全国に翻ってみろ、アメリカ人は必ず食糧を持って来るよ」と言い放ったという。

これを聞いたマッカーサーは、すぐ一台の幌付きジープを送って、首相になったばかりの吉田を総司令部に連れて来させた。二十分間の会見を終えて出てくる吉田の顔には、満足の表情があった。マッカーサーは、自分が日本にいるかぎり一人の餓死者も出さないと約束し、吉田のほうはその日のうちに組閣を完了すると誓ったのである。

まだ日本に敵意を抱き続ける者の多かったワシントンでは、米陸軍の備蓄を放出して「昨日の敵」を救うのに反対する人が、少なくなかった。そこでマッカーサーは「パンを送るか、さもなければ（食糧デモを鎮圧するための）弾薬を寄越せ」と電報を打った。ワシントンは食糧を送り、こうしてマッカーサーは約束を守ることができた。

首相になったものの、総司令部によって権限を制約されている吉田の立場は、困難をきわめた。日本政府は、仕事時間の大半を、マッカーサーやその部下から届く指令の応接に割かねばならなかった。占領軍の改革命令を、吉田はときに全面的に受けいれ、ときに抵抗したあと呑まされ、またときには頑強な抵抗により撤回させた。

吉田は、両翼から批判される立場だった。批判者は、彼の「アメリカ一辺倒」を攻撃した。現に私が一九五三年に行ったときには、ジョン・アリソン大使の話によると、日本人の反米感情のいくらかは、実はアメリカべったりの吉田に対する反感だということだった。だが、総司令部のアメリカ人たちは、吉田が言うことを聞かないのを怒り、一九四八年の第二次組閣時には彼を首班から除こうと試みた。

日本の非軍国主義化、民主主義化、経済復興というマッカーサーの大目標は、吉田もこれを支持した。また、農地改革と新憲法の制定は、マッカーサーの最初にして最大の功績だった。それは、日本の軍事帝国主義を一挙に砕く一撃であった。軍人の多くが共有していた農村の不満の声と天皇を中心とする政治こそが、軍国主義者による政権掌握を可能にしてきたからである。

一九四五年の時点で、日本農民の多くは不在地主の所有地を耕す小作人なのを知ったマッカーサーは、「事実上の奴隷制度」の廃止を命じた。一方の吉田も、農村の不満は一九三〇年代に軍国主義の原動力になったと同様、再び共産革命の温床になりかねないのを悟った。こうして、マッカーサー指令に沿って、日本政府は大胆な農地解放を断行、一九五〇年には日本の農地の九〇パーセントは自家耕作に切り換わった。

マッカーサーの農地改革は、農民に自尊心と生産への意欲を与えた。これが成功してからは、日本共産党は農村の地盤をマッカーサーに奪われ、日本の共産主義はほぼ完全に都市的現象になってしまった。元帥の伝記を書いたウィリアム・マンチェスターは「何百万という人が、マッカーサーのことを、武力を用いて共産主義の問題を解こうとした人物と記憶しているのは皮肉である」と、書いている。

皮肉と言えば、台湾もまた、規模においては日本に及ばぬながら「奇跡の経済建設」をなしとげたが、その功の大半は、大陸から逃れてきてまもない蒋介石が行った進歩的な農地改革に帰すべきだろう。蒋がもし、同じことを中国大陸でやっていれば、あの国の共産主義革命を陰で支えた農民の不満を、毛沢東は利用できないところだった。

農地改革はうまくいったが、トップ・ヘビーな日本の政治制度改革は、はるかにむずかしかった。まずマッカーサーは、当時の日本人がほとんど知らない「国民の権利」の確立を、大急ぎでやらせた。治安維持法を撤廃し、特高警察官五千人を追放した。

それから、女性に参政権を与えた。部下の一人に漏らしたところでは「女は戦争をしないから」が動機だったようである。こうして一九四六年に行われた戦後初の総選挙では、千四百万人の女性が投票したが、その多くは「棄権すればマッカーサーに叱られる」と信じて投票所に行った。開票の結果、十九人の婦人議員が誕生、そのうち一人は有名な売春婦だった。（訳注、この話はアメリカ側の占領回顧録によく出てくるが、真偽は不明）

日本の政治家の中には、民主主義の第一歩をもっと厳粛な形で踏み出すべきだと考える人がいて、彼らは選ばれた売春婦議員の質を憂慮し、長老を総司令部に送ってマッカーサーに直訴させた。だが、問題の女性が二十五万六千票を集めたと教えられたマッカーサーは、彼の回顧録によると「なるたけ真面目な顔で、それは明らかに該婦人議員が商売を通じて接触した顧客の数より多いではないかと指摘した」そうである。元帥は、結局、当の女性を含む新顔議員の全員に祝福のメッセージを送った。

いわば「マッカーサーの民主主義学校」と化した日本で、教科書の役割を果たしたのは新憲法だった。吉田の前の幣原内閣がプロシャに範をとった帝国憲法の抜本的な改革を拒否したので、マッカーサーは黄色い事務用箋を取って、そこに新憲法のアウトラインを書いた。彼の部下がぎごちない日本語で書いた最終案は、アメリカの行政法と英国式議会制度を混淆《こんこう》したもので、貴族制度を廃止し、国際紛争解決の手段としての武力を放棄、新しい国民の権利と義務を規定していた。なかでも重要だったのは、主権を国民に与え、天皇を単なる「日本国の象徴」としたことだった。この憲法案は新議会で可決され、天皇によって公布された。

このマッカーサー憲法は、成立後も批判する者が多く、外国人によって書かれ被占領中の国民に押しつけられたことをもって合法性を疑う人が後を絶たない。しかし、今日まで日本政府は修正の動きに抵抗し続け、一般の日本人は天皇をもって立憲君主と理解している。

占領政策成功のカギ

マッカーサーは、日本占領政策に口を出すソ連の動きを、みごとに封じた。スターリンの命をうけたソ連代表が、対日理事会の一員として北海道進駐の意図を示したが、マッカーサーはソ連がたとえ一兵たりとも日本の土を踏めば彼を投獄すると脅して提案を拒否した。日本は、こうして北部共産圏と南部非共産圏に二分される運命を免れたのである。

日本国内の共産党の処理は、それよりはるかに厄介だった。スターリンは一九四九年にシベリア抑留者を帰し始めたが、帰還者の中にはソ連で洗脳された者が多かった。翌五〇年、ソ連は「コミンフォルム批判」によって日本共産党の平和革命方式を批判、非合法・暴力路線を押しつけた。

一九五三年に日本に行った私は、共産党による暴力的闘争の実情を聞き、同党の非合法化もやむなしと強く感じた。一九五一年の召還前のマッカーサーと吉田は、その時点ですでに共産党幹部を追放していた。だが、それまで私が会った政治家の中でも最も反共の信念の強い吉田が、事態の悪化しないかぎり共産党を非合法化すべきでないと言うのには驚いた。いかにも吉田らしく、彼は一九四五年から五〇年までにアメリカの対共産党政策がいかに変わったかを、愉快そうに話した。

「一九四五年、あなたがたが進駐してきたとき、共産党はみな監獄にいました。それを出させたのは、あなたがたです。ところが、また放り込めと言う。命令されるほうがどんなに大変か、考えて下さい」

吉田は、幹部追放以上に共産党を深追いしたくなかったのだろう。一九五三年の日本は、すでに戦後復興がフル・スピードで進んでいた。農地改革は完了し、農民が大喜びで増産にいそしんでいるのは、実際に農村へ行ってみた私自身が確認した。選挙での共産党の得票も、みじめなものだった。

だが、共産主義者に対する吉田の疑念は、依然として晴れないらしかった。一九五三年に会ったときも「どうも日本人は共産主義びいきなんでね」と、歎いていた。若いインテリが過激な左翼思想にかぶれているのを彼は何よりも心配した。麻生夫人によると、インテリが共産主義者を支持するのはカッコがいいからで、「保守主義は流行に合わないのです」ということだった。自由と平等と労働者の権利を訴える共産党のスローガンが、マッカーサーの政策をごく少し声高にしただけに聞えるのも、具合が悪かった。ほんとうの民主主義の実感を持たない日本人の多くが、民主主義を放縦《ほうじゅう》や無秩序と履き違えているのも、吉田の頭痛のタネだった。マッカーサーが民主主義の巨大な実験を始めたのはいいが、その沸騰を避ける仕事は吉田に回ってきたのである。

たとえば、マッカーサーが自由な労働運動を奨励したところまではよかった。しかし、元帥の部下には理想主義的な社会改革を望む者が多く、そういった連中が日本共産党を助けて新しい労働組合をつくらせた。彼らがむちゃな要求を掲げ、ストライキを打ち、暴力に訴えたのは、当然のなりゆきである。吉田は、機を見て社会党の猛烈な反対を押し切り、労働関係の法令を改正した。その結果、労組の多くは共産党から離れていった。

占領軍は、反トラストにも、なくもがなの情熱を燃やした。そして三菱のような大財閥企業のみならず、千を超す小企業まで解体しようとした。占領軍幹部の中には、一九三〇年代に日米双方で起ったすべての悪の根源は大企業にあると信じる者が、かなりいた。それに反して吉田は健全な商工業なくして日本の生存はあり得ないと正しく見通し、反トラスト政策に抵抗した。おかげで解体計画は結果的に放棄され、一九五三年には吉田内閣はきびしすぎる集中排除法を修正した。

マッカーサーの部下が意図した改革に抵抗したことで、吉田は日米双方のリベラルから、はげしく非難された。だが、振り返ってみると、彼は正しかったのである。労働、産業から教育や司法に至るまで、改革案の多くは戦後の日本の現実を無視していた。だれも占領軍への抵抗を敢てしなかったときに、吉田は日本の国益のため、過激すぎる改革案に対しては頑固に抵抗した。実は、これこそが、マッカーサーの占領を成功させた鍵《かぎ》であった。

占領軍の極端すぎる改革への抵抗は、それ自体りっぱな業績だが、吉田の真骨頂は外交政策にあった。その一つは、国内問題であるとともに国際的な意義も大きい全面的再軍備への反対。

いま一つは、米国との講和と相互安全保障取り決めに向かって決然と進んだことである。その両者が一体になってはじめて、日本は大きな財政負担なしに国家の安全を確保することができ、全力を世界最大の一つに数えられる経済の建設に集中することができた。

私は一アメリカ人として、吉田の外交方針を全面的に支持する者ではない。だが、指導者と指導力を考える者として、彼の立場に立ったとき、その政策の賢明さと、それが日本の経済復興に果たした役割を評価せざるを得ない。

冷戦の波が、まだ日米両国に押し寄せる前、マッカーサーは日本を強大な経済力を持ちながら国際紛争解決の手段としての武力行使を拒否する新しい国につくり変えようとした。彼は実際に「東洋のスイス」という形容を使い、その思想はマッカーサー憲法第九条の不戦宣言の中に生きている。

バーノン・ウォルターズ（前出）は、あるとき「たいていの将軍は、戦争の終わりまでしか考えない。マッカーサーはそれを超え、さらにその先を考えた」と、私に指摘したことがある。日本国憲法の第九条は、みずから二つの戦争の惨禍を目撃し、戦争なき世界を夢見たマッカーサーの思想の結晶であったと言える。

不幸にして、マッカーサーの希望は現実に先んじすぎた。戦後五年も経たぬうちに、多くのアメリカ人は第九条を日本に押しつけたことを後悔し、ほぞを嚙んだ。ソ連に加え、一九四九年には西隣に共産化した中国を持つことになった日本は、なんらかの防衛手段を講ぜざるを得なくなった。翌年、朝鮮戦争が勃発すると、マッカーサーは日本占領軍の大半を戦場に振り向け、そのかわりに七万五千人の警察予備隊を創設、それが今日の自衛隊の基になった。侵略のための武力は否定したものの、外国の脅威からの自衛は国家として本然の義務と信じる吉田は、直ちにマッカーサーの指令に応じ、社会主義者や平和勢力の反対に抗して新しい兵力の整備を図った。

わずか七万五千人では、いかに優秀でも、英国の一・五倍もある国を守りきれないのは自明の理である。だが吉田は、一九五一年の講和前も独立後も、再軍備強化の圧力には抵抗をやめなかった。「現在の日本の経済力では、軍艦一隻の建造が国家財政を転覆させかねないであろう」――主として経済的な理由からの抵抗だった。

トルーマン大統領は、ジョン・フォスター・ダレスを派遣して日本との講和条約の細目を詰めさせたが、ダレスは地位を利用し、吉田をして日本再軍備に踏み切らせようとした。しかし、彼が切り出すやいなや、吉田は「そんなこと、話になりません」と一蹴した。問題はアイゼンハワー政権に引き継がれ、ダレスは同政権の国務長官になってからも考えを改めなかった。

私が一九五三年の訪日に旅立つ前、ダレスは微妙な問題だがとことわって、日米双方の反応をためすため、東京でひとつアドバルーンを上げてくれないかと依頼した。だから十一月十九日の日米協会主催の昼食会で、演説に立った私は、米国が第九条を日本に押しつけたときから状況が危険な方向へと一変してしまったこと、侵略なき平和世界を願うわれわれの希望は、ソ連の侵略行為によって破られたことを指摘した。

「第九条は、だから、われわれの善意の過誤でした。ソ連指導者の意図を読み違えたための過ちです。……われわれは、現下の情勢では、自由諸国による軍備放棄は必然的に戦争につながると考え、平和を欲し平和を信じるがゆえに、一九四六年以降も軍備に力を入れてきました。日本はじめ自由諸国も、防衛責任を分担すべきだと信じます」

私は、そう言った。

日本の新聞は、これを大きな見出しで報じた。予想したとおり、見出しは私の再軍備の訴えではなく、アメリカが過誤を認めた事実を強調していた。

吉田は丁重な態度で応じたが、何の約束も与えず、その態度は一九五四年の彼の引退まで一貫して変わらなかった。それ以後、日本の防衛予算は徐々に増加したが、今日なおGNPの一パーセント以内に留まっている。アメリカがGNPの六パーセント、ソ連に至っては一八パーセント、それぞれ防衛に割いているのと、比較にならない。自衛隊の装備は改善され、人員も三倍になったが、依然として不十分と言わざるを得ない。兵員の数に至っては、たとえば北朝鮮と比べても、三分の二も少ないのである。

私は、日本がもっと積極的に防衛力を分担すべきだと思う。しかし、だからといって、それを拒否した吉田を責める者ではない。外交政策の衝にある者の評価さるべき基準の一つは、可能なかぎり少ないコストで最大の国益を確保することにあると私は考える。この尺度をもってすれば、吉田の行動はみごとと言うほかない。

吉田の他の政策についても言えるが、ここでもまた、彼は政治的に危険な橋を渡った。大規模な再軍備に反対しながら自衛隊を創設した彼は、平和主義全盛時代の日本で、平和主義政策をとれば稼げたであろうポイントを、稼ぐことができなかった。同時に、日本の防衛をアメリカに委任したことにより、再軍備を唱える右翼と反米左翼の双方から挟撃されたのである。

吉田にとって、たとえば汎アジア中立主義などを唱えるほうが、政治的にははるかに容易だったことだろう。だが、彼は、武力の弱い国が唱える中立がいかに無力かを知っており、自分に反対する人々に対しては「井の中の蛙、大海を知らず」のことわざで応じた。

吉田は、日本が外敵に備えなければならないのを知っていた点で、現実的だった。また、日本独力では防衛コストを負担しきれないと読んでいた点で、現実的だった。しかも、アメリカがそのコストを負担してくれると読み切った点でまことに賢明だった。

吉田がアメリカと結んだ安保条約は、日本にとって最も決定的な外交政策となった。批判する者は、それをもって日本はアメリカの植民地になったと言う。一九六〇年の安保騒動は、アイゼンハワー大統領の訪日を取り止めさせたし、安保論議は二十年以上を経たいまも対立をはらんでいる。だが、いかに批判されようとも、日米安全保障条約が日本を経済的スーパーパワーに仕立てるのに貢献した事実は、否定できないのである。

もし吉田が、反対派の唱える単純きわまりない「ヤンキー・ゴー・ホーム」の声に唱和し、彼らが「全面和平」の美名で呼ぶ政策に同意していれば、中国とソ連を引き入れることによって日本は侵略に対する抵抗力を失い、マッカーサーが考えた「東洋のスイス」は名のみの独立に甘んじるソ連の衛星国――「東洋のフィンランド」になっていたことだろう。吉田を得たことにより日本は、経済建設に専心でき、世界のあらゆる国が羨む生活水準を達成することができたのである。

吉田は、一九五四年の引退後も十四年間生き、わが政策が結実するのを満足をもって見守った。反対党は、かつて彼を指し、日本を「アジアの孤児」にする者と罵ったが、結果的に吉田がつくった国は孤児どころか世界の巨人になった。

吉田の政策が実を結んだ理由の一つは、彼が岸信介を、続いて吉田学校の卒業生と言われる池田勇人と佐藤栄作を、後継者に得たことだろう。私はさいわいにも三人から知己を得、彼らがいずれも第一級の政治家なのを知る機会を持った。偉大な指導者は、わが事業に熱中するあまり地位の禅譲に思い及ばず、従って後進を育てないのが常識のようになっている。吉田は、この点でも、まれに見る例外的人物であった。

吉田が西独のアデナウアー首相と実によく似ていることに、私は何度も感嘆したことがある。二人とも、七十代の高齢で、立派に国家を指導した。いずれも、一九三〇年の全体主義には、勇敢に抵抗した。敗戦国の再建を引き受け、経済大国に育てたことも共通している。一九五四年の外遊のとき、ボンでアデナウアーに会った吉田は、二人の類似した環境に言及し、友情ある競争相手としてのアデナウアーを常に意識してきたと語った。

だが、二人には決定的な違いがあって、それは吉田が蔵相の池田勇人をわが後継者として育てたことである。それに反してアデナウアーは、池田に匹敵する手腕を持つ後継者で蔵相のルドウィヒ・エアハルトを、長いあいだ冷遇した。一九五九年に私が会ったとき、エアハルトはそのことに語り及ぶと、感情を抑えきれなかったほどである。

だからといって、吉田がアデナウアーより自我意識が弱かったとは断定できない。指導者にとって満足の最たるものは、自己が舞台を去ってからもなお、わが政策の継承されるのを見ることだろう。ただ、自分だけが主役の才ありと思い込むところが陥穽《かんせい》である。アデナウアーはその罠《わな》に落ちたが、吉田はみごとに避けおおせた。

佐藤栄作は、私は大統領になる前から知り、大統領に就任後は何度も会談した。最も重要な議題は、一九七二年の沖縄返還をめぐる交渉だが、あのときも、まるで吉田がわれわれの会談に同席しているような感がした。佐藤が、それほど繰り返し師の名を口にしたのである。キッシンジャーとの予備交渉のため、隠密裡に特使を送ってきたときも、彼は特使の暗号名に「吉田」を用いた。

吉田は、一九六四年のマッカーサーの死まで、元帥とは友情を保ち続けた。一九五一年九月マッカーサーのおかげで成った講和条約が調印されたとき、吉田はマッカーサーに会いたいとの意向を漏らしたが、トルーマンと国務長官アチソンは、意地悪くマッカーサーをサンフランシスコに招かなかった。吉田はさらに、帰国する前にニューヨークに行って元帥に会いたいと申し出たが、国務省はこれをも不穏当と称して拒否した。

激動の日本を率いて

一九五四年のワシントン訪問時、吉田は戦後はじめて、日本の指導者として上院本会議で演説した。副大統領であった私は、上院議長の資格で彼を議場に迎えた。そして戦後に吉田とマッカーサーが挙げた業績に言及し、彼を「アメリカのよき友にして自由の戦士」として紹介した。上院は総員起立し満場の拍手をもって吉田に報いた。

帰国してまもなく、日本の国会で第五次吉田内閣への不信任案が通過し、吉田は政治の世界を去った。いろんな理由で、吉田の人気はすでに翳《かげ》りを見せていたが、その中には彼の力でもいかんともしがたい理由もあった。閣僚の中から造船疑獄に連座する者が出たこともある。吉田自身、例によって左からは向米一辺倒と野次られ、右からは訪米時に対日援助の取り方がへただと批判された。さらに、マッカーサーに追放された保守政治家の多くが復帰し、権力の奪取を狙った。占領終結後一年半以上も吉田が政権を維持し、それなりの業績を挙げたこと自体、彼の政治力とねばりによるものだった。

吉田は喜んで職を投げ出したわけではなく、彼の辞職に前後する政局は混乱の極だった。昔から意見を異にしたり気のくわない相手を容赦しなかった男である。一九三〇年代、まだ一外交官の吉田は、小うるさい上司に向かって、黙れないなら精神病院に行けと怒鳴ったことがある。首相になってからも、動物園を訪れ、サルやペンギンを政敵の名で呼んで側近を驚かせたことがある。自由奔放な吉田の態度は、庶民を喜ばせ、敗戦と占領の屈辱をやわらげたが、それは同時に、彼の政敵のやわな神経を逆撫でせずにはおかなかった。

　彼らは、一斉に吉田に襲いかかった。とくに一九五四年末の不信任動議の審議は残忍だった。メモを見違えた吉田が「あーあーあー」と絶句すると、野党は一斉に「あーあーあー」と合唱した。十二月中旬、左翼勢力に保守の反吉田派が合流し、不信任案は通った。国会を解散しても、もはや勝つ見込みはない。吉田は、七十六歳にしてついに敗れた。

　七年二カ月に及ぶ吉田政権に匹敵し得たのは、佐藤だけである。だが、戦後の社会的混乱と政治的不安定を乗り切った手腕では、だれも吉田を凌駕する者はいない。吉田が日本の舵を執《と》ったのは占領時代とそれに続く短いナショナリズム昂揚の時期、朝鮮戦争、一九四〇年代の目まぐるしいインフレと、五〇年代の同じほど目まぐるしい経済発展の時代であり、日本の社会や政治が根底から揺らいだ時代であった。

　引退後、吉田はしばらく、敗北の政治家を包む霧の中に隠れた。教え子の佐藤や池田は、たびたび大磯に行って、師の意見を聴いた。吉田は回想録その他の執筆に時間を費したが、ときどき後継者の委託を受け外交使節として海外に旅した。さらに数年が経つと、日本の安定と経済の再建に果たした彼の偉大な功績は、より正しく評価されるようになった。そして死のときには、国家の元老として尊敬をあつめるようになっていた。

死後十年を経た今日、吉田は新しい世代によって新しい角度から仰がれている。私を訪ねる日本の政治家は、必ずと言っていいほど吉田の業績と人柄を称揚し、彼の勇気と剛毅、政治的圧力に抗して自己の信念と国益を守った意志力をほめる。ドゴールやチャーチルの生涯が、それぞれの国民が書くいわば集団的回想記の中に刻まれ、次々に登場する若い世代を啓発しているのと全く同様に、吉田も新しい生命を得て、日本に生きているのである。

一九六〇年、私の大統領選挙の最中に、八十二歳の吉田は、国家に奉仕するため大磯から呼び出され、日米修好百年を記念する訪米使節団長を命じられた。私は彼と麻生夫人を自宅のディナーに招いたが、食事後、吉田からみごとな彫刻を贈られた。私のため、とくに彫刻家に命じて彫らせたとかで、選挙のことで頭がいっぱいだった私は、吉田がわざとそっけなく「勝利と題した作です」と言うのを聞いて、破顔せずにはおれなかった。

その十一月、選挙に破れた私のもとに届いた吉田の手紙は、まことに懇切なもので、選挙結果を「悲しいものでした」と書き、私がいつか再び「国の内外に号令する日」が来ることを切望すると記されていた。そのような配慮は、勝者より敗者にとって、どんなにうれしいものか。しかも吉田は、負けた私のことを気遣う必要などない人であった。首相時代の吉田は、その強情さと政治力で知られ、政敵は彼を傲岸不遜、あまりにも自己中心と罵倒した。しかし、私は吉田のもっと深い部分を知っている。逆境のときに彼が捧げてくれた友情を、忘れることができない。

最後に吉田に会ったのは一九六四年だが、最初に予定されていた会談は、運命の偶然によって順延された。その春の極東旅行中に吉田から昼食の招待にあずかっていたが、私が東京に着く四日前の四月五日にマッカーサーが長逝し、吉田は葬儀参列のため麻生夫人を伴って急遽アメリカに発ったのである。食事の約束は、その年の十一月、私が再び日本に行くまで、おあずけの形になった。

ロサンゼルスのハイウェーよりも悪い交通麻痺の中を、大磯まで四十マイル。私はくたくたになったが、行った甲斐はあった。吉田は、着物姿で、玄関まで迎えに出てくれた。

それまでは、会うときは必ず洋服、しかも吉田の好きなビクトリア朝風の立てカラーという格好だったが、和服姿をはじめて見て、改めて彼が明治の日本の生んだ東洋と西洋の合金であることを、痛切に感じた。私が近付きになった日本の政治家の中で、逆説的なようだが、吉田は最も西洋的であるとともに最も日本的な人物だった。あとで知ったことだが、一九三〇年代に陸軍参謀総長だったころのマッカーサーも、好んで和服を着用したそうである。

富士の美しい姿を仰ぐ吉田邸は、広いが、決して華美ではなかった。その日もホステスをつとめた麻生夫人の趣味のよさが、うかがえた。壁や調度に日本人が見せる調和とバランスの感覚は有名だが、吉田の場合、そのバランスは東洋と西洋の間にあった。日本画の隣に洋書が並んでいた。吉田はベッドではなく布団で寝るそうだが、テラスに用意されたのは西洋風のテーブルだった。食事にさえ、日本料理と西洋料理の調和があった。

われわれは広く国際問題を話題にし、吉田は牧野伯爵に従ってベルサイユ講和会議に赴いたときの思い出を披露した。一九五三年の日米協会での私の演説に話が移ったとき、同席者の一人がその日付を間違えて言った。と、私に言葉をはさむすきを与えず、吉田は直ちに訂正した。あの演説から吉田が思いのほかのショックを受けていたのを、私はそのときはじめて知った。

吉田は、しきりにドゴールのことと私のドゴール評を聞きたがった。私は応えて、ドゴール外交、とくにNATOに非協力な点などは首肯しがたいと言い、彼が国際外交裡で「高姿勢」（これは日本人がよく使う言葉）をとれるのは内政で成功し国民に人気があるからだ、と説明した。ついでに、日本の経済力をもってすれば、強力な軍備さえ持てばドゴールのように外国に対し高姿勢で臨むこともできると勧め、「日本は経済的巨人なのに、軍事的、政治的に小人《こびと》でしかないのは理解できません」と言ってみた。だが吉田は、一九五三年のときと同様、外見は丁重だったが、意見ははっきりと拒否だった。

いま振り返ると、この一九六四年のディナーの席での最大の話題は、中国である。十一年前にはじめて会ったときも、われわれは中国について話した。外交官時代の経験から中国にくわしい吉田は、中国文化を深く知り、敬意を払っていた。そして、いかなる国も長期にわたって中国を占領したことはないのだと言い、共産主義の滲透も何世紀にもわたって根付いた儒教精神に勝つことはできないと語った。一九五三年の時点では抑圧されてしまったかに見える中国の知識層も、結局は共産主義イデオロギーを覆すだろうと、意見を述べた。

だが、そのころもてはやされていた蔣介石による本土復興には、吉田は否定的だった。蔣は儒学に造詣深い人物だが、知識人から完全にそっぽを向かれ、もはや将来はないと断言した。

その年に私が会った天皇は、蔣に好意的だったが、吉田ははっきり天皇と意見を異にしていた。

儒教思想を通じて中国人に深い親近感を抱く吉田は、アジアの非共産圏諸国が中国との貿易を拡大していけば、最後には中国は共産主義を捨て商売を選ぶと信じて疑わなかった。アイゼンハワーと同様、敵性国家との貿易が結局は平和に結びつくという信念の持ち主だった。彼はまた、中国が朝鮮戦争に介入したのは国境地帯の中国領が脅かされたからにすぎず、中国人は侵略者とは戦うが侵略はしない本質的には平和な民族だと信じていた。

一九五一年、折から米上院が対日講和条約を討議中に、吉田が中国本土との国交回復の希望を漏らしたのも、そういう信念が底にあったからである。当時、アメリカは朝鮮で中国軍と戦っている最中であり、条約案をまとめたダレスは吉田に対して、日本が中国を承認するなら条約は御破算になると警告した。私の一九五三年の演説も、ダレスのこの意向に沿ったものだった。

日中接近は日米関係に悪影響をもたらすとの私の論旨に、吉田は敢て異を唱えなかったが、私は日中正常化が必要という吉田の信念を覆すことはできなかった。もし吉田が一九五四年に引退していなければ、日本は一九七〇年代と言わず五〇年代に、中国との復交を果たしていたことだろう。

そういう背景があったから一九六四年の吉田も、しきりに「中国」に話を向けてきた。彼を含む同席の日本人たちは、その年の一月にフランスのドゴールが日本に相談もなく中国と国交を回復したことを、一様に憂えていた。アメリカも同じことをする可能性があるかと吉田に聞かれ、私はジョンソン政権のことについては何も言えないと答えた。すると、駐米大使だった朝海浩一郎が、自分の在任中に何度も日本に関係したことで頭越しの決定をやられたと言い出し、対中関係についても同じことをやるんじゃないかと尋ねた。私は、そういう可能性は必ずしも排除しないと答えたが、あとで考えると、これは甚だ予言的な発言だった。

一九七一年七月、私は「訪中受諾」を抜き打ち発表したが、それに先立つ予備交渉は、日本を含む全世界の友好国にも秘密裡に行わなければならなかった。少しでも漏れれば、話はこわれてしまったのである。

私の発表を、日本人は直ちに「ニクソン・ショック」と命名した。しかし、米中和解があたかも一九七二年九月の日中国交正常化の導火線のように言われるのは誤りで、実は日中は、そのずっと前から貿易し、非公式だが国交を持っていた。訪中する日本人の中には、政治家もいた。両国の国交回復は、ニクソン・ショックの締結と言うより、二十年前に吉田が構想した日中和解が徐々に進行したあげくの現象なのである。

一人の指導者によって手をつけられた政策は、後継者により継承されるべしという吉田一流の政権継続の理念を、私は彼との最後の別れぎわに教えられた。「いつか、またお目にかかりたい」と言った私に、玄関まで送ってきた吉田は笑って、こう答えた。

「いや、もうお会いできないでしょう。私は老人です。あなたは、まだお若い（当時の私は五十一歳）。やがて指導者になるときの準備をすべきです」

私が会った指導者の中で、吉田と同じように上手に年をとったのは、ハーバート・フーバー大統領である。理由の一つは、職を離れてからも、彼の育てた後継者が政策を引き継ぎ、助言を求めたからだろう。自分の手がけた仕事が死後も続くと信じたからこそ、彼は安心して瞑目できたのだった。

一九六七年、吉田は八十九歳にして大磯に逝った。折から東南アジアを訪問中の佐藤首相は、予定を変更して急遽帰国し、大磯の師の遺骸の前で傍目も構わず泣いた。そして数日後、戦後初の国葬で吉田の野辺送りをした。

「凡人の世紀」の巨人

政治的な見地から見ると、マッカーサーの晩年の十一年は無為に過ぎた。知力が衰えたわけではないが、一九五〇年代から六〇年代にかけての情勢が、それを存分に発揮する機会を彼に与えなかった。

一半の理由は、マッカーサーの強い党派性である。まだ日本にいた一九四八年、彼は共和党の候補指名に名乗りを上げたが、第一回投票で代議員を十一人しか取れなかった。一九五一年に帰国してからは、全米各地を行脚して、トルーマンのアジア政策に対する反対演説をぶった。一九五二年の指名大会のマッカーサーは、公然とロバート・タフト支持を表明した。七月にシカゴで開かれた共和党大会の基調演説者に彼が指名されたとき、われわれアイゼンハワー陣営は、タフトが候補をさらうのではないかと心配した。元帥自身は、ダークホースとしての自分の力を、まだ信じていた。

ところが演説は、期待外れだった。草稿もいいしマッカーサーの口調も堂々としていたが、どこかリンカーンの言う「ピンと来ない」ところがあった。

演説の開始が午後九時半で、代議員たちが疲れ切っていたのも一因だろう。マッカーサーが語りつぐ間も、彼らはそっぽを向いて私語し、気の毒なほどだった。一九五一年の上下両院合同会議では、あれほど聞く者を魅了したのに、代議員は立ったりすわったり、咳《せき》をする者、トイレに立つもの……マッカーサーが空気を盛り上げようと力を入れれば入れるほど、「老兵は死なず」の魔術は失われた。かつての大ドラマの記憶はあったが、再現は成らなかった。結果は、失望と落胆。第一級のショーマンであったはずのマッカーサーは、致命的な過ちを犯した。ドラマの主役になろうとして、舞台から落ちたのである。あの演説は、政治家としての彼を送る弔鐘だった。

ルーズベルト大統領は、あるときマッカーサーに向かって、「ダグラス、きみは将軍としては最高だが、政治家としては最低のようだな」と言った。そのとおり、マッカーサーは政治家ではなかったし、彼も最後にはそれを認めた。ほかならぬ彼自身が、ルーズベルトの言葉を回想録に引いた。マッカーサーの最大の過誤は、公然と政治的野心を示し、みずから軍事的声望を政治的資産に転じようとしたことだった。実際の政治活動は、彼をかつごうとする人々に任せるべきだった。

アイゼンハワーも、きっとマッカーサーと同じほど大統領になりたかったに違いないが、賢明な彼は、その意志を口にしなかった。よく、自分は素人《アマチュア》政治家だと言ったが、なかなかどうして、たいした政治家であった。大統領になる最善の道は、なりたくないふりをすることなのを、本能的に知っていた。私がはじめてカリフォルニア州ボヘミアングローブでアイクに会ったのは一九五〇年七月、居合わせた政界や財界の巨頭全員が、しきりに一九五二年指名大会でのアイクの可能性を話題にしたが、彼ひとりは例外だった。ヨーロッパや北大西洋同盟のことに、巧みに話頭を転じていた。

一九五一年五月、アイゼンハワーとは同郷のフランク・カールソン上院議員が、ヨーロッパ旅行に行く前の私をつかまえ、アイクとぜひ会って来いと勧めた。アイクは出馬の意志を漏らすに違いない、そのときは励ましてやれ、というのである。私はパリの連合軍司令部でアイクに会い、一時間話した。彼は喜んで会ってくれたが、自分のことは話さず、もっぱらアルジャー・ヒス事件の審理で私が公平だったのをほめ、NATOに対するアメリカ人の感情はどうかと逆に打診した。

他人に会ったとき自分が収穫せず、相手に収穫させる技術において、アイゼンハワーは希有《けう》の人物だった。だからこそ、彼に会った人の多くは、熱烈なアイク信者になったのである。自分が大統領職を狙わず、大統領職に自分を狙わせる。これこそ大統領になる最大のコツではないだろうか。それなのにマッカーサーは、まだ東京に勤務中の一九四八年、臆面もなく色気を出した。政治的野心家としての彼の印象は、トルーマンに解任されてからの全国行脚により、いっそう強められた。

だからと言って、マッカーサーは偉大な大統領になれなかったはずだとは断言できない。彼は外交に深い洞察力を持っていたし、日本占領中には労働関係から教育改革に至る広い分野を適切、公平に処理し、内政に強いところも見せた。通貨の安定や財政の整合性にも、よく意を用いた。アイゼンハワーやドゴールもそうだったが、マッカーサーも年とともに保守的な経済政策を好むようになっていた。もはや公職への希望を失った一九五〇年代から六〇年代でも、私に会うたびに均衡予算や減税、金本位制復活の必要性を説いてやまなかった。

もしマッカーサーが大統領になっていたとして、彼の最大の問題は、兵に対する将軍や日本に対する最高司令官のようには、大統領は全権を振るえないことだったはずと思う。大統領は無数の些事《さじ》に耐えつつ処理し、そうすることに慣れなければならない。想像力と創造性にあふれるマッカーサーの政策を実行するには、アメリカにも吉田茂がいなければならなかった。

政治力において後《おく》れをとったのとは別に、マッカーサーは国民や軍隊を包む流行にも裏切られた。第一次大戦中の彼は、塹壕《ざんごう》に拠って戦う、いわゆるダグ・ボーイズたちの英雄だった。その同じ人が、第二次大戦では、六十歳を超えてなお無比の勇気を示したのに「ダッガウト・ダグ」と野次られたのである。

二つの大戦の間に、マッカーサーが体現する勇気、愛国心、自由への愛などは、流行の座から堕《お》ちた。第二次大戦中は一時的に復活したが、朝鮮戦争になると再びすたれ、ベトナム戦争でついに止めを刺された。いや、第二次大戦中でさえ、人気のあったのはアイゼンハワーやブラッドレーのような将軍だった。父親のようにやさしく、親近感の持てる人物が、インテリ社会ではもとより、結局はこの「凡人の世紀」の最初の子であるGIなどからも、歓迎されたのである。太平洋戦線のあの飛び石作戦により、マッカーサーの知的な戦略は何万人ものGIの生命を救ったのに、その功績はマッカーサーの貴族的な気取りに伴う悪印象を消すことができなかった。

解任されたマッカーサーが、行く先々で熱狂的歓迎を受けたように、彼は依然としてアメリカ人の琴線に触れることはできた。だが、まもなく国民は彼に背を向け、大統領職を狙う二人の中からアイゼンハワーを選んだ。一方は調和と一致の人だったのに反し、いま一方はあまりにも党派的、あまりにも問題が多すぎた。

マッカーサーはフィリピンを解放し、日本を復興させ、さらに共産主義の韓国支配を防いだ。そして問題の人物として帰国したが、まもなく故郷にありながら政治的には流浪の民になった。なぜか？　アジアを理解し、マッカーサーを理解し、その両者がいかに密接に結びつくかを理解する人がいなかったからである。マッカーサーが二十年にわたり、ほぼ独力で極東のアメリカ権益を守ったのを理解する人に至っては、暁天の星だった。

マッカーサーを尊敬する者の一人として、私は、あれほども業績の偉大で明らかな人物が、なぜあれほどもアメリカの知識人に嫌われたか、十分に理解することができない。生涯を通じてはげしい批判にさらされたマッカーサーの謎《なぞ》は、おそらくその一部は、ディスレーリ伝を書いたブレイク卿の結論の中にあるのではないだろうか。

ディスレーリも生涯の彼の政敵グラッドストーンも、ともに当時の人々から不当な批判の集中砲火を浴びた。ブレイクは、それを認めたうえで、こう書いている。

「かなりニュアンスの違いはあるが、二人はいずれも才能に恵まれた偉人だった。だが、議会制民主主義の中に生きる偉人は、人類の大半を占める凡庸な人々から嫌悪され、貶《おとし》められる運命にある」

マッカーサーが、一九三五年いらいほぼ一貫して住んだフィリピンか日本で引退生活を送っていたなら、彼の晩年はもっと充実したものだったに違いない。日本人は彼を敬い、占領時代を知る人々はいまだに敬っている。一九六一年にフィリピンにセンチメンタル・ジャーニーをしたマッカーサーは、彼の地の軍隊が点呼のたびにマッカーサーの名を唱え、軍曹が「精神は生きている！」と叫ぶのだと聞かされた。アメリカ人の多くは、真珠湾の復讐をしとげたのをマッカーサーの功にするが、日本人やフィリピン人や韓国人は、彼を報復者でなく解放者として記憶している。彼は日本人を全体主義と天皇崇拝から解放した。フィリピン人を日本から解放した。韓国人を共産主義から解放した。

アメリカの政治評論家の目には、マッカーサーはアナクロニズムに映るかもしれない。だが、アジアでの生涯を通じて、彼の先見力には卓越したものがあった。今世紀初頭、父に従って極東を旅した彼は、アジアでの軍事的拡張を狙う日本の意図を察知した。一九三〇年代には、太平洋の脅威としての日本の危険を政府に警告した。日本では、彼の進歩的な改革は、ワシントンの役人たちが机上で描いた日本占領の青写真より、規模とビジョンにおいてはるかに優《まさ》っていた。朝鮮半島では、彼は共産主義者の狙いが韓国だけでなく、全アジアの支配なのを見抜いた。

共通の鍵《かぎ》は、常に日本である。マッカーサーは、はじめ極東に対する日本の脅威を憂え、戦後は日本がさらされる脅威を憂えた。五年間の彼の日本占領には、一見逆説に見えるものが二つある。第一は、練達の軍人だったのに平和の維持に力を尽くしたこと。第二は、自己の独裁的な力を用いて、日本を永久に独裁から解き放ったことである。

第一は、むろん逆説でも何でもない。軍人は常に国際関係を緊張させると思うのは、一九六〇年代で思考停止をした人々だろう。六二年のウェストポイント士官学校卒業式に臨んだマッカーサーの演説の一節――「軍人は、だれよりも平和を願う。なぜなら、戦争で死に、傷つかなければならないのは、軍人だから」は、けだし至言である。

平和時に全権を掌握した人は、アメリカの歴史には一人もいなかった。民主主義下では、権力は濫用を防ぐため、社会の異なる部門へと分散される。だがマッカーサーは、五年にわたって日本で全権を握った。真の逆説は、他のいかなる方法によろうとも日本に民主主義を確立するのは不可能だったという点にある。

さる占領史研究家は「マッカーサーが命令したのだ。暴力と専制と経済の混沌をやった日本だから、平和愛好、民主主義、繁栄発展もわけはない」と評した。むろん、ふざけた言い方だが、基本的には間違っていない。模倣のうまい日本人は、まもなく御題目のように抽象的な民主主義思想を口にするようになった。だが、それと民主主義を彼らの心に叩き込むのとは、全く別のことである。

一つの政治制度は、いかにして確立するか。二百三十年前にその難問を考えたジャン・ジャック・ルソーは、以下のように書いた。

「抽象的な思想によって政治を行うのは不可能である。押しつけることによってしか、人々を幸福にすることはできないし、幸福を愛させることによってしか、それを人々に実感させることはできない。そこに、英雄の才能が必要になってくる。……新しい社会の第一歩においては、価値観は賢明で先見力ある英雄によって押しつけられなければならないと、ルソーは言っている。日本の場合、マッカーサーは日本人に民主主義を実感させ、そのために民主主義を愛させた英雄だった。吉田と協力しながら彼は、日本人に自由を愛させ、それゆえに自由を守る気持ちを起させた。近代政治史上、「立法者」という神秘的な存在になり得た点で、マッカーサーに匹敵する人物は一人もいないだろう。心に理想を抱きつつ、一つの社会を独力で再構築するのは、それほどの難事業なのである。

明治の改革者が日本の中心に据えたのは、一部の者に利用されやすい天皇制だったが、マッカーサーはそれを倒す一方で、明治の改革者のように特権を行使しつつ新しい政治制度を招き入れた。最初はまず、天皇の実権と精神的支配権のすべてを、わが身に移した。そして、最も困難な新憲法と農地解放を処理したのち、日本人によって民主的に選ばれた吉田へと、徐々に権力を移していった。見逃してはならない点は、吉田が占領中も占領後もマッカーサーの施す改革を修正し得たことである。二人の間に比類なきパートナーシップがあったからこそ、今日の日本は偉大で自由な国家となり、いつの日かアジア諸国が分かち合うべき自由と公正と繁栄の伝統にとって、希望の星たり得たのである。

コンラート・アデナウアー

西欧の鉄のカーテン

新しき御老体《デア・アルテ》

一九六三年のことである。老いてなお堂々と西独連邦議会に君臨してきたコンラート・アデナウアー首相も、その政治生命の終わりに近づいていた。ベルリンの壁事件で政治的打撃を受けた八十七歳の老宰相は、六一年の総選挙では、すれすれの当選だった。若手の突き上げを受けた彼は、四年の任期をあと二年残して、ようやく引退に同意した。振り返れば十四年間もの赫々《かっかく》たる業績があり、前には四年間の失意と苦悩の引退生活が待っていた。

そのとき、長年の政敵の一人が立ち上がった。執念の男アデナウアーの去るに当たって、はじめて惻隠《そくいん》の情を催したのだろう、彼は「総理、あなたが一九五四年にＮＡＴＯ加盟を強行したのは正解でした」と、発言した。

傲然と敵を見やったアデナウアーは、立って、冷たく言い放った。

「きみと私の違いは、私が正しいときに正しい決断をしたことである」

短い言葉だが、このアデナウアーの言葉の中には、彼の生涯の本質が凝縮され、同時に偉大な指導者の本質が詰め込まれている。

この場合の政敵を含め、あと知恵の働く人は、世の中に少なくない。だが、アデナウアーは先見力という貴重なものを持っていた。戦後まもない動乱の時期、以後の何世代にもわたる国家の運命が決定されようというとき、行動が必要とされるまさにその瞬間に、アデナウアーは行動に必要な勇気と英知と、行動を恐れ避けようとする反対派に打ち勝つ政治力を備えていた。世界の指導者を評することのうまいチャーチルは、一九五三年、人々にさきがけてアデナウアーのことを「ビスマルクいらい最も賢明なドイツ政治家」と、定義した。

アデナウアーは、ヨーロッパの戦後秩序を建設した大建築家である。ドイツ西辺のラインラントに生まれた彼は、常に独仏和解を忘れず、ヨーロッパを焦土にした戦争が二度と起らないよう念じ、生涯を通じて統一ヨーロッパの理想を抱き続けた。政界入りの第一歩から、彼はソ連を新しいヨーロッパの希望とは考えず、古いヨーロッパの悪を代表するものと見た。そのため、磐石《ばんじゃく》の決意をもって自由ヨーロッパの東辺の城砦を守り続けたのである。

ある意味でアデナウアーは、純金のようなキリスト教民主主義者だったと言えるだろう。一国による他の国の支配、政府による国民の支配……いずれの場合も、個を圧殺する独裁は最大の悪と考えた。第一次大戦の廃墟の中から生まれ、ナチ時代の恐怖によって裏付けられた彼の統一ヨーロッパの夢は、この独裁への憎悪から発するものだった。

しかし、第二次大戦後のヨーロッパは、かつての内からの脅威に数倍する外からの脅威にさらされた。脅威の性格や規模を知る人は寥々たるものだったが、アデナウアーはそれを理解した。一九四九年に権力を握ってからの彼は、エルベ河畔に屹立《きつりつ》する巌のように自由世界の東の最前線に仁王立ちになり、ソ連の脅威に屈せず、ときどき彼らが見せる平和攻勢の正体を見抜き、動揺することがなかった。武力のない西独が独力で新しい脅威に対抗するすべのないのも、よく承知していた。

一九五〇年代の英米両国は、ヨーロッパはじめ自由圏をソ連の脅威から守る堅固な意志を持っていた。だが、対ソ同盟にとって不可欠のメンバーであるフランスは、過去七十五年間に三度もドイツの武力に蹂躙された苦い経験に基き、東隣ドイツの再軍備にはきわめて消極的だった。このときもアデナウアーは、ヨーロッパ人を敵と味方に分けてきた障壁の撤去という夢に賭けた。それまでは実現性はおろか詩的虚構のようにさえ見えた大構想が、緊急の現実事になった。そして彼は、超人的なねばりで、夢の実現に精力を傾けたのである。

ソ連の脅威に対して西欧一体の防壁を築く一方で、アデナウアーはヨーロッパ自体の内なる脅威に終止符を打つため、政治的、経済的な紐帯づくりの方途をさぐった。NATO、欧州石炭鉄鋼共同体、一九六三年の仏独協力条約などは、すべてこの努力の中から生まれた成果だった。業績の多くは、アデナウアーに帰されるべきである。

十年以上にもわたり、彼はわれわれの側の鉄のカーテンだった。鉄の意志を持ちながらも無限の忍耐力とキリスト教的なものを深く信じるアデナウアーは、彼が神と魂を欠く圧政の帝国と認める敵に対し、最も有能、明快、一貫した西側のスポークスマンであった。外見は秋霜烈日の反共主義者だったが、同時に、あたたかで快活でやさしい人であり、国民からもわが子からも慕われた。かつて道を見失った祖国に対し、父の慈愛を持つ人でもあった。

戦後、廃墟になったドイツで、アデナウアーはまるで大カテドラルのようにそびえた。同胞から御老体《デア・アルテ》の愛称で呼ばれる彼は、敗北に伴う屈辱と混乱の中で、信念と忍耐の象徴になった。校長先生のように国民を見下ろす風が少しあったが、あの沈着、冷静と威厳は、ドイツ人の心を支えた。反対する者に対しては、黙殺すると見せながら仮借ない政治的インファイターだった。世界に向かっては、新しい民主主義ドイツのたのもしい代弁者として、かつては世界の無法者であった祖国を十年も経たぬうちに信用ある自由の砦に変貌させた。

国家指導者同士のあいだには、友情はあまり育たないものである。会うときは懸案をかかえ、外交儀礼に縛られ、互いの歴史をふまえ、外交官や補佐官や通訳に取り巻かれている。常に国益が念頭を離れず、それが友情の芽生えを殺してしまう。

政治に携っている間に、私は無数の国家指導者と友好的な会談をしたが、個人的な交遊を結んだ人はごく少数にすぎない。アデナウアーは、その少数者の一人だった。われわれの友情は十四年間に及び、公職にあるときも、公職を去ってからも続いた。

ヨーロッパの復興を助けるマーシャル・プランが発表されたのは一九四七年六月だが、その年の秋、私はプラン実行面の助言をするためクリスチャン・ハーター委員長以下十九人の下院委員会の議員同僚とともに渡欧した。

あのときのドイツの恐ろしい光景は、忘れることができない。あらゆる町は、連合軍の爆撃によって完全な焦土となり、何千という家族が崩れ残ったビルや防空壕の中に住んでいた。食うに食なく着るに衣ない痩せた子供たちが、われわれを取り巻いたが、それは物乞いではなく、父の勲章を売っていくばくかの食糧や生活必需品に換えんがためだった。

同僚の某下院議員は、ごく謹厳な男だったが、そんな子供たちの姿に深く心を動かし、持っていた石鹼やキャンデーはもちろん、自分の着ていたセーターまで与えてしまった。

「一つだけ残ったチョコレートを、赤ん坊を抱いた十くらいの女の子にやったのだ。その子がどうしたと思う？　自分で食べず、赤ん坊の口に入れて、チョコレートというものを教えてやった。たまらなかったよ。すぐ汽車まで駆け戻って、持ってきたもの全部を、その女の子の手に持たせたのだ」

彼は、あとでそう話してくれた。

ワシントンでは、アメリカの議会は復員したＧＩに特別ボーナスを出す件を審議していた。ところが、エッセンの掘立て小屋に住んでいる炭鉱夫の夫婦は、戦争で片足を失った二十二歳の息子をかかえながら、それが重傷の認定基準に達しないというので、一マルクの補償さえもらっていなかった。

炭鉱地帯では、昼食に出る水のように薄いスープを、鉱夫たちが家に持って帰って子らに与えるため、残すのを見た。戦前と同じ人数が働きながら出炭量がはるかに少ないのは、彼らが飢えと栄養失調のため十分に働けないからだった。

だが、子供でさえ物乞いせず、おとなもわずかの物を家族と分かち合おうとする態度を見て、私はアデナウアーが一九四五年末に言った「ドイツ人は敗れたが精神は屈していない」という宣言を、思わずにはいられなかった。

ルシアス・クレイ将軍を長とするアメリカ占領軍の幹部も、ドイツ人には復興を可能ならしめる精神力があると語った。クレイによると、ないのは指導力だけだった。ドイツは指導者に育つべき世代を戦争により完全に失い、生き残った何千人かはかつてナチと関係を持ったためなに新しい指導者になり得なかった。クレイは、公私両セクターの指導者を一から育てる必要性を力説し、戦前派や戦争派ではもうだめだと言った。ドイツにとってなくてはならないのは、民主主義を信じる強力な国家指導者、ドイツを自由世界に仲間入りさせるとともに東方の脅威から守りきる指導者だ、という彼の説明だった。

新しいドイツ指導者の資質についてクレイの指摘は正しかったが、戦前派はもうだめだとの予言は間違っていたことになる。

ジェロニモに似た顔

アデナウアーが生まれたのは一八七六年。父親はケルンの法廷書記で、母親のほうは父がプロシャ軍内での昇進を擲《なげう》ってまでも結婚した人という以外、あまり知られていない。両親は、ともに勤勉で信心深い人だった。コンラートはカトリックの信仰の中で育ち、生涯を通じてきわめて敬虔な信者だった。

家庭は厳格だが、つつましい愛に包まれていた。だが、内情はきびしく、あるときクリスマスのツリーやロウソクを買うために日曜日を何度か昼抜きにしなければならないところまで追い詰められた。コンラートらは喜んで食を断ち、クリスマス・ツリーを買ったそうである。

学校の成績はよかったが、コンラートを大学にやる金が家になく、彼は失意を秘めて銀行の事務員になった。二週間後、わが子が打ちひしがれているのを知った父は、発奮してさらに家計を削り、コンラートを大学に送って法律を勉強させた。自分の学問が家族の犠牲の上に立つのを深く自覚する彼は、刻苦勉励し、夜は冷水を入れたバケツに両足を突っ込んで睡魔と闘いながら学問をした。

持ち前のねばりと胆力は、若いころからすでにあった。卒業後二年でケルン中央党（保守的なカトリック党で、後年のキリスト教民主同盟の前身）の有力者が持つ法律事務所に勤務したときに、一つの逸話がある。
一九〇六年、二十九歳のアデナウアーは、所長のカウゼンが一人の若い弁護士を市議会のポストに推薦したのを知った。彼は真っ直にカウゼンの部屋に入っていき「なぜ私を推薦してくれないのです。能力では負けないはずです」と、宣言した。よほどの豪胆と自信がなければ言えないことだが、その二つは生涯を通じてアデナウアーの特色だった。事実、彼は法律家として、その勤勉において、他人に負けない能力において、まさに自負するとおりだった。カウゼンは同意してポストを与え、こうして五十七年間に及ぶアデナウアーの政治生活は始まったのである。

ここに、子供のころのアデナウアーが、友人四人とともにピクニックに行ったときの写真がある。一同は、あごまで干し草の山に埋まり、いたずらっぽく笑っている。ひとりコンラートの顔には、ほお骨やくちびるのあたりの黒い影に一種の憂愁が見えるが、左手は干し草の上で愉快そうに振られている。これも実にアデナウアー的で、遠慮とも超然ともとれる態度の一方で、彼は人生の楽しみをも知る人だった。

私がはじめて会ったのは一九五三年、アデナウアーの公式訪問時のワシントン。すでに七十七歳の彼の無表情な顔面には、砂の上に水がつくる溝のような無数のしわが刻み込まれていた。子供のころと同じ静かな超然はあったが、干し草の写真とは似ても似つかぬ顔だった。それはアデナウアーが四十一歳のとき、彼の乗っていた車の運転手が居眠りし、市電に衝突したからである。いかにもアデナウアーらしく、事故現場で立ち上がった彼は、顔面を血で染めたまま、黙って病院まで歩いていった。運転手は軽傷だったが、担架で運ばれたという。

ほお骨を挫傷しほかにも顔に傷を負ったアデナウアーの表情は、この事故のためにいっそうきびしさを増した。その顔を指して中国宮廷の高官のようだと言った人は多いが、たしかに、ほとんど東洋的とも言える底なしの神秘は、彼の形容としてぴたりだった。戦後初の駐独高等弁務官として立派な仕事をしたジョン・J・マックロイは、私に「あれは強い意志と禁欲を秘めたアメリカ・インディアンの顔。ジェロニモにそっくりだ」と言ったことがある。

外見のきびしさだけを見て、アデナウアーを批判する人や、支持者でもよく知らない人々は、彼のことをユーモアのない冷血の人と誤解していた。むろん、ジョークを連発してげらげら笑うような人ではなかったが、実は微妙に洗練されたユーモアの感覚を持ち、思いやりもある人物だった。

重要でもないことや、すでにケリのついた問題には、あまりエネルギーを割かなかったアデナウアーらしく、ユーモアを言うときにも、ちゃんとその実用的な価値を考えていた。一九五九年、アイゼンハワー大統領が、ジョン・フォスター・ダレス国務長官の葬儀に来た各国指導者を、ホワイトハウスのレセプションに招いたことがある。席上、ベルリン問題をめぐってデッドロックになったジュネーブ会談から来たソ連のグロムイコ外相と私が話しているところへ、アデナウアーが歩み寄ってきた。私は笑って、私とグロムイコがよく似ていると言う人が多いがどうですか、と、聞いてみた。

アデナウアーは、笑って答えた。

「なるほど、そっくりです。で、ジュネーブ会談を打開するのに、こういう手があります。あなたがグロムイコの飛行機に乗ってジュネーブに帰る。グロムイコはここに残って副大統領をやる。それなら、難問は一挙解決です」

めったに笑わないグロムイコも、これには大笑いしたものである。

むろん冗談だが、アデナウアーは会談におけるソ連の非妥協的な態度を、巧みに衝《つ》いていた。ずっと後年、職を辞してからも、彼はユーモアにことよせ、後継者ルドウィヒ・エアハルトの政治力のなさを諷したことがある。インタビューのとき開口一番「真面目な政治の話をしようか、それともエアハルトの話をしようか」と言ったのである。

一九一七年、「黒い森《シュワルツ・ワルト》」の病院で事故のけがの療養中だったアデナウアーのところに、ケルン市から二人の役人が訪ねてきた。市長の座が空白になり、アデナウアーに白羽の矢が立った。二人は市政に関する問題を持ち出し、彼の脳に異常がないかどうか、予備的調査に来たのである。すぐにそれを察したアデナウアーは「みなさん、悪くなったのはツラの皮だけですよ」と言い、笑った二人はその場で市長就任を要請した。そのとき第一次大戦は終結に近く、ケルン市は荒廃の中にあった。アデナウアーは、躊躇することなく市長職を引き受けた。

最初のうち、四十一歳の市長は、市民や復員兵に食と住を与え、敗戦とカイゼルの退位に伴う政治的真空を埋めるのに全力を尽くした。だが、戦後の混乱が落ち着くと、アデナウアーはケルンの文化と建築の栄光を回復するための大事業に着手した。「政治の混沌の中でこそ創造的な大事業ができるのだ」と、うれしそうに知人に言ったという。このときすでに、アデナウアーの目は国境を越え、ケルンをドイツと西欧の接点にしようとの意気込みがあった。

人をわが政策に同調させる独特の権謀術数は、そのころからあった。一九二六年、ライン川に吊り橋をかけようとして、アーチ橋を主張する市議会の多数派と対立したことがある。アデナウアーは共産党の市議連中を招き、レニングラードのネヴァ川にかかる吊り橋群がいかに都市の景観に貢献しているか、さりげなく耳打ちした。レニングラードや橋にはまるで知識のない彼だが、人間の心の動きとソ連を持ち出せばうっとりする共産党の弱点を承知していたのである。果たしてケルンは立派な吊り橋を、アデナウアーは人心操作に巧みな政治家という名声を、それぞれ獲得したのだった。

ほぼ同じころ、アデナウアーは首相就任の話を断わったことがある。ワイマール共和国時代、政権党は絶えざる離合集散で、首相は平均して七カ月しかもたなかった。中央党の首脳は、アデナウアーの力ならもう少し長続きするだろうと読み、一九二六年に話を持ってきた。

アデナウアーも気をそそられたが、ポーカー・フェースの影に隠れた緻密な読みが、むだな冒険を思い止まらせた。リスクを回避したわけではない。彼は十分に得失を計量し、その分析を犀利《さいり》な政治本能で測ってみた。そしてベルリンに行って政界の空気を瀬踏みし、マイナスのほうが多いと結論に達した。だから申し出を断わり、そのままケルンに戻った。

当時のドイツは経済的にも社会的にも混乱し、まともな行政は不可能な状態だったから、アデナウアーの才をもってしても、たいしたことはできなかったことだろう。しかし、個人的な立場から見れば断わった理由もわかるが、もしアデナウアーほどの有能の士がそのとき首相になっていれば歴史は異なるコースをたどっていたはずと、惜しまずにはいられない。ヒトラーは権力を握るまでもなく息の根を止められ、ドイツも世界も悲劇から救われていたかもしれないのである。

それから三年半後、アデナウアーはケルン市長に再選（任期十二年）された。五十三歳の彼は、任期をつとめあげて引退するつもりだった。だが、ヒトラーが首相になると、ナチは全独に知られる名と容易にナチに屈しない胆力を持つ男の追い落としにかかった。アデナウアーは最初からナチ不同調をはっきり打ち出し、一カ月かそこらのうちに三度も、ヒトラーに対し無視、抵抗のゼスチャーを敢てした。

最初は、一九一七年いらいアデナウアーも議席を持っていたプロシャ州議会のナチによる解散への反対だったが、これは押し切られた。次に、遊説中のヒトラーが一九三三年三月にケルンに来たとき、空港へ出迎えに行くのを拒否した。二日後、ヒトラーがケルンで演説会を催す日の朝、市の作業員に命じラインに架かる橋からナチの旗を取り外させ、警官隊にその作業の保護に当たらせた。

ナチが選挙で全権を握ると、アデナウアーは「好ましからざる人物」になった。公然と非難され、ケルン市民に対する罪というありもしない罪状で市長を解職され、町から追われた。だが、憎まれはしたものの、ナチの粛清リストの上位には入っていなかったらしい。一九三四年の幕僚長レーム以下の虐殺の夜には、逮捕はされたが、粛清後に釈放された。ナチ時代の残りの大部分は、ケルンに近いレーンドルフの自宅で、ひとり薔薇《ばら》づくりをして過した。

危く殺されかかったのは、一九四四年のヒトラー暗殺未遂事件のときである。カール・ゲルデラーらの計画には招かれたが、その危険度と成功の覚束ないのを悟って参加しなかったらしい。陰謀は果たして失敗に終わり、アデナウアーも逮捕、投獄された。ブーヘンワルト強制収容所への移送は、仮病《けびょう》を使って免れ、空軍にいた友人の助けを借りて病院から脱走した。だが、ケルンから四十マイルの森の中の水車小屋に隠れているところをゲシュタポに発見されて再逮捕、これは息子で陸軍将校だったマックスがベルリンに行って運動してくれたおかげで、一九四四年十一月にようやく釈放された。翌年の春、米軍がケルンに達したときには、レーンドルフの自邸にいた。

危い橋も渡ったが、ナチ時代のアデナウアーにとって最も重要なのは、静謐《せいひつ》のうちに過した一刻だった。一九三三年春にケルンを追われた彼は、家族を家に残し、ライン川から十五マイル離れたベネディクト会の修道院に入ったのである。逃避行は、少なくとも当分、ナチの追及をかわすためでもあった。院長は古い学校友達で、アデナウアーはそこに一年近く滞在し、主に瞑想と森の散歩と読書に時を過した。修道院の図書室には立派な歴史書の蔵書があり、次から次に貪《むさぼ》り読んだという。

ヒトラーが権力を握る前、アデナウアーはすでに広く知られる「ケルン王」であり、きびしいが愛情にも満ちた一家の長だった。だが、いまや権力は奪われ、家族とも別れ、文字どおり修道僧の禁欲生活を送る身になった。残っていたのは、信仰だけである。ドイツ人がみずから屈して戦闘的ナショナリズムと独裁とをかき抱いたのを思うにつけ、アデナウアーの心には一国家の力と存立を超えた自由とキリスト教精神に基くヨーロッパの新政治秩序という年来の夢が蘇ってきた。

当時、そんな夢は、深い幻滅を抱いた人の夢想にすぎなかった。だが、それから十五年後に西独の政治権力を握ったとき、アデナウアーの現実政治の本能は、再び夢を浮上させた。実際的な目で見れば、西欧の共同防衛には仏独の和解が不可欠だが、彼の心の準備はすでにできていた。それは、長年のアデナウアーの目標だったが、いまやソビエト帝国の脅威から西欧を守るという大目標のための手段になったのである。

喜び勇んでリングに

一九四五年にケルンを占領した米軍は、すぐアデナウアーを市長として復職させたが、まもなく同市はイギリス軍の管轄下に移った。そして（今日に至るも理由は十分に説明されていないが）、英軍はまもなく彼を追放し、あらゆる政治活動を禁じてしまった。アデナウアーの解釈では、英国の労働党政府が西独に社会民主党の政権確立をもくろみ、保守主義者がケルン市長のような要職に留まるのを許さなかったのだろうという。わが手でケルン復興をと意気込んでいたアデナウアーにとって、これは大きい打撃だった。真相はともかく、ケルンの損はドイツの得になった。最初はナチにより、つぎには連合軍により荒野に追われたわけだが、こんどの追放は理論と実践に一致の好機を与えた。二カ月の追放期間を、アデナウアーは祖国の将来への自己の見通しを実際の政治活動に結びつけることに使った。そして英軍が追放を解くと同時に、新しい保守党、キリスト教民主同盟（ＣＤＵ）の結成に全力を傾けた。これが一九六三年まで彼の権力の基盤になった党である。

持ち前の説得力と勤勉と意志力で、アデナウアーは党をまとめ、いち早く全国的組織へと拡大した。巧妙にタイミングを測った政治プレーを、大いに使った。ＣＤＵの重要な会議の席へつかつかと入っていき、すわるやいなや、自分が年齢的に一番上だから議長をつとめると、一方的に宣言するようなことも敢てしたという。出席者は、あっけにとられ、抗議するのを忘れたそうである。

比較的遅く議会制民主主義を知った政治家には、選挙運動の繁忙と屈辱に堪えられない人が多い。キャリア外交官から戦後日本の宰相になった吉田茂がその好例だが、アデナウアーは例外だった。一九六〇年の春、アデナウアーはその年の大統領選挙について私に貴重な助言をしてくれたが、そのとき、選挙運動は好きかと尋ねた。私は、あんなつらいものはない、選挙運動のあとは太平洋の第一線から帰ったときのようで、あんないやなこと当分は二度としたくないと感じる、と答えた。ところがアデナウアーは「私は好きです。自分の信じることのために闘う。反対する者と渡り合い、反撃する。いいじゃありませんか」と反論して、私を驚かせた。

この意味で、アデナウアーは親しかったドゴールとも異なる。政治的戦場での一騎討ちが大好きな彼は、いつも喜び勇んでリングに上った。ドゴールのほうはまるで帝王のように、そんな行為を拒否した。民族性への常識とは逆に、フランス人ドゴールは内向的、ドイツ人アデナウアーは外向的であった。ともに政治的に成功しはしたが、それは全く異なる手段によってだったのである。

一九四九年に行われた戦後初の両独総選挙を、アデナウアーは七十三歳とは信じられない行動力とエネルギーで闘った。自分の半分の年齢にもならない相手に負けない体力で、選挙民に直接利害のある問題を取り上げて訴えるという意外な才能を発揮した。敗戦後の西独の主導権を握ろうと意気込む社民党は、猛烈な個人攻撃をかけたが、アデナウアーはその策略に乗らず、自分からは個人攻撃をあまりしなかった。こうしてＣＤＵは七三六万票を集め、四〇万票の差をつけて社民党を抑えた。連邦議会は第一回の投票で、アデナウアーをドイツ連邦共和国の初代首相に選んだ。

被占領国の指導者には、条件つきの支配権しかなかった。外に連合国、内に野党という批判勢力を持つアデナウアーには、良識とともに、ねばり強い鋼のような忍耐力が必要とされた。さまざまな交渉や討議では、彼はいつも最初は前面に立たず、まず出席の全員に手札を全部出させた。最後に口を開き、まるで賭け師のような本能で、自分の弱いところを避けつつ巧妙にポイントを稼いだ。

アデナウアーの勝利の秘密を要約すると、それは常に正道と穏健を守るとともに、準備に心がけたことであろう。とにかく、彼は不意を衝かれるということがなかった。事前に議題を十分に勉強し、敵の主張には迅速的確な反撃で応じた。英国の高等弁務官だったアイボン・カークパトリック卿も「アデナウアーは実に素早く相手の鎧《よろい》の間隙を見つけ、そこへ剣先を向ける」と、評したことがある。

だが、冷たい鋼の論理だけが彼の武器だったのではない。閣議が紛糾したときなど、アデナウアーはよく討議を中断させ、葡萄酒の瓶を回した。全員が一杯やってしばらく雑談したあと議題に戻ると、反対する者の態度は、いつのまにかやわらいでいた。

アデナウアーは、葡萄酒にはなかなかうるさく、故郷のラインラントを愛するとともに、その豊かな農園で育ったライン・ワインを愛した。昼食会には、よくライン・ワインのほかにモーゼルやボルドーも出したが、フランス製はいつも客用だった。ジョン・マックロイは、あるとき少人数の晩餐でPXから買ったドイツ製テーブル・ワインを出したときのことを私に話してくれたが、アデナウアーはグラスに半分しか飲まなかったという。翌日、首相官邸から世界的に有名なモーゼルのベルンカステラ・ドクトルが一箱届いたそうである。偶然だが私の好みと一緒で、私はホワイトハウスの公式晩餐会にも何度か、その葡萄酒を出させたことがある。

七十歳を超えてなお疲れを知らぬげに見える体力は、アデナウアーの大きな財産だった。あるとき私に「偉大な政治家とは、最後まですわっているやつです」と、教えてくれたことがある。必要と見れば、彼はどんなに夜が更けても会議を打ち切らず、最後まですわり続けた。根負けした相手は、次々にアデナウアーの軍門に下ったのである。

私が知己を得た指導者はみなそうだが、アデナウアーも、何であろうと負けるのが大嫌いだった。柔和でのんびりしているように見えるアイゼンハワーでさえ、ゴルフやブリッジのゲームではムキになる。アデナウアーは、ボッチ（イタリアで生まれたローン・ボウリング）で闘志をむき出しにした。若いころ国際級のテニス選手だったマックロイも、たじたじだったという。彼の話では、アデナウアーは単にボッチがうまいだけでなく、真剣で、どんな親友も容赦しなかった。「参加することに意義がある」など、もってのほか。プレーぶりはフェアだが、常に勝負に出たそうである。

政治姿勢についても、同じことが言える。アデナウアーは、チャーチルと同様、議会操作の名手だった。とくに彼が戦後復興の大計画を示した一九四九年の連邦議会では、自己の主張を通すと同時に猛攻撃下でもユーモアを失わないという、大政治家に必須の手腕を発揮した。

　そのときのアデナウアーの施政方針演説は、十六年ぶりの自由選挙のあとであり、きわめて厳粛なものと予想されていた。ドイツ人が十分に民主主義化したかどうか、世界が注目していることも、彼はよく承知していた。だが、共産党と社民党は、それほど大切な演説の最中に、野次り始めた。

　アデナウアーは自尊心の強い男だから、演説がぶち壊しになって激怒するに違いない、ユーモアのない男だから冷然と野次を無視するだろうと、だれもが思った。だが、共産党のハインツ・レンナー議員が対ソ方針を読み上げるアデナウアーを「専門家が書いた草稿だろ」と野次ると、アデナウアーは顔を上げて応酬した。

「レンナー議員、あなたは妬《や》いておられる」

　この一語で、満場大爆笑となった。

　高姿勢の一方で政治的な駆け引きも達者なアデナウアーの前に、野党は押しまくられ、やがて「冷酷非情」の形容が定着したが、彼はかえってもっけの幸いと思ったらしい。あるとき「野党を無視しすぎる」との非難に、わざと謙虚な声で「必ずしも完全に無視しているわけではありません」と、やり返したことがある。アデナウアーと、同じように元枢軸国を率いた吉田茂は、互いに強い親近感を抱いていたが、それはきっと民主主義を信じながら実際面ではワンマン支配を好んだ者同士の友情だったのだろう。

ワンマンには珍しく、アデナウアーはマス・メディアに対しては忍耐強かったが、決してゆえなき批判を甘受しなかったし、どんな愚かな質問にも真面目に答えるという政治家永遠の重荷を、ときには投げ出すことがあった。「そんな質問、外交官ならクビにするところだ」と、質問をいなしてしまったことさえある。

連合国による占領は、アデナウアーの首相在任十四年間のうち、六年間続いた。私は、マーシャル・プランの援助やアチソン、クレイ、マックロイ、ダレス等の支援と助言がなければ成功は覚束なかったという告白を、何度もアデナウアーから聞いた。だが、彼が成功したもう一つの秘密は、ドイツの独立と経済復興と西欧諸国との一体化という大目標に少しでも近づくのなら、連合国のどんな要求とも喜んで妥協したアデナウアーの態度にあった。

吉田と同じようにアデナウアーの場合も、連合国との協力は必ずしも盲目的な屈従を意味しなかった。もっとも、あまりにも国内からの突き上げが強いときには「いったい、どっちが戦争に勝ったと思ってるんだ」と、同胞への不満を漏らすこともあった。一九四九年、首相就任前にスイスのベルンにある国際的団体で演説したときは、占領政策の中のいくつかを痛烈に批判し、またドイツが復興し国土を守るためには新しい国家的矜持《きょうじ》（国家主義とは言わなかった）がなければならないとさえ述べた。

この演説を聞いて、連合国側の新聞をはじめかなりの人が、アデナウアーのことを、改悛しない国家主義者と非難した。しかし、アデナウアーの人物をよく知る軍政首脳との関係は不変で、ドイツ国内では彼の声望はむしろ高まった。大胆きわまる〝独立宣言〟は、国家としての威厳復活を渇望するドイツ人たちには、非常な励ましになったのである。

私がはじめてアデナウアーに会ったのは一九五三年四月、雨のそぼ降るワシントンのナショナル空港で、彼の訪米目的はアイゼンハワー大統領やダレス国務長官との協議であり、私は大統領の名代としてアデナウアーを迎えた。

あの訪問は、二つの意味で、非常に重要だった。まず、ドイツ首相の訪米は、かつてなかったことである。ドイツからの公式訪問としても、第一次大戦後最初のものだった。だが、もっと大切なのは、第二次大戦の終結からわずか八年、アデナウアーがアメリカの政府指導者や国民からどう迎えられるかが、ヒトラーやナチへの憎悪がどのていど薄れたかの指標とされた。

アデナウアー外交に対するアメリカの態度も、当時はまだふらついていた。有力者の多くは、アメリカはヨーロッパの防衛から手を引くべきだと言い、アデナウアーを迎えた米独首脳会談が実り少なく非友好的であれば、孤立主義はますます強まりそうな形勢だった。雨中の空港でのごく内輪な歓迎式は、欧米双方にさまざまな印象を残したに違いない。

飛行機から降りてくるアデナウアーを一目見て、私は一八七センチの巨軀と背筋を伸ばした固い姿勢、とりわけ深いしわの刻まれたスフィンクスのような顔に驚いた。胸中の事が自然に表情に出てしまう人が多い。だが、アデナウアーのように、完全な抑制により何一つ見せない人もいる。政治や外交では、表情を観察することにより相手の感情を正しくつかんだほうが有利だが、アデナウアーの顔は修道僧のように静かで、内面を完全に隠していた。

歓迎の挨拶で私が最も言いたかったのは、アデナウアー訪米は米独の実り多き関係の誕生ではなく、その復活の第一歩だということだった。二つの世界大戦により、靴音も高いプロシャ＝ナチの国家主義的、軍国主義的イメージは、アメリカ人の心の中に焼きついていた。「ドイツ人は、屈服させておかなければ、そのうちのど笛をかき切りに来る」というのが、アメリカ人の通念であった。

しかし、私は、ドイツやドイツとアメリカの関係には、別の一面もあることを知っていた。私の妻の父はドイツ移民だし、私の母も大学でドイツ語を専攻し、常にドイツの有名な大学の業績と水準の高さを語っていた。私自身、デューク大学法学部で、ロン・フラー教授から、欧米の法制の展開に対するドイツ法の深甚な影響について教えられた。

だから、アデナウアーを迎えるに当たって歴史を持ち出し、アメリカ建国時からいかにドイツがわれわれを助けてきたかを指摘した。彼の泊る迎賓館ブレア・ハウスのすぐ近くには、一七七七年から七八年にかけジョージ・ワシントンに従ってバレー・フォージに戦い、ヨーロッパからの援助軍の訓練にも功あったプロシャ士官フリードリヒ・ヴィルヘルム・フォン・ストイベン男爵の銅像がある。私は、アメリカ独立時のストイベンはじめ何百万のドイツ人の協力を、アメリカは忘れないと言った。

アデナウアーは私のほうを向き、「副大統領閣下、あなたはいまストイベン男爵の話をされました。過去数十年の出来事に触れることなく、かつての米独の関係を称《たた》えて下さった御配慮に感謝します」と応じた。公式伝記によると、彼は私の歓迎の辞に深く感動したという。明くる日、アデナウアーは、ストイベンの像を訪ね、その前に花輪を置いた。

アデナウアーの内政と外交をつくったのは、その前半生の生活的風土だったと言える。ドイツに対する忠誠心とフランス的なものへの心情的な親近感のバランスの中で育った彼は、独仏の歴史的な紐帯を転じて現代の東西対決の戦略基盤にするため、両国の和解を熱望していた。敬虔で自由を愛するカトリック的な背景は、アデナウアーをして一国や特定グループの独裁を抑えるための国家間および行政、財界、労働界などグループ間の協力の方途を、彼に模索させた。とくに、自由を愛し自由こそ人間精神の存立に不可欠と信じるアデナウアーは、ドイツを含む自由諸国を共産主義とソ連の脅威から守るために闘う毅然たる態度を持っていた。

べつに複雑でも珍奇でもない思想だが、それは健全かつ包括的であるだけでなく、偉大な指導者には必須の整合した目的意識をアデナウアーに与えた。

申すまでもないが、整合した目的意識と政治力は、必ずしも両立するものではない。むやみに政治力はあるが、これといった目的意識のない人もいれば、理想だけは高いが、それをどう実現すべきかを知らない人もいる。現実政治の知恵と理想主義がマッチしていた点で、アデナウアーは珍しい人だった。深い精神的信念を転じて実際的な政治行動の基盤とする、得がたい錬金術師であった。

アデナウアーは、民主主義のルーツがユダヤ教＝キリスト教的な倫理観に発するものであるのを知っていた。彼が共産主義とナチズムを等しく嫌ったのは、それが人間をして物質主義の祭壇の前に精神を犠牲に捧げさせかねないからだった。だからといって、非キリスト教世界を打ち負かそうという十字軍的な無謀もなかった。アデナウアーが考えるキリスト教的な政府とは、国民一人一人に、それぞれの好む形で神と向き合わせる政府だった。

個の自由と尊厳の保護を至上の命題とする一方で、同じキリスト教的なアデナウアーの政治信念は、西独経済の奇跡の原動力にもなった。

経済に関しては、彼は政策的な技術に代えるに政治的本能をもってした。あまり経済に知識のなかった彼は、特定の財政・金融計画には加わらず、すべて有能な蔵相エアハルトに一任した。だが、そのエアハルトにとって指針になったのは、アデナウアーの権力分散の大原則だった。十二年間にわたるファシズムの体験に加えソ連をよく知る彼は、公私どちらのセクターにも権力の偏りは危険なことを理解していた。産業の国営化にも独占にも反対し、同時にストライキも経営側による不当な労働行為も避けようとした。

一九五一年、アデナウアーは労働界の代表と歴史的な会談を行い、そのときの協定により、労働者は産業諮問会議で経営者と同席するとともに、全く同等の資格で一票を投じる権利を獲得した。この協調が、以後三十年間、大規模な労使間のきしみを防いだのである。

この協定とエアハルトの卓越した経済政策に加え、一九四九年のアデナウアーが連合国に説いてドイツ産業の解体を防いだことが、その後の三十年近い西独のめざましい経済発展につながった。今日では、西独の国民一人当たりＧＮＰはアメリカより高く、その産業生産は分割される前の戦前のドイツの一・五倍に達している。

協調の精神は西独に繁栄をもたらし、さらに西欧全体の平和と経済的統一に貢献した。事実、アデナウアーは「西欧のいかなる国も、自己の力だけによっては、みずからの将来の安全を確保することはできないと信じる」と、はっきり書いているのである。

フランス外相ロベール・シューマンの協力を得て、アデナウアーはヨーロッパの鉄鋼と石炭の生産の大部分を共同管理下に置く国際機関を設置した。この先例ない機関こそ、やがてフランスの経済専門家ジャン・モネの指導によりヨーロッパ共同市場へと発展する第一歩になったのである。

アデナウアーの夢だったヨーロッパ統一軍は、ドイツ人に一抹の疑惑を抱き続けるフランス国民議会の拒否により成らなかったが、彼は屈せず、チャーチルとイーデンの仲介により一九五四年には西独のＮＡＴＯ加盟を果たし、翌五五年には連合国による支配からの完全独立をなしとげた。さらに一九六三年、アデナウアーとドゴールは互いに相手国を訪問、独仏協力条約の調印によって両国の和解は達成された。

統一ヨーロッパの夢

アデナウアーを指して八世紀から九世紀にかけ中央ヨーロッパのキリスト教帝国を治めたシャルルマーニュ（カール）大帝に似ていると言う人がいる。ともに人間としての迫力と信仰の力で共通だ、というわけである。だが、両者の間には、それ以外の共通点もある。二人は、ともに巨軀の人だし、信仰心はあついが、人生を満喫したことでも似通っている。深い思索よりは行動によって知られ、同じような夢を持ち、それを実現するための手段と能力を備えた点でも共通だった。

シャルルマーニュの大帝国は、九世紀に入ると、三人の孫の間に分割された。いらい、三つの分かれたキリスト教国の中で最も大きいフランスとドイツは、間断ない対立と抗争のうちに歴史を刻んだ。野にあったころのアデナウアーは、こうしたヨーロッパの歴史を調べ、思いをめぐらすうちに、キリスト教という紐帯を持つヨーロッパ諸国が再び友好のうちに結ばれる可能性を確信するようになった。だからこそ、戦後の彼は、共産主義の独裁に対抗する自由ヨーロッパの団結を最優先に考えたのである。

アデナウアーが生まれたラインラントは、中世には独仏の間に介在する中央帝国だった。そこに住む人々は、ドイツ人でありながらフランスにも親愛を感じる、一種の愛憎併存を心の底に持ってきた。アデナウアーも、親独より親ラインラントで親仏だと批判されたことがある。愛国心を疑われたわけではないが、常にラインラントを愛した彼の心にプロシャ的な反仏感情が存在しなかったのは事実だろう。

アデナウアーと親しく、彼を敬してやまなかったマックロイは、あるとき、ゲーテの「ああ、わが心には二つの魂が住む」という言葉を引いて、私にアデナウアーの立場を説明したことがある。彼の魂の一つはドイツ人、一つはヨーロッパ人のそれというのだった。

一方の魂で彼は祖国ドイツを愛したが、他方ではその軍国主義と全体主義を憎んだ。ドイツ連邦共和国の首都をラインラントにと主張したのも、新しいドイツを過去のプロシャから切り離したかったからである。距離的に見ると、ボンはベルリンよりもパリに近い。

しかし、このプロシャ・ドイツへの反感が、結果的にはアデナウアー没落の引き金になった。一九六一年八月に東ドイツがベルリンの壁を築き始めたとき、彼は九日間もベルリン行きを見送り、国民の憤激を買ったが、たしかに怒る側にも一半の真理があった。アデナウアーがすぐ現地に行っていれば、東西両ベルリンの住民は、どんなにか心を慰められたことだろう。

やっと腰を上げてベルリンに赴いたものの、迎える市長ウィリー・ブラントの態度はよそよそしかった。ポツダム広場を分ける有刺鉄線の壁に向かって歩んだアデナウアーは、わずか四ヤードか五ヤードにまで近づき、佇立《ちょりつ》して、東ベルリンを睨《にら》んだ。東独側はラウドスピーカーで野次り倒そうとしたが、そのままの姿勢で長いあいだ動かなかった。まさに沈黙の決闘だったが、彼の行動の遅れを恨む西ドイツ国民の失望は晴れず、翌月の選挙ではキリスト教民主同盟は連邦議会での絶対多数を失ってしまった。

首相として在職中、一貫して東西ドイツの統合を叫び続けたアデナウアーだが、それが本心なのかどうかには常に一抹の疑問があった。あるときの彼は、ドイツには三種類のドイツ人がいると言ったことがある。シュナップスを飲むプロシャ人、ビールを飲むババリア人とワインを飲むラインラント人で、酔う度合の低いラインラント人だけが全ドイツを治める資格があるというのである。心の奥底から政治家だったアデナウアーは、統一ドイツが実現すれば、東ドイツの左翼票により自己の勢力基盤が危殆に瀕することを読んでいたのではないだろうか。

運命を重視する人は、抗しがたい歴史の流れに政策を合わせていくのが有能な指導者と考える。つまり、人間が歴史をつくらず、その逆なのだと思う。こういう人によれば、西ドイツが共産化した東ドイツから離れて西欧に寄ったのは、冷戦と米ソ対立という強い潮流に押し流された結果であり、アデナウアーはその流れに棹さした船頭にすぎないということになる。

だが、そういう見方は、実際を知らない人の言う空論であり、現実政治と指導者の決断の重さを経験で知る政治家なら採用しない解釈である。事実、大戦直後の混乱期、ヨーロッパ団結にとって必須の独仏和解は、見果てぬ夢のように思えた。それまでの百年に三度、フランスとドイツは流血の抗争を繰り返した。憎悪と不信は、抜きがたいものに見えた。アデナウアーの粘りと信念がシューマンやドゴールなどフランス側の指導者を動かし、そこにソ連の脅威という圧力が加わって、はじめて両者の和解は可能になったのである。

一九五〇年代に数度、フランス国民議会はヨーロッパ統一軍の創設案を葬った。アデナウアーがいなかったら、独仏関係はさらに一世代、憎悪のまま持ち越されたかも知れなかった。アデナウアーだったからこそ、挫折に屈せず「敗者にとって最大の武器は忍耐だ。忍耐力なら、私はだれにも負けない。もう少し待とう」と言えたのである。

戦後かなり長い間、ヨーロッパは同盟か分裂かの危い瀬戸際に立ち続けた。そのように、事態がどちらにも動きかねない瞬間には、偉大な指導者の存在は決定的な要因になり得る。現代のヨーロッパを中世の戸口に立ったシャルルマーニュ時代のヨーロッパに重ね合わせることのできたアデナウアーは、まさにその立役者であったばかりか、自己の役割をみごとに演じ切ったのだった。


一九五三年の訪米のあと、アデナウアーは六一年までにさらに六度、ワシントンに来た。その理由は、ダレス国務長官やアイゼンハワー大統領との会談が、きわめて実り多かったからである。西欧の防衛に関するかぎり、一貫してアデナウアーの意見に耳を傾けたのは、英仏よりもアメリカだった。一九五四年にフランスがヨーロッパ統一軍計画を却下したあと、彼はダレスに向かって「最良のヨーロッパ人はアメリカにいます」と言ったことさえある。

アデナウアーはダレスと親しく、二人は多くの共通するものを持っていた。ともに信仰心あつく、法律家であるとともに家庭人だった。さらに大切なのは、二人が心からのインターナシヨナリストであり、独裁の脅威に対し敢然と闘う姿勢を崩さなかったことである。アデナウアー伝の著者テレンス・プリティは「二人を結んだ最大のきずなは、神への信仰と共産主義への憎悪ではないかと思う」と書いている。

アデナウアーは東独の共産政権の正当性を認めず、死ぬまで東独を「ソ連地区」と呼び続けた。また、民主的に選ばれた独立、統一、中立のドイツを望むと言うソ連の言葉を信じなかった。第一の理由は、ソ連が絶対に東独に自由選挙を許さないであろうと読み切っていたこと。第二は、戦後ヨーロッパで中立を選択した国の独立は長続きしないと信じていたことである。「二つの椅子の間にすわることはできない」と、彼の態度ははっきりしていた。

国内でのアデナウアーは、何度かのソ連からの統一呼びかけにもっと耳を傾けよと、野党から猛攻撃を受けた。だがダレスとの会談は、彼の信念を強化するのに役立った。

「ダレスと私は、最も重要な原則において一致した。すなわち、相手の歩み寄りなくして歩み寄らないことである。われわれは、やれ頑迷の固陋のと批判された。世界中が筆をそろえて、もっと柔軟になれと書いた」

アデナウアー自身が、回想録の中でそう認めている。

『ニューヨーク・タイムズ』の特派員として七つの大陸をカバーしたC・L・ザルツバーガーは、ボンでアデナウアーとインタビューしたとき、あなたがこれまで会ったうち最も偉大な人はと尋ねたことがある。アデナウアーは執務机のところまで歩いていき、一九五九年の訪独中に撮ったダレスの写真を枠に入れたのを持ってきて見せた。亡きダレスにとって最後の訪独時の撮影である。彼は、写真をザルツバーガーに渡しながら言った。

「この男だ」

どこが偉大なのかと問うと、アデナウアーは答えた。

「明快な思考、未来へのビジョンを持った読み。自己の発言への忠実。この人は、約束を守った」

批判者の中には、ダレスとアデナウアーは親交を結ぶことにより、互いの間でソ連に対する強直姿勢を強め合ったと言う人がいる。ダレスがアデナウアーと親しすぎた結果、アメリカ国務省はアデナウアー外交に肩入れしすぎたというのである。だが事実は、二人の間の異例の親しさはむしろ、両者が重視した問題、とくに対ソ態度において完全な一致を見たために育まれたと言うほうが正確だろう。

一九五九年二月、ダレスは不治のガンにより死期の迫ったのを知ったが、アデナウアーは、彼が最初にそれを打ち明けた一人だった。ダレスは五月に死に、八十三歳のアデナウアーは直ちにワシントンに飛んで葬列の先頭に立った。

このときの葬儀には、全世界から実に多くの指導者が参列した。ある者は生前のダレスを憎み、ある者は怖れ、全員が畏敬の念に結ばれていたが、アデナウアーはダレスを愛した数少ない会葬者の一人だった。

イギリス人にユーモアのセンスなく、日本人に公平な判断なしというのはむろん虚妄だが、ドイツ人がおしなべて冷静で無感情だという定説も、うそである。私の経験によると、外見はともかく多くのドイツ人は感情が鋭いし、アデナウアーがまさにそうだった。ダレスに対し愛情と敬意をこめ「あれほどの人は、もう世界にいないでしょう」と私に語ったときのアデナウアーの両眼には、涙があふれ出たのを覚えている。

アデナウアーを冷たい人、無感情の人と評する者は多いが、直線的で機械のように冷厳な彼の思想なり政策を見て、アデナウアーを単純な人間と誤解した人も少なくなかった。オーストリア首相だったブルーノ・クライスキーは立派な人で、人物を見る目もあったが、そのクライスキーさえアデナウアーは教養なく、ほとんど記憶に残ることを言っていないと酷評したことがある。アデナウアーの演説が、マッカーサーの演説のような文学的、哲学的な美句に飾られていなかったのは事実だし、チャーチルやドゴールのペンの冴えがなかったのも認めざるを得ない。私に向かって回想録を書くつらさを語り、歴史に対する義務感から耐えているのだと告白したことさえある。

そんな一面はあったが、実は教養も趣味もある人だった。私は、彼と話して、それをうかがうことができた。休暇をとるときのアデナウアーは、いつも厖大なクラシック音楽のコレクションを持っていった。とくにシューベルト、ハイドン、ベートーベン、ビバルディ、モーツァルトを愛した。園芸家としての腕も、相当なものだった。だが、彼がオランダ美術に造詣深かったのを知る人は、あまりいないだろう。あるとき、ワシントンのナショナル・ギャラリー館長が感嘆をこめて、アデナウアーほどの人がいたら喜んで職を譲ると言ったことがある。

ダレスの葬儀の翌朝、私は議会内のオフィスにアデナウアーを迎え、夜はワシントンの私の家での晩餐会に招いた。その席で、彼は終始ドイツ語で通したが、ドゴールの場合と同様、通訳がニュアンス上の過ちを犯したときは即座に指摘して直させた。

食事の席で、選挙運動や外遊時の疲労が話題になった。と突然、アデナウアーは私を顧みて「あなたは、夜よくおやすみになれますか」と尋ねた。私が考えごとの多いときはよく眠れないと答えると、アデナウアーは自分も青年時代からずっと眠りが浅いのだと答えた。どうしているのかと問うと「睡眠薬です。三十年前から飲んでいます」と言った。

薬が効かないときはと聞くと、アデナウアーは微笑して答えた。

「医者に相談して、薬を変えるのです」

公式伝記によると、アデナウアーの不眠は一九三三年、ナチによる追放いらいのものだという。首相になってからは、家族の中で一番早く六時に起き、庭のテラスにすわって鳥のさえずりを聞き、アイフェル山脈に輝く朝日を見た。それが睡眠に代わる休養になったと書かれている。

ひげを剃ってる間にアイデアのひらめくことが多かったので、バス・ルームにはよく紙と鉛筆を持って入った。朝食をとり、新聞に目を通し、家族と朝の一刻を過すと、九時五十分きっかりに玄関を出、ライラックと木蓮《もくれん》を左右に見ながら五十三段の石の階段を降り、新聞記者や護衛官や庭師に明るい顔で声をかけると、すぐに車に乗り込んだ。教皇ピオ十二世と同じように、車にはフル・スピードを出させた。ボンの首相公室に入るのは正十時。近所の人はアデナウアーの姿を見て時計を合わせることができたという。

非常な家庭人だった点では、ドゴールや吉田と相通じるものがあった。だが、前後に二回、悲劇はその家庭を襲った。

最初の妻エンマは、長い闘病生活のすえ、一九一六年ケルンに死んだ。最後の数カ月、アデナウアーは必ず正午に見舞ったあと、夜は枕頭にすわり、妻が寝入るまで話したり本を読んでやったりした。三年後、四十三歳のアデナウアーは、マックロイ夫人の従妹に当たる二十五歳のグッシ・ジンゼルと再婚した。一九四四年、行方をくらましたアデナウアーを追うナチはグッシを逮捕し、売春婦を大勢入れた雑居房に投じた。取り調べは峻烈だったが、グッシは当時まだ十代の娘リベットを投獄すると脅されるまで口を割らなかった。

そのグッシが一九四八年に白血病で死んだあと、深く妻の死を悼むアデナウアーは、もはや再婚せず、七人の子らを自分の幼時そのまま、きびしい規律の鞭と愛情によって育てた。息子の一人は「父は民主主義を家庭に持ち込まなかった。家での父は独裁者だった。一本の薔薇《ばら》の木の植え換えまで、父が時と場所を決めた。妹がケーキひとつ焼くにも父の許可がいった。ドイツではそれが当たりまえだし、それが正しいことなのです」と書いている。

妻に死別してからのアデナウアーは、訪米のときはよく、七人の子の中から一人か二人を連れてきた。一九五九年、私の家に招いたときは、息子のポールと娘のリベットが一緒だった。

そのときのアデナウアーは、四年前に訪ソの経験があり、私は折から七月のモスクワ訪問を控えていた。死ぬ四日前のダレスにも助言を仰いだが、なるたけ多くのソ連通から話を聞いておきたかったので、食卓でもアデナウアーに意見を求めた。予想どおり、ダレスと非常によく似た助言だった。

アデナウアーのモスクワ旅行は、西独に対するソ連の敵意をやわらげ、あわせて東独への彼らの支配力を薄めることにあった。フルシチョフは聞く耳持たぬ態度だったが、アデナウアーは十年以上もソ連に抑留されていたドイツ軍捕虜一万人の送還を約束させ、交換に対ソ外交関係の再開に同意した。

このときのソ連行に、アデナウアーは相当覚悟するところあったらしい。彼にとってソ連は神なき悪の権化、コンスタンチヌス大帝いらい世界に例を見ない異教の国だった。フルシチョフの無作法な態度は、その印象をいやがうえにも強めた。私に話してくれたところでは、フルシチョフの前で嘔吐しないため非常な自制心が必要だったそうである。

アデナウアーに会ったフルシチョフは、例によって言いたい放題、あるときには「資本家どもは共産主義者を焼いて食おうというのだ。しかも塩もつけずに」と叫んだ。アデナウアーは鋼のような忍耐力で対したが、交渉がはかばかしく進まないので、ついにフランクフルトに打電して特別機を呼び寄せた。ただし、わざと盗聴可能なよう、一般電話を使った。ドイツ側の引き揚げの意図を知ったソ連は、急に態度を軟化させたという。

当時のフルシチョフは、まだ就任してから日が浅く、自由圏の指導者との交渉にはあまり経験がなかった。だから、アデナウアーがどれほど根性ある男か、試そうと思ったらしい。ある夕食会では、七十九歳のアデナウアーを相手に、際限もなく乾杯をやり始め、交渉の席で容易に折れない敵を酔いつぶそうとした。しかしアデナウアーは、ふだんはウォッカよりワインの好きな人だが、鉄の意志に負けない鉄の胃袋の持ち主だった。十五回の乾杯が済んでも背をしゃんと伸ばして正体を失わず、フルシチョフが水を飲んでいるのを見逃さなかった。翌朝、彼は冗談まじりに、ごまかして水を飲むような男は信用できないと、やんわり抗議した。見抜かれたのに驚いて、フルシチョフは笑うだけだったそうである。

一週間にわたった交渉の間、アデナウアーはフルシチョフの攻撃に常に攻撃をもって報いた。後者が「そんな要求を呑むくらいなら、地獄で会った方がましだ」と広言すると、アデナウアーはすかさず「地獄へは、あなたが先着でしょう」と、やり返した。フルシチョフが怒りをこめて握りこぶしを振り上げたときには、アデナウアーは立ち上がって双のこぶしを振り上げた。

ソ連側はいつもの独善で、大戦中にナチがソ連に対して加えた暴行を長々と数え上げた。だがアデナウアーは、クレムリンが期待したように罪の衣をまとってひざまずかなかった。ブルガーニンとフルシチョフを前にして、多くのドイツ人が戦争に反対したことを言い、ドイツもまたソ連軍の手によって廃墟にされたと主張して、負けなかった。

これを聞くと、フルシチョフは怒り狂った。ソ連軍が暴行を働いたというのは、攻撃的言辞だ、というのである。「その原因をつくったのはどっちだ。そちらが先に国境を越えて来たんじゃないか。われわれが戦争を始めたわけじゃないぞ」と、フルシチョフは怒鳴った。

アデナウアーは屈しなかった。自分は戦前と戦中の二度も投獄され、おかげでヒトラーに協力した国々のことをじっくり考える時間があったと言い、当時のソ連の背徳行為を衝いた。アデナウアーが一九三九年のモロトフ・リッペントロップ条約を取り上げて攻撃に出たので、さすがのフルシチョフもひるみ、会談はしばらく友好的な話し合いに戻った。

一九五九年のわが家の晩餐の席で、アデナウアーはフルシチョフとの怒鳴り合いの模様を、愉快そうに話してくれた。しかし同時に、フルシチョフの無礼な態度を見て、彼をそれだけの男と即断するのは非常に危険だと警告した。「あの男は賢くて強情で、情容赦のない男ですから、どうか御注意を」と言った。

だがアデナウアーの記憶の中には、フルシチョフと渡り合ったのが楽しい思い出として残っているらしかった。アデナウアーが世間一般の指導者と異なるところは、たとえ不愉快な闘争でも、戦いをものともせず、かえってそれを歓迎したことである。のちに選挙運動が大好きだと言ったのも、同じ心からだろう。生涯を通じてアデナウアーは、観客席で戦いを傍観するよりは、勝負の場に出て戦うことのほうを好んだ。

後継者を育てず

一九五九年にワシントンに来る少し前、アデナウアーは大統領選挙に立候補の意志を表明していた。それまでの西独の大統領は、儀礼的なポストにすぎなかったが、彼はそれをドゴールばりの権力を持つものにしたいと考えた。首相として日常的な政治的抗争にかかずらうことなく、もっと高所に立って政策を決定したいというのが動機だった。

決して賢明な策ではないが、理解可能な野心である。アデナウアーは、文字どおり戦後のドイツ連邦共和国をつくった。首相在任すでに十年、彼の心の中では自己と国家は一体であり、自分が去ったあとの国家を思うと居ても立ってもいられないような気持ちだったのだろう。

ナチ時代の経験から、彼はドイツ人というものを完全には信じていなかった。あるときなど同胞を「肉を食うヒツジの群れだ」と評したことがある。晩年、新聞記者に向かって「ドイツ人は恐ろしい。どうか過去の悲劇を忘れないように。第一次大戦いらい、われわれは心の平安と社会の安定を味わったことがないのだから」と言ったこともある。

ドイツ人は政治的に未成熟と信じて疑わなかったアデナウアーは、必要以上に権力に執着し、後継者を育てなければならない時機が来ているのに、わが政権の延命策ばかり考えた。一九五九年に示した大統領職への野心は、明らかに行きすぎだった。

以前から強かったアデナウアー独裁への批判が、ついには彼と閣僚との関係をめぐって起るようになった。しかも批判の多くには、十分な根拠があった。おそらく作り話と思うが、工場労働者に経営参加権付与を決定した歴史的な閣議のあとで、だれかがアデナウアーに向かって「で、あなたはいつ、閣僚に参加権を与えるつもりですか」と、尋ねたそうである。

この、いわゆる「大統領事件」は、アデナウアーにとって苦い展開に終わった。彼の大統領職への挑戦を支持したキリスト教民主同盟の幹部たちが、後任首相にエアハルトの名を挙げたからである。アデナウアーは、エアハルトのことを政治家としてはまだ子供と見ていたので、結局は大統領職への挑戦を引っ込め、エアハルトを防ぐために首相の座に居すわった。だが、エアハルトも狙った目標から目を離さず、一九六三年のアデナウアー引退とともに、ついに標的を射止めた。

八十歳になってからのアデナウアーは、二十歳若い連中にも負けない精力と元気で日々の仕事をこなしたが、ときどき老齢を過度に気にするようになった。視力減退のうわさが出たときには、眼鏡を外して客に見せ、単なる紫外線除けにすぎないことを示したりもした。昼寝は欠かさなかったが、その事実を隠し、だれかが「おやすみでしたか」と言おうものなら「寝たんじゃない。忙しかったのだ」と答えた。

ミエを張ったのではない。自分が西独の生存にとって不可欠と心から信じたからである。あるとき、友人が遠慮がちに、いつか来る政界との訣別のことを話題にすると、アデナウアーは知らん顔で「だれでも交通事故には遇うからなあ」と答えた。引退後も、九十歳の誕生日にインタビューした新聞記者が、自分は八十歳のときにも会ったから、ぜひ百歳の誕生日にもインタビューさせてほしいと言うと、御老体《デア・アルテ》は当然のことのように「いいよ。秘書に言っておく」と答えた。

チャーチルやドゴールも、後継者の育成はおろか、自分が後継されるという事実さえ考えるのを拒否した。その点で、彼らは吉田やアイゼンハワーと違う。一九五二年、私を副大統領候補に選んだアイクは、ルーズベルトが重要な問題を何も副大統領時代のトルーマンに教えず、そのため大統領に昇格したトルーマンに全く準備がなかったのにショックを受けたと言った。アイクはその教訓に学び、私が彼を継ぐ日に備え何事も隠さずに知らせると約束したのだった。

偉大な人は、めったに後継者を育てない。だが、アデナウアーほど後継者につらく当たった人も、例が少ないだろう。新聞記者に向かって平気でエアハルトの悪口を言ったし、引退してからさえ訪ねて来る外国の代表に対し、エアハルトをこき下ろした。私は一九五九年の夏、副大統領のオフィスで会ったが、そのときのエアハルトはアデナウアーの仕打ちに語り及ぶと、両眼に無念の涙をたたえたほどだった。

ダレスの葬儀が終わってボンに帰ったアデナウアーは、まもなく、首相として留まる意志を表明した。私との会話ではごく軽く触れただけだったが、選択はきっと彼の心に重くのしかかっていたに違いない。それを隠して、アデナウアーは公衆の前ではめったに見せない人間味で私に対した。

子供のころから園芸が大好きだった彼は、少年時代に蔓性《つる》のパンジーをつくろうと実験し、父親から「神の御創造に口出しをするな」と、たしなめられたことがある。長じては、自宅の薔薇園で過す時間がナチ時代の苦悩のはけ口になり、首相時代には絶えざるプレッシャーからの逃避法になった。

プロの園芸家の間ではアデナウアー作品は評判になり、ユーテルセンのマチアス・タンタウは、一九五三年に作出した新品種に首相の名をつけ、アデナウアーを喜ばせた。ダークレッドで大輪の「コンラート・アデナウアー」は、今日でも世界中の薔薇園で見られるが、それはプロの政治家として偉大であるとともにアマチュア園芸家として偉大だった故人を、いまもなお思い出させる。

外交儀礼の関係で、私の妻はホワイトハウスの晩餐会その他で、よくアデナウアーの隣にすわり、彼の人柄に魅せられていた。あるとき妻の先祖のことを聞かれた私が、半分ドイツ系で半分アイルランド系だと答えると、アデナウアーはぱちんと指を鳴らし、にっこり笑って言った。

「なるほど。アイルランドとドイツの混血は、世界で最も賢く美しい女性を生むのです」

会話しているうちに、彼は私の妻も園芸が好きなのを知ったらしい。ダレスの葬儀の翌日、わが家に来たアデナウアーは、ぜひと所望して庭を見たが、数週間後にはささやかな私の家の庭にと西独から薔薇の苗木百本が空輸されてきた。

翌年の三月、アデナウアーは七度目の訪米をした。私に会いたいと、あらかじめ連絡があったので、彼の滞在中の某日午後六時に、わが家に招いた。当日、定刻より十五分も前に首相の車が着いたのにびっくりして妻がドアを開けると、アデナウアーは苗木がうまく冬を越したかどうか見たいので、といきなりのあいさつだった。約束の時間に間に合うよう自宅に帰った私は、庭に立って妻と薔薇の話をしている西独首相を見て仰天した。薔薇について話すときのアデナウアーは、私と国事を論じるときと同様、真剣そのものだった。

アデナウアーのニクソン家訪問は、カメラマンや西独の映画会社のスタッフが大挙してついて来たこともあって、かなり評判になった。ルース・モントゴメリーという女性コラムニストは「八十四歳の西独首相と四十七歳のアメリカ人の交遊が、ワシントン政界の羨望の的になっている。二人は、これまでにも数度会ったが、最近のはとりわけ親密だ。ニクソンが将来ホワイトハウスに入るようなことがあれば、アデナウアーはかつて故ダレスとの間に持ったのと同じ親交のきっかけをつくったことになる」と評した。

アデナウアーは、マスコミ操作の腕にかけては定評があった。その年六月の西独の新聞は、首相がケネディ上院議員には大統領たるに足る外交経験がないと見ていると書いた。ところが、アデナウアーの下にいるフランツ＝ヨーゼフ・シュトラウス国防相は、部下に命じてケネディ政権の外交政策を予測させた。のちに「シュトラウス勇み足事件」と報じられたこの予測作業は、その文書の一部が『バルチモア・サン』記者にリークされ、「西独はニクソンに好意的」との見出しで同紙に載った。アデナウアーの公式伝記によると「アデナウアーやキリスト教民主同盟の態度は、まさにそのとおりだった」そうである。

私との交遊にアデナウアーが実利を見ていたことは、一九六〇年の大統領選挙を前に彼が私に与えた政治的助言や辛辣《しんらつ》なケネディ評からも明らかだった。一九五〇年代の中ごろ、彼はすでに私が大統領になる可能性を察知し、アイゼンハワーを継ぐ信頼できる保守候補としての私に接近を始めていた。

しかし、一九六〇年十一月にケネディが勝ち、私が負けると、アデナウアーは親交が単なる実利ではなく、個人的友情でもあったことを態度で示した。その前、私がまだ副大統領だったとき、彼は私たち夫婦を西独に招いてくれたが、当方は政務多忙のため期待に応えられずにいた。だが、大統領選の敗北後まもなくボンから届いた手紙には、あたたかい同情の言葉とともにわれわれを招きたいと改めて書いてあった。

私が招待を受け、アデナウアーに会ったのは、彼にはじめて会ってから十年後のことである。一九六三年の夏、私と妻は二人の娘を連れて六週間のヨーロッパ休暇旅行に出、西独にも行った。ボンでは首相官邸にアデナウアーを訪ね、彼の信頼する通訳一人だけを交え一時間以上も話し合った。

私はヨーロッパ全般についての印象と、ベルリンの壁を見た驚きを語った。ボンのあとフランスに行く予定の私に、アデナウアーはドゴールによろしくと言った。一九五〇年代にはじめて会っていらい、彼はドゴールに心からの親愛の情と敬意を抱いていた。まもなく調印される予定になっている部分的核実験停止協定には慎重ながらも賛成だったが、調印に踏み切ったソ連を見て拡張主義を捨てたと思うなと、きびしい態度は変えていなかった。

その一方では、びっくりするようなことも言った。アメリカは「全部の卵を一つの籠に入れる」愚を避けよ、ソ連拡張主義への対抗策として中国との和解をはかれと、芯《しん》からの反共主義者にしては意外な発言だった。

話しているうちに、私はそれまでの会談ではいつも感じたアデナウアーのやる気満々の闘志が感じられないのに、ひそかに心を痛めた。ベルリンの壁のあとの選挙で敗れた彼は、若い世代の要求に屈し、三年後に引退すると意思表明をしていた。その期限が、近づいていたのである。まもなく権力を失うが、後継者は信を置くに足りない。しかも自由ヨーロッパの統一という長年の夢を果たすことなく、舞台を去ろうとしているのだった。

その年——一九六三年の十月、アデナウアーは連邦議会で辞任演説をした。演説のあと草稿をそろえた彼は閣僚席を立ち、いつもの剛直な姿勢と威厳を崩さず、自己の議員席に移った。態度は堂々と顔も例によって無表情だったが、心は千々に乱れていたことだろう。西独の繁栄と自由と安全のために十四年の努力を捧げながら、自分のつくったものが永続しないのではないかと恐れるアデナウアーは、悶々のうちに政治生命を終わった。

後を継いだエアハルトは、経済には強かったが外交にはほとんど経験がなかった。しかも、国際政治の世界では、アデナウアーの恐れていた事態が起きつつあった。彼が辞める数週前には、アメリカとカナダが小麦と小麦粉七億五千万ドル相当をソ連に売り渡すと発表した。辞任の二日前、アデナウアーはケネディ大統領に、ベルリン問題などでソ連側の譲歩を求めずには穀物を提供しないよう要請した。その年の夏、ボンの官邸に私を迎えたアデナウアーが憂えたのは、まさにそのような事態だった。デタントという言葉を口にするたび、彼は不快感を顔に表わし「デタントの話は聞き倦きた。恐ろしいことだ」と言った。

私と同様にアデナウアーは、対ソ抑止《デタレンス》をやめてデタントを採用せよと叫ぶ西側の一部政治家や言論指導者の素朴すぎる態度を憂慮した。抑止なくしてデタントなし——われわれの意見は一致していた。

アデナウアーに最後に会ったのは一九六七年。私が翌年の大統領選挙に備え、国際情勢視察のため渡欧したときである。

一九六三年に首相を辞めたのに続き、アデナウアーは六六年にはキリスト教民主同盟総裁のポストからも下りていた。連邦議会は、特別措置により議事堂内に小さいオフィスを提供したが、一歩その部屋に入った私は、彼のやつれた姿に衝撃を受けた。権力を奪われ、もはや祖国の運命に口出しのできなくなった御老体《デア・アルテ》は、はじめてほんとうに老体に見えた。見るも無残なほど痩せ、常にしゃんとしていた背にもこごみが見えた。だが、九十一歳になって、彼の精神には依然として衰えがなかった。ドアのところまで来て私を抱擁し、それから両手を私の肩に置いたまま少し身を引いて、「御訪問、実にありがたい。まるで天から降ったマンナです」と言った。

壁にはアテネのアクロポリスの絵が掛かり、チャーチルの作でチャーチル自身から贈られたのだということだった。八年前にザルツバーガーが見たというダレスの写真もあった。あいさつのあと、われわれはすぐ国際問題について意見交換に入った。

アデナウアーはドゴールのことを「彼は反米ではない。親ヨーロッパであるにすぎません」と言い、ドゴール後のフランスについての懸念を語った。少し前の世論調査でフランス人の四〇パーセントが対ソ関係の改善を望んでいたと言い、左翼からの攻勢を食い止め得るのはドゴールだけ、ドゴールが去ればフランスではいずれ左翼が勝つだろうと悲観的だった。

マックロイの話では、ドゴールに対するアデナウアーの態度は、英雄崇拝のそれに近かったという。ドゴールの郷里コロンベを訪れたときのことをアデナウアーは「ノックしたら、だれが出てきたと思う？　召使いや部下ではない。ドゴール自身が出迎えてくれたのだ」と、感動をこめて物語ったそうである。彼はドゴールをシャルルマーニュ大帝の直系の子孫か、あるいはドゴールの異称「シャルル大帝」とさえ見ていたのではないだろうか。

ダレスに対すると同じく、アデナウアーはドゴールに対しても一脈の相通じるものを持っていた。二人はともに巨軀の人であり、いろんな意味で記憶に残る人物だった。いずれも信仰心あつく、よき家庭人であり、内なる力と外なる威厳を保ち、ともに将来に対してビジョンを持っていた。

だが、両者が異なる点も少なくない。たとえば、ドゴールは名文家だが、アデナウアーは違った。ドゴールは軍事指導者と見られがちだが、基本的には内省的な知識人、創造的な思索の人だった。彼の本領が思索であったとすれば、アデナウアーのそれは行動である。またアデナウアーは、ユーモアやジョークで重要な会談の空気をやわらげる術を知っていたが、ドゴールがそんなことをしたのは、私の知るかぎり一度もない。

最も大切なのは、戦後世界のこの二大巨人が互いに敬し合い、数世紀にわたる独仏間の反目を埋めるために協力したことだろう。一人の力だけでは、ドゴールもアデナウアーも、大事をなしとげ得なかったはずである。二人が、同じ時期にそれぞれの国で権力を行使したのは、歴史の偶然としても実に幸運なことだった。

私と話すアデナウアーは、ベトナムからの米軍撤退についてはドゴールとは意見が違うと言い、アメリカがもし南ベトナムを見捨てれば、ドイツ人もアメリカからの支援継続を疑いたくなるではないかと指摘した。だが、米軍のベトナム介入はまさにソ連の思うツボだという意見でもあった。

「ロシア人は、あなたがたをベトナムから救い出してはくれません。彼らは、いつまでも米軍がベトナムに留まり、出血のあまりふらふらになるのを待っているのです。何かのはずみで、アメリカを助けるのが自己の利益につながらないかぎり、彼らは助けてくれはしないでしょう」

アデナウアーは、そう言った。

西独やアメリカの政財界指導者の中に対ソ貿易の拡大が平和につながると主張する人がいたが、アデナウアーはそんな人々の甘さを一笑に付した。秘密めかした声で「商売は結局商売です」と言う彼に、私は同意せずにいられなかった。たしかに、貿易だけでは平和の条件にならない。二度の大戦ではいずれも、貿易のパートナーが突如仇敵に転じたのである。

アデナウアーが何より心配しているのは、十四年前に私がはじめて会ったときと同じ、ソ連の侵略的政策であった。ベルリンに向かってソ連が新しく四つのアクセス・ルートをつくっていると指摘する彼は、ソ連の第一目標はドイツ、第二はフランスなのだと言った。だが、ソ連にとって究極の敵はアメリカであると断言した。

「絶対に忘れてはなりません。彼らは世界を奪おうとしている。全世界を、です。なかでも狙っているのはヨーロッパで、ヨーロッパを取るためにはドイツを叩かねばならない。われわれは、国を守り自由を守るためにあなた（アメリカ）を必要とするが、あなたのほうもわれわれが必要なのです」

当時交渉が進んでいた核拡散防止条約については、アデナウアーは懐疑的だった。その理由として、徹底したドイツの非軍事化・非工業化を狙った戦後のモーゲンソー計画が実行されていればドイツ産業は再起不能の打撃を受けたはずだが、マーシャル・プランは今日の西独をつくったではないかと言った。核拡散防止条約は、ドイツが世界の大国になる道を閉ざす。ソ連はそれをよく承知し、デンマーク首相に会ったときのコスイギン首相は珍しく本音を示し「西独が調印しさえすれば、あの条約はわれわれにとって意味がある」と漏らしたではないか、というのだった。

またアデナウアーは、共産圏と少しずつ和解の事実を積み重ねることにより東西緊張の緩和をはかろうという、ブラント外相らの東方政策《オスト・ポリティク》を批判した。亡き友ダレスと同じように、アデナウアーも死ぬまでソ連の平和攻勢に対し警鐘を鳴らし続けた。彼の見る共産圏の平和攻勢とは、まさに攻勢以外の何物でもなく、西側を分裂させ究極の勝利を得るための手段にほかならなかった。

中ソ関係についても、かなりの時間を割き、フルシチョフは将来の中国の力に病的なほどの恐怖を感じているようだと教えてくれた。アデナウアーに会ったときのフルシチョフは「中国人は毎年千二百万人も増え、しかも一杯の米飯でやっていけるんだ」と言い、実際に両手で茶碗の形をしてみせたという。フルシチョフは、中国が核兵器を持った瞬間から、ソ連のみか全世界に対する脅威になると、死ぬほど恐れていたそうである。

アデナウアーは、地政学的に見て、ソ連と中国にはほとんど差がないと考えていた。「中ソは、双方とも世界制覇を狙っています」と明快だった。だが、ソ連の軍事力のほうがより大きい脅威である以上、アメリカは対中接近をはかるべしという一九五三年の意見を、変えていなかった。

私に会ってから一カ月と少し後に、アデナウアーはレーンドルフの自邸で生涯を終えた。息子のポールが伝記作家プリティに語ったところでは「最後まで悶々の情は続いたが、一身上のことでは悩みは全くなかった。父はヨーロッパの分裂と力の喪失を、核戦争の危険を、人々がみずからの幻想の犠牲になることを歎き、闘う態度を変えなかった」ということである。のちに娘のリベットに聞いたところでは、一九五三年にアデナウアーをはじめてアメリカに迎えた私は、彼に会った最後のアメリカ人でもあったという。

今もし生きていれば

一つの理念を心に抱くことと、それを正しいときに抱くことは違う。ましてや、理念を実行することは、全く別の問題になってくる。しかし、その三つは、アデナウアーの中にあって渾《こん》然《ぜん》として一体だった。

彼の理念とは、共同の敵ソ連に対抗する国際的な協力であり、繁栄と自由を守るための西独国内の一致だった。ヨーロッパについては、相互憎悪から生まれた二十世紀の大戦乱の再発を防ぐため、九世紀にヨーロッパが体験した短い統一の時代を再現することだった。西独国内では、彼の理念は国家主義に代えるにヨーロッパ主義をもってし、左右いずれもの独裁を防ぐため社会のいかなる特定のグループにも個人の自由を犯すに足る力を持たせないことに向いていた。

アデナウアーの政策の正しさは、年を追って証明されていった。一九五四年には、アデナウアーを批判する人の多くは、西独には再軍備もNATO加盟も必要なしと論じた。今日では、西独軍の力を抜きにしては、自由ヨーロッパを想像することさえできない。懐疑的な人々は、過去百年に三度の戦争を戦ったフランスとドイツが友好と協力の関係を持ち得るというアデナウアーの信念を嗤《わら》った。しかし、凡百の批判者よりはるかに抜きん出ていたアデナウアーとドゴールというヨーロッパ舞台の二大名優は、一九六三年の仏独協力条約調印によって、みごとに和解をなしとげた。

さらに、一九五〇年代のアデナウアーは、東西ドイツの統一を妨げる者と批判された。だが今日では、あのときソ連が独立、統一、自由なドイツの存在を許したはずと信じる人はどこにもいないだろう。アデナウアーは、ブラントやその後継者の東方政策《オスト・ポリティク》に倣って東独やソ連とデタントを図らない強情によっても、引退に至るまで批判された。しかし、アデナウアーが西側との同盟によって築き上げた西独より弱く、経済力もない国家による東方政策は愚行にすぎないこと、いや東方政策そのものが首唱者の過大な期待に応えるものでなかったことは、今日では明らかであろう。

冷戦が少しやわらいだ一九六〇年代、西独はじめ各国で「ロシア人の約束を信じる」こと、つまりベルリンやドイツ統一問題についてアデナウアーよりもっと積極的にソ連提案を受け入れよという主張が、流行のようになった。東欧のソ連帝国は西欧からの侵略の危険に対する彼らの自衛にすぎず、こちらが平和的意図をソ連に示しさえすれば東欧の人々は平和はもとより自由をも得るだろうと主張する人が何人もいた。一九五五年には、ほかならぬフルシチョフが、ロシア人に対するナチの蛮行を引き合いに出しながら、この考え方を売り込もうとした。

アデナウアーは、そんな動きにひっかからなかった。そんなアデナウアーを排し、西独の後継指導者たちは、笑顔をもって東西関係の緩和を図ろうと努力した。だが、そのような東方政策にもかかわらず、ソ連帝国は依然として健在だし、ソ連の冒険主義は減じるどころか、ますます露骨になってきているのである。

アデナウアーが、もし自由ヨーロッパの指導者としていま生きていれば、今日の世界をどう見ることだろう。私は、彼の見る目は、彼の後継者のそれとはかなり異なるはずと思う。

アデナウアーなら、一九七九年のソ連軍によるアフガニスタン侵攻を、遠い第三世界の小さな事件とはとらえず、ペルシャ湾の資源への魔手と見るに違いない。ヨーロッパが必要とする石油への脅威は西欧同盟の合法的権限外の出来事などという、当時の多くのヨーロッパ人がとった狭い態度には、アデナウアーなら与《くみ》しないことだろう。彼がＮＡＴＯ創設に尽力したのは、まさにそのような事態に備えてだった。西欧の外堀が侵されれば中心の危機が遠くないことを、アデナウアーは十分に承知していた。

同様に、彼は一九八一年のポーランドに起った事件を単なる内政問題とは見ず、独立心に富むヨーロッパのキリスト教徒へのソ連の強圧と解釈するに違いない。アデナウアーなら、今日のポーランドの弾圧を国際的な犯罪行為と断じ、適切な措置をとるはずだが、いまの西独の指導者たちはしばらく目をつむっていればやがて雲散霧消する不都合くらいにしか考えていないようである。だいたい東方政策のそもそもの目標の一つは、ナチズムの下で惨禍を経験したポーランド人への贖罪だった。いま再び彼らが新しい独裁者の手で痛めつけられているのに、西独は手を拱むこと以外には何もしていない。

まあ、アデナウアーがいま生きていればと仮定すること自体が問題で、もし彼が健在なら、ソ連はいまほど自信をもって無法な冒険を犯さなかったことだろう。生前のアデナウアーは「冷戦の戦士」と呼ばれ、彼自身もその異称を楽しんでいた。いま生きて今日のヨーロッパの混乱と道徳的頽廃を見たなら、彼はきっと冷戦はまだ終わっていないと言うに相違ない。単に戦士の一人が戦うのをやめただけだと見るのではないだろうか。

一九三〇年代のヨーロッパが復活したような今日の中立主義論を聞けば、アデナウアーは恥かしさのあまり首《こうべ》を垂れることだろう。彼は「二つの椅子のあいだにすわる」行為はヨーロッパのいのち取りと信じていた。ヨーロッパをして今日あらしめた根性は、アデナウアーと彼に協力したフランスの指導者の努力あって、はじめて生まれたものである。アフガニスタンやポーランドのような危機が起るたび、ヨーロッパの統一がいまにも崩れそうな危機に陥るのは、後継者たちがアデナウアーの遺志を忘れ、ヨーロッパがかつてないほどの危険に直面している何よりの証拠だろう。

アデナウアーがなかでも最もショックを感じるはずと思われるのは、西欧同盟の無残な現状である。一九五五年、アデナウアーをはじめドイツ国民の過半数は、戦後わずか十年にして同盟の中に迎えられたのを名誉と感じた。今日では、西独を含むNATO加盟国の多くが、同盟のための支出をめぐって足元がふらつき、ソ連をポーランドと東独から前進させないためのミサイルに対してさえ、その配備に関して態度を決めかねている。東方政策のみが、依然として変わらない。遠からずソ連は、ペルシャ湾に向かってさらに一歩を踏み出し、西独の家庭はソ連から来る天然ガスをたよりに生きるようになるだろう。

アデナウアーなら、明快な決断を下したに違いない。東方政策の底にある、ヨーロッパにとってアメリカはソ連と同じ脅威と見る幻想を、彼は一撃にして葬ったことだろう。そして、現在の友を見捨てる一方まだ見ぬ仮定の友人に言い寄る愚を、とくにその新しい友が最も恐るべき敵であることを、声を大にして叫んだはずである。

戦後のヨーロッパを彩ったチャーチルとドゴールという二大巨人と比較して、アデナウアーはそれほど特色も魅力もない人物と見られがちである。そうした評価は、表面的かつ不公平なだけでなく、二つの重要なポイントを見落としている。第一は、英仏両国が戦勝国であるのに対し、ドイツは敗戦国であるという点である。ドゴールの倨傲《きよごう》と芝居がかった演技力は、第五共和制の創設者、指導者にはふさわしくとも、敗北ドイツの指導者の資質としては危険そのものだろう。また、アデナウアーはチャーチルと同じ鋭い機知の持ち主ではあったが、連合国の占領軍がまだ復讐の念を忘れかねている状況下で自由にそれを使えば、必ずや問題を起さずには済まなかったであろう。

だが、アデナウアーの魅力を感じない人々は、もう一つのポイント、指導者にはいろんな型があるという事実を忘れている。

チャーチルの皮肉でときに挑発的な知性は、蜂の一刺しのような狙いすました名文句によって、野党議員や新聞記者の批判を封じることができた。ドゴールの威厳は、だれもそれを突き破ることができなかった。しかし、老練な弁護士のようなアデナウアーの忍耐力と緻密な読みは、だれよりも努力し、説得し、だれよりも長くすわっていることによって勝つタイプの指導力だった。彼は問題を十分に検討し尽くし、批判者より深く、遠く見通すことによって勝った。アデナウアーは、西独が少々の努力では主権と安全と繁栄と敬意をかち取れないのを知っていた。それを目標に据え、ねばり強い努力によって取るほかに道のないのを、彼は見通していたのである。

だが、アデナウアーの最大の強さ、団結ヨーロッパの強大な力によって強大なソ連に対抗するというビジョンは、同時に、彼の最大の弱点の第一歩にもなった。フランスへの彼の親近感やヨーロッパ的理想追究の情熱と並行してアデナウアーの中にあったのは、ドイツの東半分は異境という思い込みだった。

アデナウアーにとってベルリンは、アジアへの戸口であり、現代の野蛮国との境界にほかならなかった。プロシャの指導者はまるで東洋の専制君主であり、平和や人民の自由をほとんど考えたことのない人々であった。シャルルマーニュの帝国、つまり文明ヨーロッパは、彼にとってエルベ川が東境だった。ある意味で、それはアデナウアーのヨーロッパと一致していた。

ドイツ人として、また一個の人間として、アデナウアーは東独の人々の自由を求める心には共感を抱いた。その証拠に、逃げてきた人々を喜んで迎え、手厚く保護した。だが、歴史家として、またラインラント人として、彼にとってソ連圏に入った東独は化外《かがい》の境、キリスト教文明の失われた地だった。心の奥底では、彼はそれを不可避にして永遠に変わらぬ姿と観じていたのではないだろうか。

結果的に見れば、ソ連の戦後政策のおかげで、そうした偏見は必ずしも偏見でなくなった。アデナウアーがいかに外交的接近策を図ろうとも、東独を最前線に仕立てるソ連の意志を変えるのは不可能だったはずである。そんな策は、自由と理想を守る西側の足がかりを弱めるのが関の山である。西欧との宥和に賭けたアデナウアーの生涯は、その生まれや神への信仰から直接に出たものだった。偶然にもそれは、国家指導者としての彼が、敗戦国民の自由を守るための理性的な選択と一致していた。

ドゴールが第五共和国という記念碑を残したように、アデナウアーの記念碑は自由で民主的なドイツ連邦共和国だった。ヒトラーによって辱められ貶《おとし》められたドイツは、再び国際家族の立派な一員として復活した。

だが、私にとって何よりも記憶に残るのは、戦後世界の大指導者としてのアデナウアーではなく、むしろ人間としてのアデナウアー、断固として信念は貫くが戦術においては柔軟にして緻密な人、外見は剛直だが親しく知る機会を持った者から見れば心あたたかい、みごとなユーモアのセンスを持った思いやりある人、家族と教会と国民を同じほど、しかし異なった形で愛した人、いかなる逆境下でも信の置ける巌のような人という印象である。

アデナウアーほど私情の豊かな人が、あれほど完全に公的な責任を果たしおおせた実例を、われわれは希有《けう》のものと見るべきであろう。

ニキタ・フルシチョフ

権力へのあくなき意志

「ピンヤは私だ」

一九五七年も暮の某日である。クレムリンに招いた各国外交団と杯を挙げながらニキタ・セルゲエビッチ・フルシチョフは得意満面だった。かつては一日二コペイカでブタの世話をしていた少年が、いまや権力の絶頂、だれも争うことのできないソ連の指導者になったわけである。すべてのライバルを蹴落としてしまった男の満々たる自信をもって、彼はレセプションに出ている外国人記者団に向かい、大きな声で一つの寓話を語った。

「昔々、三人の男が監獄に放り込まれていた。社民党員と無政府主義者と、もう一人はちっぽけな、ろくに教育もないユダヤ人で、その名をピンヤと言った」

フルシチョフは、聞き手の顔を見渡して、続けた。食糧とお茶と煙草を配るため、代表者を選ぶことになった。あらゆる権力に絶対反対の無政府主義者は、侮蔑をこめてケチなピンヤがよかろうと提案し、一同が賛成した。まもなく三人は、トンネルを掘って脱走することになった。だが、最初にトンネルから出る者は番兵に射殺される。だれも、なり手がなかった……。

「ところが、だ。ケチなピンヤが立ち上がって宣言した。同志諸君、諸君は私を指導者に選んでくれた。従って、私が先頭に立つ！」

芝居気たっぷりに語り終えてから、フルシチョフは言った。

「話の教訓はこうだ。育ちがいかにケチであろうとも、一つのポストに選ばれた男は、やがてそのポストにふさわしい人間にと成長する」そこでちょっと間《ま》を置いてから――「かわいそうなピンヤ。それは私だ」

むろん、あらゆる寓話がそうであるように、この話にも実際に即した部分と即さない部分がある。フルシチョフは民主的に選ばれたのでも、しぶしぶ第一人者になったのでもなかった。彼は四十年のあいだ、あらゆる闘争、陰謀、裏切り、殺人などに勝ち抜いて、ソ連社会の頂上に立った。

もともとピンヤでさえ、フルシチョフのようなケチな身分ではなかった。一九一八年に入党する前にブタ追い、炭鉱夫、配管工などの職を転々としたフルシチョフは、二十台になるまで、まともに学校に行ったことがなかった。それ以後も、同僚や世界からずっと見下され続けた。だが、彼が権力の基盤を不動のものにした一九五七年には、だれも身の危険を冒すことなしには彼を無視したり謗《そし》ったりできなくなった。

私がこれまで会った世界の指導者の中で、その猛烈なユーモアのセンス、その知的柔軟さ、ねばり強い目的意識、権力へのあくなき意志において、フルシチョフに匹敵する者は一人もいない。フルシチョフの成功と失敗は、他のいかなる指導者のそれよりも劇的、決定的に、戦後世界の歴史の針路を変えたのである。

フルシチョフは、ベルリンの壁を築いた。それは人類史上はじめて、外敵を防ぐためでなく、内なる民衆を外に出さないための城壁だった。

フルシチョフは、一九五六年にはハンガリーの共産政権への反乱に対して、仮借なき弾圧を加えた。そのとき、彼を「ブダペストの殺し屋」と呼んだのは、この私である。

フルシチョフは、キューバに核ミサイルを持ち込んだ。それだけではない。撤去の代償として、ギリシャとトルコからのアメリカのミサイル撤去と、聖域キューバにおいてカストロを脅かす勢力への支援をやめる誓約を、アメリカから取り付けた。

フルシチョフは、パトリス・ルムンバを使ったコンゴ奪取を手始めに、ブラック・アフリカその他の第三世界で大攻勢を始めた。

フルシチョフは、ソ連の戦略核兵器を大増強し、キューバ危機のころは一五対一でアメリカに負けていた比率を、ソ連優位の現状にまで逆転した。

彼はまた、ケネディ大統領との間で部分核実験停止条約に調印し、ソ連を被《おお》っていたスターリン主義のベールをはぎ取り、いわゆる平和共存路線によってソ連をヨーロッパ国家へと脱皮する道に向けた。

フルシチョフは、スターリンを神の座から引きずり下ろし、それにより世界の共産主義運動の統一を永遠に失ってしまった。

最も注目すべきは、彼が中ソ対立という共産主義にとって最大の敗北と戦後最大の地政学的事件の主役だったことである。成功もあったし、ときには主導権も握ったが、彼の外交政策は、結局はその最大の失敗によって記憶されるはずである。フルシチョフは、中国を失った。

これまでに会った指導者の中で、私はフルシチョフほどはげしく対立した相手を知らない。しかし、むき出しの権力を常に最も巧みに行使した点について、私は自己の感情を抑えて彼に最大の敬意を捧げないわけにはいかない。フルシチョフを悪の権化と呼べば、多くの人が同意することだろう。だが、きわめて有能な悪魔であったことも、否定する人は少ないのではないだろうか。

一九五三年、ソ連の指導層の中にはじめてフルシチョフの名が浮かんだとき、私は副大統領だった。西側の人々は実に簡単に人物の評価を下してしまったが、それは真実とは大違いだった。われわれは、もっぱら舞台裏の工作により事件を動かす、顔のないスターリン的ソ連指導者に慣れすぎていた。突如舞台の中央に躍り出たフルシチョフの丸まっちい姿、常識破りの気儘な行動、不用意な発言、爆弾宣言などを見た人々は、だれも彼のことを真面目に考えなかった。

『ライフ』誌は「軽い人物」と書いた。『ニューズウィーク』のコラムは、「ぱっとしない官僚派」「下積み」などと評した。『タイム』は「ヴィドビスヘネートだ」と書いたが、それは教育も経験もないくせに四囲の状況により押し上げられた人という意味のロシア語だった。

西側の評論家の多くは、フルシチョフのことを、スターリンの足跡を継ぐのはおろか、その靴を磨くにも値しない男と断じた。はじめて彼がソ連領を出てベルグラードに行ったときの行動も、フルシチョフのイメージを改善しなかった。粗野で下品で大酒飲みで、国際社交界にはとうていなじまない男に見えた。彼が酒をがぶ飲みするのを見た新聞は大喜びで、スターリンに比べ軽量の男、長持ちはすまいと報じた。

ワシントン社交界の国際通はもとより、職業外交官の中にさえ、フルシチョフを見くびる者がいた。当時、その一人が私に理由を説明して、フルシチョフは酒飲みだし「下品なロシア語をしゃべるから」と言った。そんな人々は、フルシチョフの粗野な言葉遣い、流行遅れの服装、下品な趣味が、指導者としての彼の手腕と無関係なのを知らなかった。外見や教養にばかり注意する人は、優雅な態度が必ずしも強い指導者の条件でないことを見落としていた。政治家にとって問題は外見よりも中身である。見てくれがいかに洗練されていようとも、腹がちゃんと据わり、胆力がなければ、成功は望むべくもない。

フルシチョフには、また、まるで子供っぽい一面があった。ある年のメーデーの軍事パレードのときだが、赤の広場を行進する軍隊を、壇上の指導者たちは例によって無表情で見送った。ところが、空軍のジェット戦闘機の編隊が上空を通ると、フルシチョフは歓呼して壇の上をとび回り、新しいおもちゃをもらった子供のように喜んでブルガーニン首相の背中を叩いた。モロトフなら、氷のような威厳を崩さず黙って編隊を見送ったことだろう。だが、フルシチョフの態度が子供っぽいからといって、それは必ずしも彼が軍事力を使用しない保証にはならない。

フルシチョフの個性は、スターリンの絶対独裁という鉄床《かなとこ》の上で鍛えられた。そのスターリンには、二種類の部下――すぐ命令に従う者か処刑場行きか――しか存在しなかったという。

同胞を虐殺した数においてスターリンを上回るのは毛沢東だけだろう。アントン・アントノフ＝オフセイエンコの『スターリンの時代・暴政の研究』は、殺された者の数を一億人と推定し、スターリン自身の妻やレーニン未亡人をその中に数えている。

人間らしい涙も情もないか、よほど奸智に長《た》けた者でなければ、スターリン時代を生き抜いてトップに這い上がることはできなかった。目ざす地位を獲得するためにフルシチョフには知恵と忍耐力と鉄の意志が必要だった。それをよく承知していたのは、ダレス国務長官である。フルシチョフが権力を握ってからすぐの国家安全保障会議で、ダレスは「共産主義ジャングルの中で生きのび、這い上がるような男は、強い指導者だし危険な敵に決まっている」と言った。そのとおりで、西側のさる慧眼な外交官も「気さくに見えるが、芯《しん》は鋼だ」と評したことがある。

私がはじめてフルシチョフに会ったのは一九五九年、アメリカ博覧会の開会式にモスクワに行ったときである。その年の秋には、フルシチョフのほうがアメリカに来、われわれは再会した。

私がモスクワに発《た》つ直前の一九五九年七月、議会は一九五〇年いらい恒例の「被抑圧国家支持決議案」を可決した。決議の定めるところにより、アイゼンハワー大統領は「ソ連支配下の国々の苦痛を知り、被抑圧国に住む人々への支援を新たにする」よう国民に訴えた。

フルシチョフは、私がモスクワに着くわずか九分前に、ポーランド訪問から帰ったばかりだった。ポーランド国民は彼を迎えてよそよそしく、ソ連と衛星国の関係は緊張していた。帰国したフルシチョフは、空港から真っ直にクレムリンに帰り、被抑圧国家支持決議を口をきわめて罵った。私の到着を迎える儀式は、ほんの形式だけで、コズロフ副首相が大声で長い歓迎の辞を読み上げたが、音楽隊も国歌吹奏もなければ群衆もいなかった。米議会の決議が、よほど反米感情を刺激したらしいのがわかった。

翌朝十時、私は最初の会議のため、クレムリンにあるフルシチョフの部屋に行った。入っていくと、彼は大きい部屋のずっと向こう側で、数カ月前にソ連が打ち上げた月ロケット「ルーニク」の模型を見ているところだった。小さい手に持った野球のボールより少し大き目の模型を置いて、彼は振り向いた。

六十五歳のフルシチョフは、どたどたとした足どりで近づいてきた。思っていたより背が低い。一六七センチくらいだろう。幅の広い胴、切り株のような足、炭鉱夫のような肩――いかにも不格好な体軀だった。われわれはカメラマン用の握手をしたが、私はがっちりと握ってくるフルシチョフの手から、さかんな生気と力と野牛のようなエネルギーを感じた。

新聞記者やカメラマンがいる場でのフルシチョフは、上機嫌でしゃべり、小さく鋭い目をせわしく周囲に向けた。丸い顔、厚いくちびる、いかつい下あご、しし鼻、張ったほお骨が、生き生きしていた。八カ月ほど前に私がロンドンのギルドホールでした演説をほめ、私が提案した平和裡の競争こそソ連が望むものだと言った。それから、やおらカメラマンを去らせると、私を長い会議机をはさんで彼の反対側にすわらせた。

突然、フルシチョフの態度は一変した。かん高い声で、何度もげんこでテーブルを叩きながら、彼は被抑圧国家支持決議のことを、ソ連への挑戦であり愚劣な決議だと、こき下ろし始めた。アメリカは戦争をやる気かと言わんばかりだった。

「われわれは、これまで、アメリカ議会は開戦決議を採択する度胸などないと思ってきた。だが、マッカーシーは死んだが、奴の精神は健在なようだ。こういうことでは、ソ連も戦争の準備をしておかなくてはならん」

私は、あれはアメリカの意思表明にすぎず、行動を促す決議ではないと説明した。そして話題を変えようとしたが、フルシチョフはついて来ない。たまりかねて、私は言った。

「ホワイトハウスでは、議論に果てしがなくなると、アイゼンハワー大統領が、この馬はもう十分に鞭うった。さあ別の馬に乗り換えようというのです。いまも、そうすべきではないでしょうか」

フルシチョフは無表情で通訳を聞いていたが、もうひと押ししようと決心したらしい。

「なるほど、一頭の馬を鞭うちすぎるのはいけないだろう。だが、こうした重要な公式訪問の直前に、議会がなぜあんな決議をするのか、それがわからんのだ」

と、がんばった。

怒りに顔を紅潮させたフルシチョフは、何か鋭い言葉を吐いたが、かなり汚い言葉らしかった。通訳のオレグ・トロヤノフスキー（後の国連大使）が、ほおを赤らめるのが見えた。困った顔で彼はリューリン・トンプソン大使を見たが、ロシア語のわかる大使はにっこり笑って何も言わない。数秒の間を置いて、トロヤノフスキーは通訳した。

「あんな決議、ションベンだ。湯気の立った馬のションベンだ。これ以上、臭いものはない！」

翻訳を聞く私を、フルシチョフは刺すような目で見た。私は開き直って、彼の言葉で対抗してやろうと思った。若いころのフルシチョフは、ブタ追いをしていた。私も子供のとき、馬糞《ばふん》が肥料になるところを見ている。あるとき、近所の農家がブタの糞を代用したが、その臭かったのを、いまでも覚えていた。だから、正面からフルシチョフを見据え、声を荒げもせずに言った。

「書記長は言い違いをされたようです。馬の小便より臭いものがあります。それはブタの小便です」

通訳が終わって一秒か二秒、フルシチョフは、いまにも怒鳴りそうだった。彼のこめかみの血管が破裂するかに見えた。だが、次の瞬間、にっこりと笑った。

「あんたの言うとおりだ。たしかに話題を変えるべきだろう。だが、決議のことは、滞在中にさんざ聞かされるはずですぞ」

少なくともこのときだけは、フルシチョフは約束を守って、二度と問題をむし返さなかった。

私は、一九五九年にフルシチョフに会ったあのときほど、首脳会談に当たって完璧に準備したことはない。しかし、クレムリンで一度会ってみて、フルシチョフにはそれでも不十分と感じた。とにかく、全く予想ができないのである。外交儀礼も事前の日程も、彼の前には完全に反故《ほご》だった。

私のソ連滞在中、フルシチョフはアメリカ博のモデル・テレビ・スタジオのカメラの前で、私を前に置いて長広舌をふるい、アメリカを罵倒した。アメリカ家庭のモデル・キッチンでは、ソ連の核ミサイルを誇って西側を恫喝《どうかつ》した。ごく普通の昼食のはずだった席で国際問題を五時間半もしゃべり、居合わせた私の妻やフルシチョフ夫人はじめ同席者を唖然とさせた。

あのソ連訪問が終わった直後、私は自分の心の中にフルシチョフのイメージが固まってくるのを感じた。常に攻める立場に立ちたい彼は、本能的に相手の弱点を見抜く才能と、ほとんど衝動的なばかりの突撃の意志を持っていた。相手がほんの一インチでも退けば一マイル押し、少しでも臆する敵は蹂躙《じゅうりん》した。言動ともにはでで、とくに観客がいれば芝居がかりの行動を好んだ。

彼は人に会う前に十分に準備し、自分の立場はもちろん相手の立場も熟知してから、戦いに臨んだ。論争ではとくに才能を発揮し、どんなに追い込まれても敵の発言をねじ曲げて脱出する才覚を備えていた。非常に感情的な男と思われがちだが、真面目な問題を話すときは実に冷静、沈着、論理的に押してくる才もあるのがわかった。

トゲのある道化

フルシチョフは、十一年にわたって世界を楽しみ、世界にも楽しませた。一九五三年にはスターリンの後継者群の中から知らぬ間に抜け出してトップに立ったが、一九六四年に権力の座から引きずり下ろされたのも同じように唐突だった。

世界は、権力者としてのフルシチョフに、三種類のイメージを持った。その一は万事にはで好みの道化師である。彼は現代ソ連のいかなる指導者より、公の席で堂々と飲んだ。第二は一か八かに賭ける現実主義者。教条には縛られなかったが、ソ連の抱える問題を解くのに長期の努力をせず、性急な解決法を採用した。第三は共産主義的な独裁者。ライバルや多くの同胞の屍《しかばね》を乗り越えて頂上に達し、刃向う者は容赦なく追放したが、最後にみずからがその戦術の犠牲になった。

フルシチョフに会ってみて、道化師の彼には二つの顔のあるのがわかった。あるときは陽気、多弁、快活で、友情と抗しがたいほどの魅力を発散する。にっこり笑ったかと思うと「ロシアの農民のことわざに、こんなのがある」と言い出す。自分の話すことを私によく呑み込ませようとあせるのか、私の服の返し衿《えり》を手でつかむようなことまでした。何度も私の耳に口を寄せ、左右に聞く者のいないのを見届けたうえでソ連軍の「秘密」をそっと教えたことも何度かあった。

かと思うと、周囲に人がいるときなど一瞬にして態度を変え、無礼、高圧的、歯止めのきかない状態になり、騒々しいスタンドプレーを駆使した。熱弁を振るい始めると、腹と腹が触れそうになるまで私に接近し、言葉では足りないかのように私のみぞおちを人差し指で突っついたりした。照準をのぞく機関銃手のように目を細めたと見ると、勝手な議論や自慢や罵倒語を奔流のように吐き出した。ソ連から帰途についた私は、紳士的外交の時代ならフルシチョフが怒りに駆られて口走った一語だけでも立派な宣戦の理由になったはずと、思わずにはいられなかった。それが今日では、通訳が顔赤らめるのが関の山であった。

さすが道化師、芝居はお手のものだった。二人でアメリカ博のモデル・テレビ・スタジオに行ったときの話だが、若い技術者が来場者にビデオで見せたいから何か言ってほしいと、申し出た。フルシチョフは、ちょっと迷う風だったが、ソ連側の作業員が人垣をつくっているのを見ると、壇の上に上り、カメラに向かってしゃべると同時に、観衆に向かって演技を始めた。

「アメリカは出来て何年になる？　三百年ですか」

私が、まだ百八十年だと答えると、フルシチョフは続けた。

「なるほど、それなら百八十歳だ。それだけかけて、アメリカはこんなになった」

彼は腕を振って博覧会場を指した。

「われわれは、まだ四十二歳にもなっていない。だが、あと七年も経てば、これくらいにはなるぞ」

観衆は釣り込まれてにっこりし、それがいっそうフルシチョフを励ました。

「われわれが、きみらアメリカ人に追い付き追い越すとき、われわれはサヨナラと手を振ってやる」

フルシチョフは肩越しに振り向くと、背後に消えていくアメリカがほんとうに見えるかのように、バイバイと手を振ってみせた。

そのほかにも、フルシチョフのおどけたしぐさを撮った写真は無数にあって、それぞれに面白く、彼の人柄をよく物語っている。彼の長所と短所がよくわかる。

たとえば、フルシチョフは道化たふりをして、相手の公私両面のプライドに微妙な配慮を見せたことがある。一九五六年、ユーゴの田舎を旅行中に彼の車がパンクしたが、六十一歳のフルシチョフは車から降りたかと思うと、五十九歳の副首相ミコヤンを招いて道端で相撲をとり始めた。喜んだ記者たちは二人を取り巻き、その間にパンクの修理は終わった。彼らは一斉に相撲のことを大きく報じ、おかげで主人役のチトーはパンクの件で恥をかかずに済んだ。

しかし、フルシチョフの厚顔無恥を物語る写真も無数にある。一九五九年のベルリン危機の最中、英国のマクミラン首相はモスクワに行き、外相会談によるベルリン問題の討議を提案した。決定権のない外相たちの会談など最初から問題にしないフルシチョフは、その無用を主張するのに事欠いて、グロムイコ（外相）など俺がパンツを脱いで氷の上にすわってろと命じたら、そうしなければならんのだと揚言した。

マクミランがフルシチョフの無礼に鼻白んだのは、それが最後ではなかった。一九六〇年の国連総会にニューヨークに来たフルシチョフは、国連事務局をスイスかオーストリアかソ連に移せと、無茶を言い始めた。総会がその提案を却下すると、フルシチョフは続いて壇に立つ各国代表を野次ったり笑ったりして議事を妨害した。マクミランが登壇したときは、それが最高潮に達し、世界各国の代表が見ている前で、フルシチョフは片方の靴を脱ぎ、自席の机をガンガン叩いた。

粗野なことクマの如きフルシチョフは、またその短気と話し出したら止まらない饒舌《じょうぜつ》で、母なるロシアが生んだ農民《ムジク》の典型でもあった。自然な道化ぶりだが、その底にはいつも計算があった。無礼も粗野も、すべて戦術だったのである。

フルシチョフの時代、ソ連は軍事力ではるかにアメリカに遅れていた。だが、足りない分を、彼は意志の力で挽回しようとした。核の力をちらつかせ、西側を威圧するため「きみたちの孫は共産主義体制の中に住むであろう」と広言した。西側の指導者に面と向かって無礼を働くことは少なかったが、その喧嘩腰を見た世界の人は、フルシチョフの口にする平和共存は名ばかりで、世界戦争を始めても悔いない男と感じた。

一九五六年の訪英時の演説なども、いかにもフルシチョフらしかった。車の中から彼の訪問に抗議するイギリス人が何人かいるのを見たが、なかでも、こぶしを振り上げている男が一人いたと言い、自分もこぶしを振って「私の返礼もこれだった。これで、われわれは理解し合った」と話した。聴衆が笑うと、フルシチョフはすかさず、静かに続けた。

「あの男に言ってやりたいが、昔にもわれわれに向かって同じことをした奴がいた。それはヒトラーだ。ソ連にこぶしを振り上げたヒトラーは、いまでは墓場にいる。われわれは、もっと冷静になり、互いにこぶしを振り合うことをやめるべきだ」

歴史はまた、フルシチョフを一風変わった現実主義者として記憶することだろう。彼は機械的にマルクス・レーニン主義の細部までそらんじる教条主義者ではなかった。共産主義の正当性と究極の勝利は信じて疑わなかったが、キリスト教のいわゆる「日曜信者」そっくりだった。フルシチョフが、あの浩瀚《こうかん》なマルクスの『資本論』を読んでいる場面など、とても想像できない。その点では、共産主義の教義に精通し理論的な著作も多いスターリンとは異なる。

フルシチョフ自身、現実主義者であるのを誇りにしていた。私はあるとき、彼との間でニューヨークのソビエト博に来たコズロフ副首相を話題にしたことがある。党の路線を細部まで忠実に守るコズロフを、フルシチョフは軽蔑をこめて、「同志コズロフは絶望的なほどの共産主義者だ」と言った。そう評するフルシチョフ自身、心からの共産主義者だったが、教義に縛られるのは断固として拒否した。

フルシチョフは何度も、マルクス・レーニン主義を拳々服膺《けんけんふくよう》する教条主義者を批判し、そんなのは古臭い教義を暗記する「おうむ」にすぎず、いまの世の中で「一コペイカの値打ちさえない」と極言した。「いまマルクスとエンゲルスとレーニンが墓から起き上がってみろ。現代社会に合うよう理論を創造的に発展させず、今日のトラクター工場を動かすのに古典からの引用にたよる連中を見て、彼らは本の虫、単なる祖述家とあざ笑うだろう」と言ったことさえある。

フルシチョフは、学問によらず、本能によって共産主義を奉じた。イデオロギーが示す類型的な社会発展図を信じてはいたが、理論の細部には注意を払わず、「現実と理論が一致しなければ現実を変えよ」と言ったスターリンとは、意見を異にしていた。しかし、彼があらゆる機会をとらえて共産主義の利をはかり、彼自身がよく言ったように「歴史の後押し」を試みた事実を、否定する人はいないことだろう。

私のソ連滞在中の一日、モーターボートでモスクワ川に遊んだときも、フルシチョフは上機嫌だった。途中、八度もボートを停め、近くに泳いでいる連中と握手しては「きみらは抑圧されてるか？」「奴隷か？」と尋ねた。泳いでいるのは、むろん忠実な党員ばかりのはずで、そのたびに「ニエット」を合唱した。

喜んだフルシチョフは、私のみぞおちを突っついて「どうです、奴隷たちの楽しそうなこと」と、大笑した。ソ連の記者たちは、そんな彼の一語一語を懸命にメモした。うれしそうにボートから降りる彼に、私が「立派です。あなたはプロパガンダがうまい」と言うと、フルシチョフは「いや、プロパガンダじゃない。真理を言ったまでだ」と答えたが、生涯を通じて彼は、方便のうそなら喜んでつく男だった。

フルシチョフは、私の行く先々で、いかにも彼らしいうそを演出した。私と妻は、レニングラードやスベルドロフスクで、またシベリアのノボシビリスクで、何千というソ連人からあたたかく迎えられた。彼らが申し合わせたように頑健、勤勉、友好的で、大多数が心からアメリカを好きらしいのは気持ちよかった。だが、どんな工場、どんな市場へ行っても、フルシチョフは党を通じて予習させておいた質問を出させ、私に不快な思いをさせた。

どこでも必ず、一人が立ち上がって「私はごく普通の市民ですが」とことわり、それから判で押したように「アメリカはなぜ核実験停止を妨害するのですか」「なぜアメリカは戦争したいのですか」「なぜ外国にまで基地を置いて、われわれを脅すのですか」などと質問した。

アメリカ人記者の中でソ連に最もくわしいハリソン・ソールスベリーは、フルシチョフが仕組んだ質問劇のことを『ニューヨーク・タイムズ』にこう書いた。

「ニクソン副大統領は、質問攻めにする連中に、言論の自由がいかに大切かを教えたことになる。国家の指導者と群衆の中の一人が気楽に意見を交わすような機会は、ソ連ではめったにない。ニクソン氏に向けられた質問の同一性とその質問のしかたから見て、中央の指示のあったことは歴然としていた」

教義に拘束されないという意味では現実主義者だったが、それにしてはフルシチョフのやり方は、あまり実際的ではなかった。ソ連の問題に立ち向かう彼の態度は、まるでルーレットに挑戦する素人ギャンブラーのように、読みよりも意欲のほうが先行した。計画はそっちのけ、勘にだけたよって、持っているものすべてを賭け、結局なけなしになる繰り返しだった。

頭の回転も早いが行動も素早く、しばしば行動のほうが先行した。国家の大問題を一発の冒険的な行動で解決したいらしく、次から次に無茶な新機軸を打ち出した。壮大な休閑地開拓をやらせたのはいいが、新耕地はじきに土ぼこりで台なしになった。飼料用トウモロコシの大増産はかけ声だけで、何万エーカーもが耕作に不適とわかった。鉄筋コンクリートとプレハブの住宅をどんどん建てよと命じたが、セメントの増産をするのを忘れていた。

フルシチョフが七年間でアメリカの生産水準を追い越すと豪語したのは、そういう大計画がすべて成功すればの話にすぎなかった。だが、一九五〇年代にソ連を旅した人がみんな感じたように、私も原始的な運輸システムを一見しただけで、フルシチョフの言葉が夢にすぎないのを察知した。

ソ連に繁栄をと願うフルシチョフの気持ちは、うそではなかった。ただ、そのために何が必要かを彼は知らなかった……と言うより、知りすぎていたのかもしれない。目標達成のためには、共産党による人民支配を含めソ連の経済・政治体制を抜本的に変えなければならないが、それはフルシチョフが望まず、たとえ望んだとしても不可能事であった。

代案として、フルシチョフは経済計画を捨てて魔術師のようなトリックを使おうとした。それが成功しないのを見て、クレムリンの彼の観客たちは失望し、やがて「軽率な計画をむやみに進めた」などを口実に、彼の権力を剥奪したのである。フルシチョフは、経済を一手に握るだけでは承知せず、それに繁栄を達成させようとした。ケーキを焼くのと食べるのと、双方を同時にやろうとしたようなもので、結局、どちらもなしとげることができなかった。

はでな道化師と性急すぎる現実主義者は、フルシチョフの持つ二つの顔だが、彼に会ってからの私は、フルシチョフの腹の底にあって彼の活力になっているのは独裁者の個性であることを知った。上機嫌でいるときにも、彼のダークブルーの目の底には常に残忍さがあり、その目は主張を通そうとするとき石炭のような黒に変わって燃えた。

ちょっと皮肉だが、フルシチョフの中の独裁者は、彼のユーモアのセンスの中にもよく表われていた。外国の大使などの前でよく口にするジョークにも、何となく陰湿なところが感じられた。かつてのソ連秘密警察ゲー・ペー・ウーを何度もジョークのネタにしたのは、現在の秘密警察とも似通ったところがあったからだろう。

好んで聞かせた笑い話に、モスクワでの閲兵式の話がある。列の中で、一人の兵士がくしゃみをした。ゲー・ペー・ウーの将校が、くしゃみをした者は一歩前へと命じたが、だれも出ない。まず一列目を全員銃殺にしてから、将校は再び犯人を尋ねた。だれも答えない。そこで二列目が全員銃殺になった。将校が三度目に尋ねると、後列のほうから恐る恐る「私です」と声がした。将校はひとこと「風邪に気をつけろ」と言った——という話である。

フルシチョフは、他人が言う暗いジョークも大好きだった。一九五九年にモスクワ郊外の彼の別荘《ダーチャ》で昼食をとったとき、副首相のミコヤンがスターリンのことに語り及んで、故人は真夜中に部下を呼びつけるくせがあったが「同志フルシチョフが首相になってからは、ぐっすり眠れるようになりました」と言った。話し終わってからミコヤンは、自分の言葉の裏の意味にぎょっとし、微笑して「もちろん、もう一つの意味があるのは御存じでしょう」と付け加えた。

テーブルをはさんでミコヤンと対座していたフルシチョフは、呵々《かか》と笑った。

時に応じてフルシチョフが吐く名句、絶妙の言葉の応酬は、おそらく全盛期のチャーチルでもなければ、対等に張り合えなかったことだろう。しかし、フルシチョフのユーモアは、チャーチルと違って、ほとんどの場合、挑発的、攻撃的、恐喝的で、人を笑わすより暗々裡に挑発なり脅威なりを加えるためだった。チャーチルの機知は鋭かったが、フルシチョフのにはたいてい恐ろしい針が隠されていた。

フルシチョフにとってユーモアは、相手をやっつける棍棒《こんぼう》に似ていた。屠殺用の家畜を売り惜しみする農民の団体には「お前らは動物園をやってるわけじゃないんだぞ」と、一喝した。ソ連は永遠に共産主義なのかと問われたときは、「エビが口笛を吹くようになるまで」あるいは「鏡に映さなくても耳が見えるようになるまで」はマルクス・レーニン主義だと答えた。抽象絵画が大嫌いなフルシチョフは、展覧会を案内した一詩人が「こういう形式主義は、まもなくちゃんとなるはずです」と弁解するのを遮って、「せむしは墓場に入るまで、背中がちゃんとならんのだ」と怒鳴った。

アメリカ博でモデル・テレビ・スタジオを見たあと、フルシチョフは私が法律家だったのをしきりに揶揄《やゆ》し、弁護士は言葉をねじ曲げて悪事を働くが、自分は正直な鉱夫で労働者だと自慢した。ちょうどモデル青果店の前を通ったので、私は父が小さななんでも屋の持ち主だったこと、私や弟は学業の余暇に商売を手伝ったことを話した。フルシチョフは直ちに腕を振り上げ「商売人はみな泥棒だ」と断定した。私は、やり返した。

「そのとおり。泥棒はどこにでもいます。今朝、私はモスクワのマーケットに行ったが、人々は国営商店で買った商品の重さを、あとで計り直していました」

さすがのフルシチョフも、これには答えに詰まり、話題を変えてしまった。

他人に向かって遠慮するようなユーモアは、めったに口にしなかったが、言うときには必ず本気の遠慮でないことをはっきりさせた。アメリカ博でのフルシチョフと私の有名な「キッチン・ディベート」のあと、私は名ばかりのソ連元首であるヴォロシーロフと並んで歩いたが、フルシチョフは一歩あとからついてきた。こちらへどうぞと招くと、彼は即座に言った。

「どうぞ、議長閣下と歩いて下さい。私は身分を心得ておりますから」

アメリカ博での論戦

フルシチョフの陰湿なジョークや無礼な発言を聞いていると、彼がスターリンの下で支配の方法を習った男であることがよくわかった。部下を酷使したスターリンの下では、最適者だけが生存した。そんな風土で育った者には、残忍なだけでは足りず、きわめて聡《さと》いことが要求された。

最高のソ連通の一人、元大使のフォイ・コーラーは、フルシチョフのことをロシア語の形容詞「ヒートルイ」の権化だと言う。「辞書には、ずるい、こすっからい、陰険な、などと書いてあるが、実際はもっと多くの意味がある。破廉恥《はれんち》な、目端のきく、かしこいなどだ。そのすべてを一緒にすれば、時に応じて追従《ついしょう》も言えれば弱い者いじめもできる、デマゴーグにもなればオポチュニストにもなれる、フルシチョフのイメージがはっきりする」というのである。

フルシチョフは一九一八年、二十四歳のとき入党した。十年後、キエフの党支部にいたとき、ウクライナの党を握るカガノビッチに目をかけられた。翌一九二九年、モスクワに帰任するカガノビッチは、忠実な部下であるフルシチョフを連れていった。

一九三〇年代のスターリンの大粛清は、カガノビッチとフルシチョフにとって、絶好の昇進の機会になった。スターリン以上にスターリン的だった二人は、序列を駆け上がり、やがてモスクワの地下鉄建設を監督したフルシチョフは、靴を泥で汚すのも手を血で汚すのも顧みない非情で有能な党員として名を知られた。その実績の上に立って、ウクライナの第一書記になったのは一九三八年のことである。

これは、非常に危険なポストだった。当時、ウクライナ・ナショナリズムはまだ消えず、数百万の農民の生命を犠牲にしたスターリンの農場集団化は、いつまた騒ぎに点火するかもしれなかった。フルシチョフの任務は、反乱の芽を摘み、ウクライナ共産党内のナショナリスト分子を粛清し、四千万住民のロシア化と集団化を進めることだった。

当時、大粛清はその絶頂期にあった。フルシチョフの前任者は、前年に選挙されたウクライナ共産党中央委員会のメンバーのうち七〇パーセントを、わずか六カ月のうちに「処分」していた。スターリンがフルシチョフを送り込んだのは、さらにペースを上げるためである。フルシチョフは、ボスの期待に応え、まもなく中央委員百六十六人のうち三人を除く全員を粛清してしまった。同時に、党支部書記のうち五分の一と、何千人という党員を追放した。

第二次大戦が始まると、ウクライナに侵攻したヒトラーの軍隊を、人々は解放者として歓呼で迎えた。フルシチョフの鉄の支配からの解放は、それほども喜ぶべきことだった。一九四三年、ドイツ軍は集団墓地九十五カ所を発見、一万人の遺体を掘り出した。遺体が身につけていた物から、それは一九三七年から三九年にかけ粛清された党員であることがわかった。

一九四〇年、フルシチョフは独ソ不可侵条約に基いてソ連が手に入れたポーランド東半分の占領監督に当たった。ドイツ軍がソ連侵攻を開始してからは、中将として、ただし前線には出ず、スターリンの命令が行われているのを監視する政治委員として、従軍した。戦後はウクライナに戻って対独協力者を追放し、まもなく「主な労働者の約半数は処分しました」と、スターリンに報告した。

一九五三年三月、スターリンは死んだが、その影響力は簡単には死ななかった。生前の彼を助け、死後は後継ぎを狙う連中が、スターリニズムを引き継いだ。現実は、仮借なきまでに明快だった。フルシチョフは、自分がトップに立つか、立つ努力をしなければ同僚の好きなようにされることを、本能的に知っていた。自分の手に余る相手か、第三者を潰すために協力する相手としか、妥協してはならない。「大切なのは敵に勝つことでなく、徹底的にやっつけることである」というレーニンの言葉は、真実だった。

スターリンの死とともに後継争いは始まった。フルシチョフは党第一書記のポストを手に入れたが、最高会議幹部会の連中は、なお彼を軽視していた。秘密警察を握るベリヤは、フルシチョフを「ポテト野郎」と呼び、カガノビッチは元部下の昇進を喜ばなかった。首相のマレンコフやスターリンの下で辣腕をふるったモロトフは、フルシチョフを「ニェドストイヌイ」(身のほど知らず)と評した。

フルシチョフは、そのすべてを忘れず、報復を決意した。党の力を利用し、三十年前のスターリンと同じようにライバル追放に乗り出した。党機関に通暁した知識と天性の超人的なタイミングの才、ねばり強い目的追求力、あくなき権力欲を駆使し、一九五七年にはついに頂点に立った。

フルシチョフと権力を争った者は、すべて処分された。スターリン後に最も恐れられたベリヤは、逮捕のうえ処刑された。フルシチョフの出世にだれよりも功あったカガノビッチは、地方に追いやられた。スターリンが後継者に予定していたマレンコフは、シベリアの発電所長になった。独ソ不可侵条約の立役者モロトフは、外モンゴルのウランバートルに送り出された。


スターリニズムは、フルシチョフを体質的にも信念的にも独裁者に育てた。反対者は、権力を争う同僚であろうと議論を挑む私であろうと、絶対に許さなかった。同じ力を持つ敵とわかれば、時間を稼ぐ策に出たが、自分が優位とわかると徹底的に追い詰めた。

私と議論しても絶対に自分の意見を変えず、一歩の後退はおろか話し合いの余地さえ与えなかった。自分は常に絶対的に正しく、私は処置なきまでに誤っていると思うらしかった。クレムリンの会談で、私が彼の論理で攻めたときは妥協した。しかし、モデル・テレビ・スタジオでの彼の演技に私が何も言わないのを見ると、こちらの節度ある態度を弱さの証拠と勘違いし、とことん利用しようとした。

テレビ・カメラの前でフルシチョフが芝居がかった演説をしたあと、われわれはアメリカのモデル・ハウスに行った。そして、廊下を通って次々に部屋をのぞくうち、フルシチョフは再び攻勢に出始めた。

われわれはモデル・キッチンに立って、洗濯機の話をした。フルシチョフが何種類もの洗濯機を作るより一種類に統一したほうがいいに決まっていると、うるさく演説するので、私も一矢を報いた。

「しかし、米ソの洗濯機の優劣を論じるほうが、双方のロケットの優劣を誇り合うよりいいではありませんか。それが、あなたの望む平和競争というものでしょう」

　これが通訳されると、とたんにフルシチョフは怒り出し、私の胸に指を突きつけて怒鳴った。

「そうだ、そのとおり。しかし、あんたのところの将軍たちが、アメリカのロケットは優秀だ、いつでもソ連をやっつけるぞと言っておる。こっちもロシア魂を見せてやる。われわれは強い。アメリカを倒すことができる。なんなら証拠を見せてやる」

　挑戦である。受けて立たないわけにはいかない。私も黙っていなかった。こっちも指を突きつけて言った。

「私の見るところ、アメリカも強いがソ連も強い。いまの時代に、どっちが強いかを言い合うのは意味がない。戦争になれば、どっちも負けるのだ」

　フルシチョフは、そんなバカなという顔をしたが、私は続けた。

「首相閣下は、私の言うことを理解していただきたい。あなたが、米ソのどちらかを屈服か戦争以外にとる道がない状態に追い込むようなことがあれば、それは世界にとって最も破壊的な行為と申すほかかない」

　対して、怒ったフルシチョフは抑制がきかなくなったらしかった。だが、私はのちに知ったが、彼は絶対に癇癪《かんしゃく》を起さず、単にそれを利用するにすぎないのである。そのときの彼は、自分が最初に喧嘩を売った事実を隠し、私のほうをソ連を脅迫した悪者に仕立てようとした。「脅迫だ。あんたは、私を脅迫した。こっちも大国だ。そっちがそういう態度なら、われわれは脅迫に対するに脅迫をもってするぞ」

私は脅迫なんかしていないと弁明したが、フルシチョフは間接的脅迫だったと、むりに私の言葉をねじ曲げて怒った。

「脅迫を暗示したのだ。私は何も言ってないが、そっちがその気なら、こっちにも武器はある。そちらより強い武器だ。やろうと言い出したのは、そっちじゃないか。ダ、ダ、ダ、ダ……」

私は気をとり直し、ソ連の強さはよく知っているが核の時代にどちらが強いかの論争は無意味だと言った。フルシチョフも、まもなく私に向かって怒っても何の得にもならないのを悟ったらしく、不機嫌そうに「ソ連はすべての国との間に平和、友好を望む。とくにアメリカとは」と言って、話を打ち切ってしまった。

フルシチョフは、性格的に非常に疑い深いところがあった。アメリカ博のモデル住宅で、ペプシ・コーラ・インタナショナルのドナルド・ケンドール社長がペプシを勧めたときも、疑わしそうに、私が最初に飲むまで飲まなかった。私が飲んでみせると、はじめて、息もつかずに飲み干した。

有名な「キッチン・ディベート」をしてみて、私はフルシチョフが芯からの独裁者であるのを感じた。自分もしゃべり私にもしゃべらせるという態度は毛頭なく、むりに論争を吹っかけては私を言い負かし、強引に沈黙させようとする。だが、それは話の論理や弁舌によってではなく、大げさな言葉や脅迫的な言辞によってだった。

こういうことを書けば、いわゆる「雪解け」に踏み切りスターリン時代の大粛清を暴露した人物には酷に聞えるかもしれない。だが、「雪解け」宥和策は、独裁者としてのフルシチョフを否定せず、かえって裏付けるものでしかない。

「雪解け」の時代、フルシチョフは文学や美術に従来より広範な自由を許したが、どこまで自由にしていいかの規準は、わが手に握って離さなかった。スターリンの恐怖政治は顕在していたが、フルシチョフになるとそれは潜行した。彼の文学の基準がきびしかったのは、インテリに少しでも自由を許せばどうなるかを十分に承知していたからである。あるとき、作家グループに向かって、世論を扇動する作家を何人か手早く処刑しておけば一九五六年のハンガリー動乱は起らなかったと言ったことさえある。フルシチョフは鋭い目で作家たちを睨《にら》み、もしソ連で似たようなことが起れば「わしは容赦せんぞ」と念を押したという。

一九五六年の党大会秘密会でスターリンを弾劾したのも、べつに倫理的な怒りに駆られてではなく、計算し尽くした政治的ギャンブルだった。慎重に言葉を選び、スターリンの弾圧そのものは批判しなかった。レーニンが「非情、酷薄かつ断固たる」態度を肯定したことを引き、いわゆる「右翼日和見主義者」を処分したのはスターリンの功績だとさえ言った。フルシチョフは、自己の政敵が関係したスターリン時代の粛清を批判することで、自分なりの粛清を狙ったにすぎない。

亡命した反体制運動家ウラジミール・ブコフスキーによると、秘密会でスターリン批判をぶっているフルシチョフの机の上に、一枚のメモが届けられた。そこには「そのとき、お前はどこにいたか」と書いてあったという。彼は、メモを読み上げ「だれだ、これを書いたのは！」と叫んだ。そして、だれも答える者がいないのを見ると、やおらこう言ったそうである。

「そのときか？　そのとき、私はお前たちのいるところにいた」

ほんとうかどうか不明だが、たとえフィクションとしても、スターリンを神の座から引きずり下ろしたフルシチョフが、実は本質的にはスターリン主義者だった事実を、この話はよく物語っている。彼は、ソ連国民の心からスターリンを追放したが、わが心からスターリン主義を拭い去ることはできなかった。

農民のことわざに

モデル・キッチンでの大論争のあとは、フルシチョフは急に愛想がよくなった。クレムリンでの昼食会では、われわれにもロシア式に、乾杯後のシャンパン・グラスを暖炉に投げ入れさせた。それまでソ連国内の移動にはソ連機をと固執していたのに、急に私の乗機を使ってもいいと言い始めた。

突然ペースを変えて好意を見せるフルシチョフの切り換えは、実にみごとだった。大切なことでは一歩も退《ひ》かなかったが、個人的なことにはとても気前のいいときがあった。そうすることで肝心の問題について少しでも譲歩が得られれば安いもんだ、と考えていた。

「個人的な友情は、必ずしも国家間の友好につながらない」という鉄則の、生き証人のような男だった。

だが、フルシチョフは、その友情がすべて見せかけであることをも、よく承知していた。愛想や親切を武器に使う点では、史上最も残忍な指導者であるスターリンにも負けないだろう。フルシチョフから、続いてブレジネフから、そうした態度で迎えられた経験のある私は、トルーマン大統領がスターリンのことを親愛の情をこめて「グッド・オールド・ジョー」と呼んだ気持ちがよくわかる。しかし、三人のどれをとっても、計算ずくめの友情が外交上の譲歩に結び付くことはなかった。

アメリカ大使主催の公式晩餐会でも、フルシチョフの上機嫌は変わらなかった。席上、熱弁をふるってソ連の田舎の美しさを語っていた彼は、急に、すぐ田舎へ行こうと言い出した。予定では、われわれは翌朝、彼の別荘《ダーチャ》へ行くはずだったが、三十五キロほど郊外の別荘へいま行けば、あすは丸一日、田舎で過せるではないかというわけである。

われわれの車は、がらんとしたモスクワの道路を走って、フルシチョフの夏の別荘に向かった。車の中から夜のモスクワを見ながら、私はつかの間でも陰鬱な首都の空気をあとにするのがうれしかった。共産主義に最も似合う色は赤ではなく灰色だと、モスクワの陰気くさい建物の列を眺めながら思った。

フルシチョフの別荘は、モスクワを取り巻く深い森の中にあった。一九一七年の革命前は皇帝《ツァー》の夏宮だったが、革命後ほどなくスターリンの所有になり、フルシチョフに引き継がれたわけである。実にぜいたくな別荘だった。家はホワイトハウスより大きく、庭は一点の非の打ちどころもないほど手入れされ、モスクワ川に面した岸には大理石の階段が川面へと下りていた。革命前後のきびしさに比べると、共産党もぜいたくになったものだと、思わずにいられなかった。

翌日の昼ごろ、夫人を伴ったフルシチョフが、車でやって来た。美しく刺繍したシャツを着込んだ彼は、まるで豪華客船の事務長のような精力と熱意で一同を並べて写真を撮らせ、私をモスクワ川の舟遊びに誘った。それが終わると夫人連中と合流して昼食になったが、私は当然、食後は席を移して会談になるものと予想していた。

エカテリーナ女帝の時代に植えた美しいシラカバや松の緑陰に長いテーブルを置いての昼食で、われわれの前にはロシア料理のあらゆる珍味や酒、ジュースなどが所狭しと並んでいた。飲ん兵衛の定評に恥じないフルシチョフだが、その日はワインとウォッカをちょっと啜《すす》っただけ。美酒美食を愛するが、感情を自由にしても感情に自分を押し流させない男らしく、そのときも好きな酒に少し口をつけただけで、仕事に差支えるような飲み方は避け、午後の長い会議のあいだ、ずっと完全な素面《しらふ》を通した。

昼食は、気軽で楽しい空気のうちに始まった。最初のコースの間、ミコヤン副首相はフルシチョフの隣にすわった私の妻とテーブル越しに会話していたが、フルシチョフは急にミコヤンを遮り、「おい、ちょっと待て。やっぱりアルメニア人はずるい。ニクソン氏の奥さんは俺のものだ。あまり気安く話しかけんでくれ」——それからテーブルの真ん中に指で線を引いてみせ、「これが鉄のカーテンだ。越えるなよ」と、怒ってみせた。

その間、私はフルシチョフ夫人と話したが、こっちにはフルシチョフは一向に「俺のもの」呼ばわりしなかった。亭主に負けないエネルギーはあるが、がさつなところの全然ない夫人だった。フルシチョフの無作法な行動とは正反対に自然なあたたかさがあり、趣味の悪い夫とは見違えるほどクラシック音楽やバレエやフランス、ロシアの文学を知り、趣味のいい会話のできる人だった。

最初のコースの中には、シベリア産のシロマスの冷凍という珍味があった。生のままの細長い身で、塩と胡椒《こしょう》とニンニクで味付けしてあった。「これはスターリンの大好物です。こいつを食うと、ど根性がしゃんとすると、よく言ってたもんだ」と言いながら、フルシチョフは二つ、つまみ上げたので、私も負けずに二つをいっぺんに食べた。

次のコースに備えて皿が片付けられると、フルシチョフはそれまでの雑談から一転して、軍事問題を話し始めた。ソ連のミサイルの威力や射程距離の数字を挙げ、いかに破壊力があり正確かを自慢していたが、急に思いついたふりをして、一カ月ほど前にＩＣＢＭ一基が制御不能になり、アラスカに向かって飛んだと話した。さいわい核弾頭を付けず、海に落ちたが、あれがアメリカ領に届いていれば「ちょっとした騒ぎ」になるところだったというのである。

話に熱中し始めると、フルシチョフはまるでブラス・バンドの指揮者のような大げさなゼスチャーをした。蠅《はえ》でも追うように手をひらひらさせ、それも通じないと見てとると、例によって「ロシアの農民のことわざに……」と話頭を転じる。かと思うと、私の話の最中に「もうわかった」と言うふうに天を仰いでみせる。自分の主張にアクセントをつけるため、腕を伸ばして両手を握り合わせ、その中に真理を隠し持ってでもいるような格好をする。怒れば両手を頭上に突き上げ、ブラス・バンドに全力演奏を促すようなゼスチャーをしてみせた。

核ミサイルが人間の操縦する飛行機よりそんなに正確なら、爆撃機をやめてミサイルに切り換えるつもりですねと、私は聞いた。すると、フルシチョフは答えた。

「爆撃機など、生産中止も同然だ。ミサイルのほうがはるかに正確だし、人間の感情が入らないから目標を違《たが》えることがない。人間なら人を殺すのがいやさに爆弾を落とさなかったりしかねない。ミサイルは、そんな心配をする必要がないからなあ」

フルシチョフはまた、海軍は時代遅れだと宣言した。潜水艦は別だが、水上艦艇はミサイルの前にはカモだし、これからの戦争ではフカの餌になるだけだと言う。それじゃ潜水艦の建造計画はどうかと聞くと「全力を挙げて増産に努めている」と答えた。ミコヤン副首相は、あわててフルシチョフに目配せし、「つまり、書記長のおっしゃるのは、わが国の防衛に必要なだけの潜水艦をつくる努力をしているということです」と、口を添えた。

続いて私がミサイルの水中発射に使う固体燃料について聞くと、フルシチョフは無知を装い、「そういう技術的な問題はわからん」と答えた。私の妻が驚いて、ソ連のようなワンマン支配の国で最高指導者がわからないことがあるんですかと尋ねると、ミコヤンが再び助け舟を出し「フルシチョフ議長でも、すべてに目を通すことはできません。だから、われわれがこうして随《つ》いているわけです」と、答えを引き取った。

私は次に、フルシチョフがソ連の軍事力をあまりにも吹聴《ふいちょう》するので国際緊張がほぐれず、有効な協定のための交渉もできないと言った。フルシチョフは、なるほどとうなずいたようだが、ものの一分と経たないうちに元の大言壮語に戻り、ソ連のロケット技術はすばらしい、わがミサイルを防ぐのは不可能だと言い始めた。さらに、いま英国では悲観論と楽観論が流行っていると言って、前者は原爆六発で英国はなくなると見、後者は九発か十発必要だと見ているが、要するにそれだけの差だと、せせら笑った。

私は話題を変え、非共産国に対するソ連の破壊工作を取り上げた。クレムリンが外国の共産主義運動にひそかに指示を出しているのを、アメリカは知らないほどのお人好しではないとまずクギを刺し、フルシチョフがポーランド訪問中に全世界の共産主義革命を支持すると演説した事実を指摘した。

「個人に対するテロには反対だ。しかし、よその国の共産主義の決起となれば、話は違ってくる」とフルシチョフは答えた。ブルジョワジーが平和裡に降服しないなら、暴力革命も必要になってくるではないか、という論法である。

「つまり、こういうことですか。資本主義国の労働者は被抑圧者であり、解放は正当な行為である？」

私はたたみかけた。

フルシチョフは答えて、被抑圧という言葉は「科学的」でないからと話をそらしたが、ソ連が他国の革命を支援するのは、内政干渉にならないと言い張った。

私は、一九五八年に私と妻がベネズエラのカラカスで共産党のデモ隊に包囲されたとき、ソ連の新聞はなぜデモを称えたのかと尋ねた。フルシチョフは、ちょっと隙《すき》を突かれたようだったが、すぐにテーブルの上に身を乗り出し、低いが感情のこもった声で答えた。

「ロシアのことわざに、お客に無礼はいけないが嘘《うそ》はつけない、というのがある。だから、私も真面目に御質問に答えましょう。あなたは、ベネズエラの人民の正しい怒りの標的になった。あれは、あなた個人を狙った行動ではなく、アメリカの政策、その政策の失敗に反対するものだった」

私は、超大国の軍事力と革命の情熱が結びつけば非常に危険だと言い、そちらも十分に注意してくれなければ収拾不可能の事態になりかねないと警告した。

それから、東西間の懸案を話し合うアイゼンハワーとフルシチョフとの会談は、あくまでギブ・アンド・テークの原則に基き、双方が折り合わなければならない――「あなたはアメリカは常に誤りでありソ連は常に正しいと言われるが、そういう態度からは平和は来ません」と、私は突っ込んだ。

これが、またまたフルシチョフの気に障ったらしい。彼はベルリンやドイツ問題を大声でブチ始め、たっぷり一時間近く長広舌をふるった。口をはさむ隙もない。やっと大熱弁が終わったところで、私はその立場からは一歩も引けないのかと聞いてみた。

「仮に、いまここにすわっているのが副大統領の私ではなく、大統領だったとします。あなたは一歩も引かないのだから、大統領の提案にもいっさい耳を傾けないわけですね」

フルシチョフは「いい質問だ」と認めはしたが、やはりソ連として受け入れがたいことは受け入れられないと答え、首脳会談の有無にかかわらず西ベルリンの占領状態を続けさせるわけにはいかないと、強硬だった。ソ連の主張を認めないなら超大国同士の衝突もあり得るという、恐ろしい含みを持った言葉である。

私のほうも、アイゼンハワー大統領は単にソ連側提案にサインするためだけに首脳会談に臨むわけにはいかないと、粘った。フルシチョフははじめて少し譲歩し、なるほどと考える風だったが、自分もアメリカ提案にサインするためだけには行けない、「そんな首脳会談をするくらいなら、鴨撃ちにでも行ったほうがましだ」と、相変わらず折れなかった。

しかしフルシチョフは、ようやく論争に倦きたらしかった。居合わせた人々も、少し議論に酔っていた。彼はやっと立ち上がって、昼食会の終了を宣言したが、それは食事が終わってから実に五時間後だった。

異常なまでのエネルギーと粘りとスタミナの主として、フルシチョフは私の記憶に残った。パンチ力はあるがへたなボクサーのようにリングに棒立ちになり、相手の攻撃をものともせず次々にパンチを繰り出す。そのテンポが落ちない。体を上下左右に振って私の隙《すき》を狙い、まずジャブを、続いてコンビネーション・ブローを、アッパーカットをと、たたみかけ、点を稼ぎ、私のガードを下げさせ、ノックアウトに持っていこうとするのである。

一つの議論で効果なしとわかると、次の議論を吹っかけてくる。それでだめなら、第三第四を繰り出す。コーナーに追い詰められても、巧みにダッキングしたり、話題を一変するというロープ伝いの脱出によって切り抜ける。自分が主導権をとって戦うのは、滅法うまい。私に有利な立場を与えず、私の質問を自分に有利なよう、ねじ曲げる。トンプソン大使は、あとであの昼食会を評して「あっちもヘビー級なら、こっちもヘビー級。引き分けでした」と評したが、実際はそんな生やさしいものではなかった。

アメリカでの第二幕

モスクワを離れワルシャワに向かう機上で、私は言いようのない憂鬱に襲われた。ソ連国民の多くは私をあたたかく迎えてくれたが、彼らが永遠に抑圧の状態から脱《ぬ》け出せないかと思うと、心は暗かった。だが、まもなくポーランドに着いた私は、フルシチョフがなぜ被抑圧国家支持決議にあれほど苛立ったかを、理解することができた。

ワルシャワの様子がモスクワとは大違いらしいことは、車がバビース空港を出るとまもなく明らかになった。空港での閲兵ではソ連式の歩調をとった儀仗兵は、われわれの車が走り始めると歓呼と拍手で送った。西側との戦争が起れば、フルシチョフはこんな兵士を味方とたのむほかないのである。

私が受けた大歓迎を、数日前にフルシチョフが受けた冷淡な出迎えと比較されたくないポーランド政府は、われわれの車の道順を事前に公表しなかった。だが、自由ヨーロッパ放送が流したおかげで、ニュースは口コミによって広がったのだった。

私と妻とは、それまでにも、たとえば一九五三年の東京、一九六九年のブカレスト、一九七一年のマドリード、一九七四年のカイロなどで、あたたかく迎えられたことがある。しかし、あの日のワルシャワのような自発的感情の爆発は、はじめてだった。推定二十五万人というポーランド人が歩道を埋め、車道にまで押し出し、何度も車の動きを止めた。叫ぶ人、歌う人……多くの人は泣いていた。

何百という花束が私の車、妻の車、さらには記者団の車にまで投げ込まれた。群衆の中に入っていった記者の一人は「こんどのは、われわれの花だ」という声を聞いた。フルシチョフが来たときのポーランド政府は、学校や職場を休日にし、子供や役人をバスで運んで沿道に並ばせ、自発的歓迎のための花束まで配ったのだった。ところが、多くの人々が、その花束を納《しま》って、私の到着に備えた。人の海の中を徐行しつつ進む私の車に向かって、彼らは「アメリカ万歳」を絶叫した。

このときの記憶があるから、私は一九八〇年に数百万のポーランド人が起ち上がって共産主義に反対したときも、驚かなかった。ソ連ほど支配力を広く他の国々に及ぼすのに成功し、それでいて他国の人々の支持を買えなかった国も例がないからである。

その日、ワルシャワで受けた大歓迎に、私は、以前から東欧の共産国について抱いてきた信念の裏付けられるのを感じた。だが、いかに東欧の人々に同情を抱こうとも、われわれは一九五六年にフルシチョフがハンガリーに対して加えたような弾圧を挑発しないよう、注意すべきだろう。同時に、東欧諸国やソ連の人々とは常に連絡を保ち、いつの日か共産主義の重圧をはねのけようと願う人々の希望を絶つべきではない。死の数カ月前のダレスが言った「共産主義が粘り強い悪なら、われわれは粘り強い善であり続けようではないか」という至言を思い出す。

別荘《ダーチャ》の昼食会のあと、私はフルシチョフと二人だけで、アイゼンハワー大統領の招待について話した。そして、フルシチョフの訪米を成功させるためにも、行き詰まったジュネーブのベルリン問題会談を打開してほしいと要請した。だが、フルシチョフは冷然として言質を与えず、そのあとジュネーブに戻ったグロムイコ外相も非妥協的な態度を崩さなかった。

　フルシチョフを招くというアイクの決断は、アメリカでは大論争の的になっていた。こちこちの保守派や東欧系の国民は猛反対で、招待はソ連にアメリカに対する対等意識を与え、共産主義と闘うアメリカ人の志気を沮喪させると主張した。私は、そういう見方には反対で、なるほどアメリカ人にはお人好しの一面があるが、ソ連の指導者がオープン・カーから手を振っただけで共産主義と闘う意志を失うとは考えなかった。

　フルシチョフ訪米が熱狂的ブームでも巻き起さないかぎり、私は大丈夫だと見た。かなりの数のアメリカ人は、フルシチョフにアメリカの平和意図を説いて聞かせれば、向こうはかたくなな態度を改め、東西間の懸案は解決するはずと考えていた。また、アイゼンハワー大統領が好意と敬意でフルシチョフを遇し、彼一流の魅力で解きほぐせば、米ソ間の基本的な問題はたちまち氷解すると考える素朴な人が、マス・メディアはおろか政府の中にもいた。

　私は、そういう楽観論には与《くみ》しなかった。自分の経験に照らすと、あまり歓迎すればフルシチョフはそれをアメリカ側の弱さの証拠と誤解するだろうし、だいいち私は東西間の懸案の解決など期待していなかった。アイクは礼儀と理性をもってフルシチョフを迎えたうえ、簡単には動かぬ強い指導者であるのを見せるべきだと思った。

私が見るところ、フルシチョフ訪米の最大の意義は、フルシチョフ自身に対する教育的効果だった。彼は、アメリカの軍事力、経済力を認めるが資本主義の不正がアメリカの力を蝕んでいると信じて疑わない。彼の聞きたいことだけを耳に入れ、真相を伝えない部下の報告によって、いっそう先入見を固定させている。百年前にマルクスが書いた、当時でさえ真実とは大違いだった資本主義像にしがみついている。その嘘を自分でも繰り返し宣伝するうちに、いつのまにか自由世界は弱く、悪いと信じるようになった。私は、そんなフルシチョフが、アメリカを旅することによって幻想を破られ、アメリカの強さとアメリカ人の意志を再評価するに違いないと考えた。

一九五九年九月、フルシチョフはアメリカの土を踏むソ連初の指導者として、ワシントンに着いた。訪問の持つ重大な意味を、彼はよく自覚し、しかも、私がこれまでに迎えたＶＩＰのだれより、外交儀礼が正しく行われるかどうか用心していた。少しでも失礼があると、ソ連への無礼と曲解するつもりらしい。むやみに誇り高く、もしだれも無礼を働く者がいなければ、進んで無礼を発見してやろうという構えだった。

フルシチョフが来る数日前、私はさる非公開の席で、ソ連は月ロケットを一発打ち上げたと言っているが実は三発で、最初の二発は失敗したのだとしゃべった。これを伝え聞いたフルシチョフは、私の発言がソ連を侮辱し、私が彼の訪米の失敗を望んでいると抗議した。滞米中も、ロケットが失敗しなかったことを「聖書にかけて誓う」から、私も発言に自信があるなら同じことをせよと迫った。

フルシチョフは、私がアメリカ歯科医師会の総会でした米ソ関係についての演説のことでも怒った。そのくせ、アメリカ在郷軍人会や海外派遣在郷軍人会での発言は、問題にしなかった。両会ともフルシチョフ訪米に対する非難決議をしかけていたのを、私が気持ちよく迎えるべきだと力説した結果、とりやめたのである。

アイゼンハワー大統領は、ホワイトハウスの執務室で行われた第一回予備会議に私を招いたが、私と握手するフルシチョフはにこりともせず、皮肉な口調でモスクワでの論争を回想してみせた。アイクは、険悪な空気を和《やわら》げようと、モスクワの件はビデオを見たが、フルシチョフも私もよくやった。物腰も礼儀正しかったと、ほめた。

しかし、フルシチョフは、私が彼の訪米に反対し、訪米阻止のため全力を尽くしたと言い、私の発言を引用して「ああいうことを言われたあとアメリカに来て、国民が気持ちよく迎えてくれたのには驚いた。ソ連なら、もし私が国賓のことを悪《あ》しざまに言っておれば、いかに国賓でも、だれも歓迎しないはずだ」と、しつこかった。

私も対抗上、自分がモスクワに着いたときのフルシチョフのえげつない演説のことを指摘した。すると彼は、私の演説のほうが質《たち》が悪いと言い出し、どっちがより挑発的かアイクに判断してもらおうと、からんできた。私がいては話はこじれるばかりである。アイクと私は目くばせし、まもなく私は口実を設けて部屋を出てしまった。

フルシチョフ訪米日程の立案に当たって、私は案内役にフルシチョフの猛烈な対米批判に対抗し得る人物をと主張した。アイクも全く同感で、結局、国連大使ヘンリー・キャボット・ロッジが最適任ということになった。ロッジは国連での対ソ言論戦で巧みな弁舌を証明していたし、フルシチョフの公式のエスコート役として地位も適当だった。予想どおりこれは成功で、行く先々でのフルシチョフの無礼な発言にロッジは敢然と、しかし礼儀だけは正しく、応酬した。

任務を終えたあと、ロッジは私に向かって「フルシチョフはソ連のトルーマンです」と言った。二人とも単純明快、飾らない点で共通だが、両者とも自分が相手に似ているなど言われるのは嫌いなほうだろう。

ロッジの話では、アメリカ各地を回ったおかげでフルシチョフは目を開かれたということだった。カリフォルニアの工場で工員用駐車場に何千台というマイ・カーが並んでいるのを見たとき、アイオワの農村ではトウモロコシの高い生産性を知ったとき、フルシチョフはぽかんと口を開けたままだったという。訪米を終えた彼が、毛沢東に対して、アメリカは張り子の虎ではないと言ったのは、当然の成りゆきだった。

フルシチョフの全米歴訪のあと、彼とアイクはキャンプ・デービッドで米ソ間の問題を協議することになっていた。アイクの命令で、私はアスペン・ロッジの居間で開かれた両国代表団の最初の顔合わせに出席した。

アメリカと協定することなど最初から望んでいないフルシチョフは、すぐ私を狙って集中攻撃をかけてきた。私を見据えながら、アイゼンハワー政権の大部分は対ソ関係の改善を欲しているが、対決路線に固執する者もいると宣言した。その視線から、言わんとするところは明らかだが、フルシチョフは私に応戦のきっかけを与えなかった。やむを得ず、アイクが、わが政権は外交政策では全員一致していると答え、その場はおさまった。

ロシア人に特有の劣等感とフルシチョフ一流の気位の高さは、何でもないことをすぐソ連への侮辱と解釈した。顔合わせのあとの昼食会で、場の空気を明るくしようと思った私は、フルシチョフにスポーツは何が好きかと尋ねてみた。彼が黒海で泳ぐのと狩猟だと答えると、アイクは自分は釣りかゴルフだが、しょっちゅう電話がかかるのでゆっくり遊んでもいられないと言った。フルシチョフは、これが気に入らないらしく「ソ連にも電話はある。それどころか、まもなくアメリカを追い越す」と応じた。フルシチョフが真剣なのを見たアイクは、微笑を抑えかねているようだった。

昼食のあと、私はアイクと話して、ワシントンに戻ることにした。私がいなければ、会談が少しは建設的になるだろうと思ったからである。アイクは、例の穏やかな態度と他人を魅せずにおかない人柄で、なんとかしてフルシチョフと協調しようとした。しかし、宇宙開発で先手をとったのによほど自信を持ったのか、フルシチョフは交渉よりもアイクを言い負かすのに熱心だった。

結局、フルシチョフと話し合ってみたアイクは、どんなに乾杯をし、食事を共にし、外交的な美辞麗句を弄してみても、フルシチョフをその傲慢な主張から一インチたりとも動かすのは不可能と悟った。だが、フルシチョフのほうも、柔和なアイクの外見の底には鋼の強さがあるのを読み取ったはずである。

最後にフルシチョフに会ったのは、彼が帰国する少し前のソ連大使館でのレセプションだった。御訪米が成功だったのを喜びとする、各地であたたかく手厚い歓迎を受けられたでしょうと挨拶する私に、フルシチョフはそっけなく「たとえ成功しても、あなたのせいではない、手元に届いた報告によると、あなたは私の旅行の失敗を望んでいたようだ」と答えた。


執拗なフルシチョフの敵意を見て、私はその裏にあるものを考えずにはいられなかった。彼は翌一九六〇年にアメリカの大統領選挙があること、おそらく私が立候補することを知っていたのだろう。モスクワでの「キッチン・ディベート」で私の人気が高まったのが、しゃくでならなかったに違いない。反撃のしかたはさすがにフルシチョフ、みごとだった。

まず、彼はアイゼンハワー政権の人気を落とそうとした。アイクを叩くことによって私の人気を翳《かげ》らせることができるというフルシチョフの読みは正確だった。アイクが対ソ関係改善に成功すれば、その後継者である私の人気は高まると、彼は考えたらしい。だが、アイクが失敗すれば、アメリカ人は私からもそっぽを向く……。

一九六〇年になって、ソ連がアメリカのU2型スパイ機をソ連領空で撃墜すると、フルシチョフはパリの四カ国首脳会談を流会にし、事件を利用してアイクの顔に泥を塗るような行為を敢てした。アメリカに恥をかかせるという所期の目的は達したが、それと同じように彼は、敵を落選させるチャンスを見逃すような男ではなかった。

いや、そうではない、フルシチョフは純粋に領空侵犯に憤ったのだ。と言う人がいるかもしれない。だがU2機事件のときを唯一の例外として、それ以外では彼は一度も、ソ連はスパイ活動をやっていないなど言わなかったのである。スパイ合戦について、ジョークを言ったことさえある。

一九五九年、フルシチョフの別荘《ダーチャ》で会ったとき、彼は私の耳に口を寄せ、ソ連はアメリカの作戦計画のコピーを持っているが、そっちにもソ連の計画書が行っているはずだとささやいた。同じ年、ホワイトハウスに彼を招いたディナーの席で、CIA長官アレン・ダレスを紹介されたときには、フルシチョフは「私は、あんたと同じ報告書を読んでいる」と言い、一つの情報に二重の支払いをしないよう米ソ情報機関を合併させてはどうかと、きわどい冗談を言った。私がついFBI長官エドガー・フーバーを紹介してしまったときも、フルシチョフは名前を聞くなりフーバーをじろりと睨んで「われわれには共通の知人がいるようだな」と、一言した。

私を狙い撃ちしたフルシチョフは、目的を達した。記者団にもわざと「ニクソン嫌い」を見せつけたので、まもなく「ニクソンではフルシチョフとうまくやっていけない」という記事が何本も出て、それなりの効果を発揮した。

大統領選の直前、ハーター国務長官の夫人が、「ケネディならうまくやっていける」という判断からケネディに投票すると言う人が多いので、なんとか対策をとるようにと教えてくれたことがある。選挙でケネディが当選してからのフルシチョフは、新聞記者に向かって堂々と、ニクソンを落としてやったと誇り、のちにはケネディに「われわれが、あなたを大統領にした」とまで言ったそうである。

フルシチョフの戦略がケネディを助け、私を落としたのかどうかは、議論の余地あるところだろう。だが、一九六〇年の大統領選のような接戦では、わずかの票の移動が、大きい結果につながる。そして、ほとんどの評論家が、フルシチョフの態度は私のマイナスになったという点で一致しているのである。少なくとも彼の態度には、私を助けようという意図が感じられなかった。

堕ちた野人書記長

フルシチョフの外交は、ときにアメリカの内政を動かすほど微妙、ときにソ連機甲部隊の如く直線的と、千変万化した。だが、ロシア的野望と共産主義イデオロギーに裏打ちされた世界制覇という彼の究極の目標は、不変だった。アデナウアーは、かつて私に「フルシチョフが全世界を手中に収めたがっているのは、疑問の余地なしです。ただ、戦争はしたくないハラのようだ。廃墟になった町や死んだ人々を支配しても始まらないからです」と、語ったことがある。

全世界に向かって、フルシチョフは「平和共存」の旗を振ってみせたが、ほんとうに心から平和を望んでいるかどうかは常に疑問だった。一九五五年のジュネーブでの四カ国首脳会談のあと、ボーレン大使は私に、アメリカ政府部内にはフルシチョフが心から平和を熱望しているように思う者が多いが、大間違いだと言った。ではフルシチョフは平和を望んでいないのかと聞くと、こういう答えだった。

「それは問題じゃない。フルシチョフは全世界を望んでいるが、核戦争の結果がどんなに悲惨かは、われわれと同じように知っている。だから、戦争をせずに目的を遂げたいのです。その意味では、平和を望んでいると言えるが、心から望んでいるというのは誤りです。忘れないように、われわれは理想主義だが、彼は物質主義なのですよ」

ボーレンは、目の前のコーヒー・テーブルを指さして続けた。

「コーヒー・テーブルが、何かを心から望んだりしないでしょう。フルシチョフら共産主義者も同じです。彼は、心から望んで平和を求めるのではない。世界制覇という目標が戦争なしに最も達しやすいから平和を望んでいるにすぎません――少なくとも現在は」

フルシチョフの平和共存路線に対する最良の説明は、私が最後に会ったガンで死ぬ四日前のジョン・フォスター・ダレスの言葉の中にあると思う。一九五九年、折からソ連訪問を控えた私は、ウォルター・リード病院にダレスを見舞い、彼の助言を乞うた。私は、多くの人からアメリカはソ連侵略の意図を持たず、心から平和を望んでいることをフルシチョフに伝えよと忠告を受けたがとことわって、フルシチョフに対し何を最も強く言うべきかと尋ねた。

ダレスはいつも、質問に答える前にじっくり考える。しかし、このときの沈黙は、常よりも長かった。ややあって、やっと口を開いた。

「こちらの真意を、わざわざ知らせるには及びません。彼は、われわれに侵略の意図のないこと、ソ連の安全を脅すつもりのないことを知っている。フルシチョフは、われわれを理解しています。だが、われわれが彼の真意を理解していることは、言ってやる必要があります。彼が平和競争を唱えるとき、それはこちら側だけの競争であり、彼の側の競争ではないのです。フルシチョフの平和共存は、共産圏のみの平和であり、非共産圏には絶えざる動乱と抗争を意味しているのですから」

この言葉ほどフルシチョフの訴える平和共存の本質を鋭く衝いた分析を、私は聞いたことがないと思う。彼は自由主義圏でのパワー・ポリティクスを熱烈に希望する一方で、共産圏をそれからきびしく除外した。フルシチョフのルールは、アンフェアきわまるものだったが、残念ながら彼はその独善的ルールを押しつけるに十分な軍事力を持っていたのである。

フルシチョフは大言壮語したが、その下からちらちら見えるのは、ロシア人に共通の不安だった。その自信のなさは、はるか昔、ピョートル大帝がロシアをヨーロッパに向かって開き、かえってロシアがほとんどあらゆる分野で何世紀も遅れているのを発見したときに発している。それいらい、ロシア人はずっと追いつくのに努力してきた。

私がモスクワに行く前、訪ソの体験を語ってくれたマクミラン英首相によると、フルシチョフはソ連の国宝、とくに皇帝《ツァー》時代の宝石や金細工を非常に自慢しながら見せたという。マクミランは、フルシチョフが「クラブ入り」を熱望していると感じた。単にソ連の強大な軍事力の支配者としてでなく、個人としても世界の指導者の一員として受け入れられ、尊敬されることを欲している、というのである。その「クラブ入り」は認めよう、ただしフルシチョフがクラブのルールに従うなら、という点で、マクミランと私は意見が一致した。

フルシチョフとその後継者ブレジネフは、ともにソ連を真のヨーロッパ国家に育てようと努力した。スターリンと毛沢東が基本的にナショナリストだったのに比べ、フルシチョフと周恩来はインタナショナリストだったとも言えるだろう。スターリンはほとんど外国へ行ったことがなかったが、フルシチョフははるかに積極的に、在任十一年間に五十二回も外国旅行をした。

　スターリンがアジア的独裁者だったのに比較すると、フルシチョフとブレジネフの視線はともに西に向いていた。ブレジネフに至っては、私と中国問題を話すとき、まるで親友に対するように声を低めて「われわれヨーロッパ人は、力を合わせて中国の脅威に対処しなければなりません」と、何度もささやいたほどである。

　フルシチョフが西欧に惹きつけられたのは、多分に西欧の経済的繁栄のせいだろう。彼は、なんとかしてソ連を貧困から脱出させようと願ったし、経済発展なくして世界制覇の目標達成が夢にすぎないこともよく承知していた。だが、西欧式の発展を望む一方で、共産主義的な政策は変えようとしなかった。そして、西欧経済の観念を硬直したソ連式イデオロギーと合体させ、はじめて両立の不可能なのを悟った。西側の発展だけを望んで思想を排斥した結果、両者とも得られなかったのである。


　フルシチョフの政治生命は、彼ならではの唐突さで終わった。一九六四年十月、彼はバイコヌール宇宙基地で打ち上げを待つ三人の宇宙飛行士を電話で激励し、帰還時の大歓迎を約束した。そのすぐあと、こんどはブレジネフが、同じように電話で激励した。部下がボスと同じことをする――フルシチョフ時代に先例のないことだった。

　宇宙船ヴォスホードで飛行中の三人に、フルシチョフは再び呼びかけたが、最後にちょっと妙なことを言った。

「同志ミコヤンが来た。電話機を私の手からもぎ取ろうとしている。放さないといけないらしい」

七日間の飛行を終えた三人が帰ってきたとき、歓迎宴にはフルシチョフの姿がなかった。追われた政治家として、すでに一介の年金生活者になり下がっていたのである。

フルシチョフが下僚によって追放された理由は、主に二つある。第一、彼らの大部分はフルシチョフに取り立てられた人々だが、ボスのあまりにも恣意的で移り気な国家経営に、徐々に危機感を抱くようになっていた。スターリンが基本的な政策を転換するときは、それまでの政策を支持してきた連中を一挙に粛清した。フルシチョフはそれを助けてきたわけだが、彼の大転換はスターリンの徹底さを欠いていた。党官僚は左遷されることはあっても、生命にかかわるようなことがなかった。ソ連専門家ロバート・コンケストは「結局、フルシチョフは部下の反感を育てたがテロの恐怖で縛ることを怠り、それが致命傷になった」と評している。

第二に、ソ連指導部はフルシチョフのことを恥じるようになっていた。おどけたり、外国の賓客を侮辱する彼の行動は、最初のうちこそヒエラルキーの人々を喜ばせたが、内に深い劣等感を抱く彼らは、もっと国際社会に受容されることを望んでいた。首脳会談の間に数人のソ連側代表が漏らしたところでは、フルシチョフのおかげで彼らの国際的信用はかえって傷ついた。あるソ連外交官は、フルシチョフ追放を聞いて「バカがいなくなった。あいつのために、われわれは世界の笑い種《ぐさ》になっていたんだ」と、語ったそうである。

世界第二の強国の独裁者から、フルシチョフはソ連でよく言う「存在せぬ者」にまで転落した。以後はずっと軟禁状態が続き、モスクワのささやかなアパートか田舎の小さい家から出られず、車で外出するときも監視つきだった。権力を失った大指導者の末路は悲惨だが、とくにフルシチョフの場合は死以上の苦しみだったに違いない。ときどき人前に出た姿から、さながら拷問の苦痛を嘗《な》めているのがわかった。かつての電撃的なダイナミズムはなく、目は輝きを失い、声はささやくように低く、語尾は聞き取れなかった。

一九六五年に一私人としてモスクワに行った私は、ソ連側のガイド二人と食事中に、さるカナダ人記者から、フルシチョフのアパートへ行かないかと誘われた。ガイドが常時同行することになっていたので、便所に行くと称して抜け出し、カナダ人記者と二人で裏口から出てタクシーをつかまえ、フルシチョフが住んでいるというみすぼらしいアパートの前に着いた。入ろうとすると、二人の大柄な女が出てきて戸口を塞いだ。一人は両手に水のバケツとモップを持っている。私がフルシチョフに会いたいと言うと、ロシア語で何か言い、カナダ人が通訳してくれた。

「彼はここにいない。私は彼がどこにいるか知らない」

フルシチョフは宇宙船に乗って月へ行ってしまったと言わんばかりの態度だった。しかたがない、またの日の再会を希望すると書いた手書きメモを残した。おそらくフルシチョフの手には届かないと思った。だが、それから何年も経ち、一九七一年にフルシチョフが死んだあとになって、彼が私の訪問を聞かされたこと、会いたがっていたことを知らされた。

話は一九五九年に戻って、私とフルシチョフが猛烈に「キッチン・ディベート」をやり合っていたときのことである。だれかが人ごみを分け、展示キッチンの前の手すりに出て私に並ぼうとし、ぶつかった。論争に熱中していた私は、じっと聞いているその男を、ちょっと振り返っただけだった。フルシチョフが「われわれも大国だ」と言ったとき、彼が大きくうなずくのを見たが、それがレオニード・ブレジネフだと知ったのは、後日のことである。十三年後、われわれは、こんどは偶然の出会いではなく、世界の二大強国の代表者として首脳会談で相見《まみ》えた。

ブレジネフは、私がはじめてフルシチョフに会ったのと同じクレムリンの部屋で、私を迎えた。にこやかに握手してきたが、控え目に微笑するときを除いては、その角張った大きな顔と氷のような両眼にはあまり表情がなかった。フルシチョフと同様、部屋の一隅にある長いテーブルの反対側に私をすわらせ、ベトナムでのアメリカの行動を批判し始めたが、明らかにおざなりの公式演説だった。それが済むと、ほっとしたように、われわれは第二次大戦中のルーズベルトとスターリンのような個人的友情に結ばれなければなりませんと言った。

対する私は、ルーズベルトとスターリンの関係を調べると、実務者レベルでよく起った戦中の意見の相違が、両首脳の友情によって解決された場合が多いと指摘し、「そういう関係を書記長閣下とも持ちたいものです」と言い添えた。

「それはいい。私の側もそのつもりでいます」

ブレジネフは大喜びだった。私が続いて、決定をすべて閣僚に任せたりすれば何事も解決しないと言うと、彼は大笑いし、てのひらでテーブルを叩きながら「そんなことをしたら、書類の山に生き埋めだ」と答えた。フルシチョフとの初会とは大違いの、明るく希望に満ちた空気――それが私とブレジネフとの初の会談を包んだ。

ブレジネフの時代

大統領時代の私が三度の頂上会談で会ったブレジネフは、ソ連にとって四代目の絶対主権者である。ウクライナの労働者スラムで一九〇六年に生まれた彼は、レーニン時代には青年、スターリン粛清の時代には新進党員、フルシチョフ登場のころは信頼される部下だった。理想家よりはオーガニゼーション・マン、理論家よりはテクニシャンだが、ソ連を率いてその目標である世界制覇を狙う点では、勇猛果敢な共産主義者であった。

野人フルシチョフと比べると、正反対の男である。フルシチョフはカフスボタンのないシャツを着、上着もだぶだぶだったが、ブレジネフはフランス式のカフスに金のカフスリンクを着け、背広は仕立てのいい絹だった。車に乗るときのフルシチョフは、ほとんどの場合、運転手と並んで助手席にすわったが、ブレジネフはぜいたくなバックシートに深々と埋まり、運転手に対しうなずくことさえなかった。

開けっぴろげのフルシチョフとブレジネフとでは、同じことをするにも、そのしかたがまるで逆だった。たとえば、二人とも狩猟好きだが、鴨撃ちに行くときのフルシチョフは、ボートに寄せる静かな水の音から突然の羽音を待つ期待の時間まで、狩りのすべてを満喫した。ブレジネフの専門はイノシシ撃ちだが、フルシチョフのようにスポーツを楽しむ心はなかった。別荘の玄関にすわって、トウモロコシの餌に獲物が近づくのを待ち、望遠鏡つきの銃で仕留めるのを好んだ。

狩りのほかにもブレジネフは多趣味で、自動ドアや複雑な切換え電話のようなメカを愛した。いかにもロシア的な禁欲とルーズさの混在だが、あるときチェーン・スモーキングを防ぐため一時間ごとにしか開かないタイマー付きシガレット・ケースを見せてくれたことがある。一時間が経つと彼はおごそかな手つきでケースを開け、一本だけ取り出したが、数分後には上着のポケットから別の、普通の煙草を出し、すぱすぱやっていた。

世界初の「働くものの国家」を治めているはずのブレジネフは、また、資本主義社会がつくる最高にデラックスな車の収集に、ことのほか熱心だった。一九七三年夏、キャンプ・デービッドの頂上会談に来たときには、私は公式プレゼントとしてダークブルーのリンカーン・コンチネンタル一台を贈呈した。ブレジネフは、すぐ動かしてみたいと言い出し、私を助手席に乗せてハンドルを握ったかと思うと、キャンプ・デービッドの近くの狭い道を全速力で走り始めた。モスクワではVIP専用道路を一時停止の必要もなく走り回っている男である。たった一レーンの道で、護衛隊か海軍の車でも出てきたらどうしようと、私は手に汗を握った。

道路には一カ所、かなり急勾配の下り坂があり、下りきったところには「危険」「速度落とせ」の標識が立っている。坂が終わると同時に急カーブなので、私はゴルフ・カートを運転中も常にブレーキをかけることにしていた。ところが、ブレジネフは五十マイル以上の速度で勾配にかかる。私は必死に「スローダウン！　スローダウン！」と叫んだが、聞く耳なし。坂の下で、車はタイヤの悲鳴を残して、だがみごとにカーブを曲った。

ドライブが終わると、ブレジネフは上機嫌で「すばらしい車です。ロード・ホールディングが抜群だ」と言ったが、私は「あんたは運転がうまい。私なら、あのスピードで、あのカーブは曲れなかった」と答えた。外交というのは、ときには身の危険をも伴うものである。

ぜいたくな暮らしの好きなブレジネフは、ヨット、乗馬などのほか、美しい女性をはべらせるのを好んだ。これも一九七三年夏のキャンプ・デービッドでのことだが、第一回会談のためブレジネフ用のコテージに近づくと、ちょうど非常に美しい、みごとな曲線美の女性が出てくところだった。通訳が、これは書記長のマッサージ係ですと紹介した。握手すると、いい香りがし、フランスの高級香水アルページだと見当がついた。実は、私の妻のと同じだったのである。

ブレジネフのほかにも、快楽と安逸を愛した国際的指導者はいないわけではないが、彼はだれ憚《はばか》ることなくそれを追求した点で、ソ連では初の指導者だった。私は一九七六年に中国を訪れたとき、人民代表会議の副議長と長い会話をする機会があったが、彼はソ連の政治家や文化エリートが特権的生活を享受しているのを指し、ロシア人は中国人とは大違いの修正主義者だと、きびしい口調で語った。「考えても下さい。政府や党の首脳、芸術家、科学者などは百万長者のような生活をしています。最近のソ連はめちゃめちゃです」というのだった。これは中国社会の階級性を過小評価しているきらいがあるものの、ソ連に関する指摘は正しいと言えるだろう。

　ブレジネフ以下のソ連首脳は、まさにそのとおり、新しい階級以外のなにものでもなかった。一般のソ連市民からはるかに隔絶し、国民の関心事をいささかも顧みなかった。共産国家のエリートのほうが、資本主義国のどんなグループより、マルクスの言う支配階級に似ている。

　この間の事情をよく物語るのは、ブレジネフをめぐる一挿話だろう。ある日のこと、ブレジネフは郊外に持つ大別荘《ダーチャ》に母親を連れていった。美しい庭、装飾いっぱいの廊下、結構ずくめの寝室を自慢して見せる息子に、母は感嘆をこめて言った。

「すてきな家だね。でも、お前、また共産主義者が来たら、どうするんだね」


　ブレジネフは、私生活では「新しいツアー」だったかもしれないが、その外交政策もかつてのツアーそのままの拡張主義だった。もし昔のロシアに生きていれば、国威を世界に発揚した功を讃え、「レオニード大帝」と呼ばれていたかもしれない。彼の指導の下で、ソ連を盟主とする共産圏は、南ベトナム、カンボジア、ラオス、エチオピア、南イエメン、アンゴラ、モザンビクを傘下に加え、さらにはアフガニスタンを奪取することによりアジアの運命を転回させた。それだけでは足りないらしく、モスクワはカリブ海や中米に共産主義の橋頭堡を確立しつつある。

　フルシチョフの没落により選手の顔触れは変わったが、試合のルールは不変だった。ブレジネフが目標としたのはフルシチョフと同じ、ソ連を強大にし、支配力を拡大し、あらゆる機会をとらえて共産主義を輸出することだった。フルシチョフが大言壮語したのは、それ以外に方法がなかったからにすぎない。彼には、言葉以外に切り札がなかった。それに比べてブレジネフが宥和的だったのは、強大な軍備を持つことにより、すでに何枚かのエースを手にしていたからである。

個人的な交渉のスタイルだけを問題にすれば、フルシチョフもブレジネフもリンドン・ジョンソンと一脈通じるところがあった。いずれも、自己の言葉を強調するために、スキンシップを用いた。ただし、フルシチョフのそれは脅迫的であることが多く、腹と腹が触れ合うくらい接近して私を脅したり、指で私のみぞおちを突つくという嫌がらせを敢てした。ブレジネフは私の二の腕をつかんだが、それは威圧というより懇願のゼスチャーだった。だが、それで通じなければ、ブレジネフはいつでも、高圧的な態度に切り換えることができたわけである。

私がブレジネフに一番感心したのは、感情の使い分けの柔軟さだった。あるときには、心の底から子孫のために平和を遺産としたいと願う態度と口調で迫った。かと思うと、世界の運命をわが手に握る権利を、何の臆面もなく主張した。

ブレジネフが友好から一転して敵意ある態度に切り換えるさまは、見ていてみごとなほどだった。一九七二年のモスクワでの頂上会談では、彼はぜひにと言って、われわれ一行をモスクワ川の舟遊びに誘った。ボートの速度計が時速九十キロを指すのを、大喜びで「見てくれ」とばかり、何度も私の肩を叩いた。

楽しい舟遊びが終わって晩餐の前の会談が始まると、さっきまで子供のようにはしゃいでいたブレジネフは、一転してベトナム戦争収拾への私の努力を罵り、米中の新しい関係はソ連を脅すものだと責め始めた。ジキル博士がハイド氏に変わったのかと思ったほどだが、攻撃はそれだけではなかった。ブレジネフが三時間しゃべったあとコスイギンとポドゴルヌイも猛烈な非難演説を始めた。まるでKGBの取調官が、犯人に自供を強いているような態度だった。

会談が終わり二階でディナーが始まると、空気は再び一転して友好的になった。あとでグロムイコとの会談があるからキッシンジャーにはあまり飲ませませんと、私がいつものジョークを言うと、ソ連の指導者たちは大喜びでキッシンジャーにウォッカを強いるふりをした。階下でのとげとげしい対決が、うそのような雰囲気だった。

ブレジネフは、彼の年齢のソ連指導者がみなそうであるように、話が戦争の惨禍になると非常に感情的になった。第二次大戦で二千万人以上の国民を失った悲劇を、彼らは昨日の出来事のように覚えていた。

私は一九七二年にソ連のラジオとテレビを通じてソ連国民に話しかけたが、その中で、レニングラード防衛戦のあいだ家族が一人二人と死んでいくさまを書いたターニャという十二歳の少女の日記を引き「われわれの子供たちが再びターニャの悲惨を体験しないよう、全力を尽くそうではありませんか」と結んだ。あとでブレジネフに会うと、私の呼びかけを聞いて泣いたということだった。

翌年、ブレジネフがサンクレメンテに来たとき、私は自宅でのプライベートな晩餐の席で、再び挨拶の中にターニャの日記を引用した。すると、ブレジネフの両眼にはみるみる涙があふれ、席を立った彼はテーブルを回ってきて、私を抱擁した。

あるときブレジネフは「自分は感情的な人間です、とくに戦争の惨禍になると」と、私に告白したことがある。しかし、だからといって彼をセンチメンタルな男と見くびるのは禁物である。ブレジネフの深く、力強い声には、動物にも似た磁力と性格のはげしさが感じられた。

大げさな身ぶりをよくするブレジネフは、また、椅子から立ち上がって部屋中を歩き回るくせがあった。あるとき私に向かって「椅子を立つたびに譲歩を一つしてしまう」と、苦笑したことがある。しゃべりすぎるとき、話が論点から逸《そ》れてしまうときもあったが、会話の方向を自己の弱点から遠い方向に持っていく技術は巧みだった。押してくる力、巧妙な交渉術、こちらの攻撃を受けとめる巧みさでも、フルシチョフにひけをとらなかった。

一九七三年のワシントンでの首脳会談では、ブレジネフが三時間の時差から来る疲労を言い立てたため、夜の会議を早く打ち切ったことがある。ところが、何時間か後に、ブレジネフが会談を再開したいらしいというキッシンジャーのメモを護衛官が持ってきたので、ホワイトハウス二階の書斎で会うことにした。

笑顔のブレジネフは「寝ようとしたが眠れませんので」と言いながら、グロムイコと駐米大使ドブルイニンを従えて入って来た。私は、ちょうどいい、じっくり話し合う好機ですと答え、われわれは着席した。

それからの三時間、ブレジネフは中東問題で強引に自説を主張した。米ソが共同でイスラエルとアラブに和平案を押しつけるべきだ、少なくとも和平案の原則を示さなければならないと言い、すべての占領地域からのイスラエル軍の撤退、国境線の相互承認、中東和平の国際保証などを挙げた。

私は応《こた》えて、アラブもイスラエルも押し付け和平案など呑まないだろうし、呑むべきではないと言い、両当事者が話し会いを始めるのが、最善だと主張した。そして、ブレジネフの言う原則に同意すればアメリカはイスラエルの権利に干渉することになると説明し、むやみな原則強制は両者の話し合いの芽を摘み、かえって目的を遠ざけるのではないかと指摘した。

話は長引き、わざと腕時計を見たブレジネフは、眉を寄せて言った。

「お疲れだろうと思うが、この件では、ぜひとも合意したいのです」

その合意というのが、非常にアラブ寄りの線だった。合意が得られなければ自分は首脳会談から手ぶらで帰ることになる、そうなれば中東戦争が再発しないと保証できないと、強引な要求だった。「はっきり原則を確立しておかないと、軍事情勢の流動を抑えきれない」とさえ言った。

この深夜会談に満ちていた感情は、前述の第一回頂上会談でブレジネフがベトナムの政策を非難したときと同じほど強いものだった。私は、永続的な平和はイスラエルとアラブの直接交渉によるべしと主張し、米ソ両超大国による管理案には終始反対した。ブレジネフが一時間半ほぼ一方的に話したのを承《う》け、私はその年のうちになんとかしてアラブ・イスラエル間の和平を実現したい、なぜなら「中東は最も緊急の問題ですから」と言って会談を打ち切った。

ブレジネフがさかんに攻勢に出る間も、私は一貫して感情を顔に出さなかった。フルシチョフと違って、ブレジネフは雄弁よりも冷静を評価する男だったからである。だが、そもそも目的が違うのだから、合意には達せるわけがなかった。われわれが平和を欲するのに対し、ソ連は中東を欲していた。ただし、会談を通じて、私が強くイスラエルを支持し、正当な和平交渉を望んでいる事実は、誤りなくブレジネフに伝え得たと思う。

それから四カ月後の一九七三年十月六日、イスラエルのゴルダ・メイア首相から、シリアとエジプトが戦争準備中だという連絡が届いた。私はすぐにブレジネフが中東での戦闘再開を示唆したのを思い出し、あのとき彼はすでにアラブの武力攻撃に支持を与えていたのではないかと考えた。

アメリカ、イスラエル双方の情報機関は、攻撃の直前まで、アラブ側の配備を見破ることができなかった。その結果、イスラエルはユダヤ教の大祭日ヨム・キプルで兵士の多くが休暇中に不意を衝かれ、戦闘開始から三日間に、一九六七年の「六日間戦争」を上回る死者を出す打撃を受けた。

開戦から数日で、両軍とも武器や補給が底をつき始めた。ソ連がシリアとエジプトに大量の物資を空輸したとの報で、われわれも対イスラエル支援の準備を始めた。だが、ソ連は毎日七百トンの装備や補給を送っているのに対し、こちらは国防総省《ペンタゴン》が何をどれほど、いかにして送るかを研究しているうちに、出足で遅れをとった。キッシンジャーの話では、国防総省はシリア、エジプト、ソ連を刺戟しないようC５A輸送機を三機しか使わない政治的配慮中とのことだった。

いったい何機の使用が可能かと私が聞くと、三十機は使えるという。そこで私は「政治的配慮は私がする。三機であろうと三十機であろうと、刺戟の点では同じだ」と、キッシンジャーに指示した。それでもまだ国防総省は官僚的なことを言うので、キッシンジャーを通じ「使用可能の全輸送機を使え」と、命令を出した。翌日、やっとC130輸送機三十機がイスラエルに向かい、続く一週間のうちに補給は一九四八〜四九年のベルリン大空輸を上回る規模に達した。

戦闘開始から一週間目、イスラエル国防軍はようやく反撃に転じた。アラブの即戦勝利を期待したソ連の夢はしぼみ、ブレジネフは書簡を寄越し、直接交渉をしたいからキッシンジャーをモスクワに送れと言ってきた。こうして停戦協定案ができ、イスラエル、エジプト、シリアは十月二十一日からの受けいれに合意した。この協定はすぐに破れたが、三日後には各当事国が新しい停戦案を受諾した。

しかし、ブレジネフはタオルを投げたわけではなかった。十月二十四日には、わが情報機関が驚くべきニュースをつかんだ。五万人からなるソ連の七空挺師団に待機命令が出、地中海のソ連海軍は上陸用舟艇や大型ヘリ搭載艦を含め八十五隻に達するというのである。

まもなく、エジプトのサダト大統領が、米ソ共同の平和維持軍を中東に送るようブレジネフと私に要請すると発表したが、これはエジプトに再びソ連軍を送り込みたいブレジネフにとっては、もっけの幸いの提案だった。国連からも、ソ連が非同盟諸国に働きかけ、中東への米ソ合同派兵を求める決議案を出させようとしていると、情報が入った。

私はサダトにメッセージを送り、激動の中東に超大国間の反目を持ち込む危険を指摘した。その数時間後、ブレジネフからのメッセージが届いた。イスラエルが依然として停戦協定を無視していると称し、即刻米軍を現地に送るようとの要請だった。折り返し回答を望むと言ったあと「率直に申すが、この件でアメリカがわれわれと共同行動をとらなければ、ソ連は一方的に適切な手段をとる必要に迫られるであろう。イスラエルの勝手な行動を座視することはできない」と付言してあった。このメッセージをもって、米ソ関係は一九六二年のキューバ危機いらい、おそらく最悪の状態に陥った。

私はヘイグ首席補佐官やキッシンジャーに命じ、ソ連の脅迫的言辞への対応策を協議するため、国家安全保障担当者を集めさせた。言葉ではどうにもならない。行動しなければならなかった。補佐官たちは一致して通常部隊と核部隊の双方の全軍に待機命令を出すように進言し、十月二十五日の払暁、私はその命令を発した。

この待機命令がソ連側に伝わった時刻を見計って私はブレジネフにメッセージを送り前夜の彼の提案を研究したが米ソ共同軍の中東派遣には同意できないと言った。重大な停戦協定違反は起っていず、従って「一方的な行動の予告は、不測の結果を招来するものとして重大な関心を抱かざるを得ない」とも書いた。少数の米ソ担当者の派遣なら合意の用意があるが、戦闘員は認められないし、派遣する場合も国連軍の補助員としてだけだと言ったうえ「ご存じと思うが、われわれは絶対に一方的行動を許容しない」と念を押した。

昼前にはサダトからメッセージが届き、エジプトはアメリカの態度を理解し、国連平和維持軍の派遣を望むと言ってきた。続いてブレジネフからも返書がきた。ソ連はオブザーバー七十人を中東に送りたいというのだった。最初の提案にあった派兵案に比べると大幅後退だが、私はこんどもはっきりと拒否し、停戦監視オブザーバー団の構成は国連事務総長が決定すべきだと回答した。

全軍待機命令は効果を発揮し、ブレジネフは戦闘員の派遣を思い止まり、平和的解決の道がひらけた。成功の理由は二つ。第一は、われわれが核戦力でやや優位なのをブレジネフが知っていたこと。第二は、前年のわれわれがベトナムでの決断で示したように、アメリカの利益を断じて守るとともに友好国を見捨てない決意であるのを彼が知ったことだった。

この第四次中東戦争の間、ワシントン＝モスクワのホットラインを通じて送った私の冷静な言葉を背後で支えたのは、あのサンクレメンテの深夜会談でブレジネフの中東和平提案に屈しなかった私の断固たる態度だった。われわれが十分な軍事力とともに、それを行使する意志を持っていると知ったからこそ、ブレジネフは後退したのである。

翌一九七四年、モスクワでわれわれは三度会ったが、ブレジネフはイスラエルが中東緊張の元兇だとはげしく非難し、ソ連が前年の戦争をアラブに使嗾《しそう》したという説を懸命に否定した。その口調から、私は第四次中東戦争中の当方の断固とした態度から彼が相当な打撃を受けたこと、再び戦争の危険は冒さないであろうことを察した。

ブレジネフは外交において現実家だったが、ドブルイニン大使がかつてキッシンジャーに打ち明けたように、彼を含むソ連指導部は中国というアキレス腱を忘れかねているようだった。

頂上会談のたびに、ブレジネフは彼のいわゆる「黄禍」を防ぐため、何らかの形でアメリカと協力しようと申し出るのが常のようになっていた。

　二度目の頂上会談のとき、私は彼の中国過敏症を指摘し、中国が対ソ侵攻に必要な核兵器を持つようになるには少なくとも二十年かかるだろうと言ったが、ブレジネフが首を振ったので、では中国は何年で核大国になると思うかと聞いてみた。

　ブレジネフは、両手の指を広げて見せた。

「十年です。十年経てば、われわれと同じところまで来るでしょう。もちろん、十年後には、われわれのほうも進んでいるが、核戦争の無意味なことをいまのうちに教えなければなりません。一九六三年、われわれが折から党大会を開いていたとき、毛沢東は四億人の中国人が死んでも三億人は残ると豪語したのです。そういう男なのです」

　中国指導部は本質的に侵略志向で、毛が死んでもそれは変わらないと、ブレジネフは見ているようだった。

　三度の頂上会談で、ブレジネフと私はいくつもの重要な合意を達成した。一九七二年の最初の対弾道弾ミサイル制限条約もそうだし、やはり最初の戦略兵器制限条約（ＳＡＬＴＩ）がそうだった。しかし、そうした個々の合意に勝る成果は、われわれが個人的な関係を確立したことだろう。互いに知り合うことにより、われわれは誤算という最も危険で最も注目されること少ない危険を、大幅に減らすのに成功した。

　核の時代、まともな指導者なら、超大国間を戦争に踏み切らせるようなことは絶対にしないはずである。だが、会ったこともなく、お互いの意見の相違を確認し合ったこともなく、相手を理解しない指導者は、知らず識《し》らずのうちに相手を開戦に追い込む危険がある。それは、彼らが戦争を欲するからでなく、どんな行為が戦争を招くかについて誤算するからにほかならない。

何度も会っているうちに、ブレジネフも私も、相手が自分と同じほど強い信念の持ち主であるのを知った。そうなれば、相手を挑発する前に二度考える。話し合いを進めたいなら、相手と協力して進めるほかないし、互いの立場を尊重しながら進むべきだということがわかる。私が当時もいまも、超大国の指導者は年に一度は会うべきだと考えているのはそのためで、そうした頂上会談は戦争の前提となる誤算を、少なくするものなのである。

「してはならない」こと

過去三十六年間に私は国際共産主義運動の戦略を実地に見るとともに、その指導者とも直接会うという貴重な体験をした。

・一九四七年には、廃墟になった西欧の人々の苦悩を利用しようとする共産主義者の動きを、ヨーロッパで見た。

・同じ年、アメリカ政府の最上層にまで食い込んでいる共産主義スパイ活動を明るみに出す議会調査団の一員となった。

・一九五〇年代には東独、ハンガリー、北ベトナム、北朝鮮、中国本土から命からがら逃げてきた何万という難民をみた。

・一九五八年、ベネズエラのカラカスで共産主義暴民に取り巻かれ、妻もろとも殺されそうになった。

・一九七〇年代の前半には、ブレジネフとの間に、スターリンとルーズベルトいらいかつてなかった親密な個人的交遊を持った。

私はまたソ連、中国をはじめルーマニア、ハンガリー、ポーランド、チェコスロバキア、ユーゴスラビアなど共産圏を広く旅行し、共産主義による支配のさまを実地に見聞した。ソ連の行動について私が得た洞察のなかには、他の共産国指導者に教えられたものが少なくない。

これほどの実績があるわけだが、私はなお、自分が確信をもってわが対ソ政策がどうあるべきかを指示するには至っていないと考える。いずれにせよ、対ソ政策の決定には、かなりの未来予測も必要になってくるわけで、私は前著『現実の戦争』の中に、そのアプローチがどうあるべきかを、くわしく書いておいた。

しかし、実績をふまえて「こうせよ」と断言できないまでも、いくつかの「こうしてはならない」は言えるのではないかと思う。

ソ連を相手の交渉は、単に超大国との折衝であるだけでなく、その巨大な力を握る比較的少数の人々との取り引きであることを忘れてはならない。フルシチョフやブレジネフやその後継者を理解することにより、われわれは、さまざまな政策決定のポイントに当たってソ連がどう動くかを、よりよく知ることができる。

アメリカにおける政策の対立は、両極端の衝突という形をとる場合が多いが、実はその両者は善意、愛国的でありながら方向を見誤っている点で共通性がある。

超タカ派は、ソ連はうそつきで貪欲で西側をやっつけることばかり狙っているから、絶対に心を許してはならないと言う。ソ連に対し、核の絶対優位を確立せよと叫ぶ。脅迫者ソ連とは文化、貿易を含め、いっさい交渉をしてはならない、孤立させておけば彼らは経済的に自滅し、共産主義政権もそれとともに倒れる——と考える。

　これに対して超ハト派は、ソ連の指導者なんて年寄りで保守的で用心深い連中ばかりだから、こちらが脅しさえしなければ脅迫がましいことはしないはずだと見る。こちらが一方的に核戦力を減らしていけば、ソ連も従うだろうし、軍備に使う金でソ連国民の生活をよくするよう努力するだろうと言う。

　実は、タカ派もハト派も間違いなのである。ソ連は、アメリカに核の絶対優位を許さないだろう。独裁国の指導者は、予算を好きなだけ軍備に使える。だから、核戦争の脅威を減らす交渉をするなとは無茶だし、孤立させればソ連は崩壊するというのも非現実的で、かえって逆効果になりかねない。外患が独裁を強化し、緊張の緩和がむしろそれを弱めることは珍しくない。一九七〇年代の緊張緩和《デタント》がなければ、ポーランドに連帯労組の生まれる条件は整わなかったはずである。

　しかし、ソ連に対して「人にせられんと思うことは、人にもその如くせよ」という聖書の言葉を適用するのも、あまりに純真にすぎると言うべきだろう。カーター大統領は、純粋な善意から、ソ連がきっと同調してくれるものと信じて一方的に軍備を削減したが、結果はさんざんだった。カーターがアメリカの軍事力を減らした間、ソ連はせっせと彼らのを増強した。おかげで、次のレーガン大統領は、核のバランス回復のため、軍備充実に努力しなければならなかった。

　だいたい緊張緩和《デタント》には二通りあって、それはハードとソフトである。ハードな緊張緩和は、効果的な抑止力《デタレンス》に基く。こういう緊張緩和は、ソ連に侵略のコストがいかに高いかを考えさせ、平和裡の交渉を決心させる。ソフトな緊張緩和なら、彼らは交渉の意欲を失う。ソ連拡張主義のコストが低下し、彼らは侵略の誘惑に勝てなくなるからである。

十分な抑止力に裏付けされたハードな緊張緩和《デタント》は平和を維持することができるが、ソフトな緊張緩和は逆に戦争か戦わざる敗北を招く。緊張緩和は必要だが、それは正しい種類のデタントでなければならない。

「こうしてはならない」行動を知れば、「こうせよ」はおのずと明らかになってくる。すべてを完全になしとげるのは不可能だから何も行動するなと言うのは、愚かというものだろう。

ソ連の指導者は、意志力強く、冷酷で非情な人々であり、国際的なバランスを冷静に計算する能力を持っている。

われわれがなすべきは、西側の自由を保存し、ソ連指導者に対して自由を守るためにはいかなる手段もとるという断固たる意志を明らかにすることである。その決意を明らかに示せば示すほど、彼らは究極的な挑戦を仕かける意欲を失う。

従ってわれわれは、戦争を抑止し、戦わざる敗北に甘んじないだけの軍事バランスを回復する必要がある。

アメリカが核優位を享受していたころは、核は平和を守るためのものだった。一九七三年十月の中東危機が好例だが、ソ連の侵略意図に対して核部隊に待機命令を出すことにより、敵の意図をくじくことができた。ところが今日では、核戦力は可動、定置ともソ連の優位に帰してしまった。ソ連という侵略的勢力の手に握られた核優位は、重大な脅威である。だから、平和を維持するには、いま予算を投じて核のバランスを回復しなければならない。

ソ連の指導者は、軍事的優位に乗じて世界制覇を企図しているが、こちらがその優位を消すべく努力中なのを示せば、彼らが真面目に軍備制限、あるいは削減のため交渉の場に出てくる可能性は増大する。

米ソ両国は核戦力を現状のまま凍結せよ、そうすれば戦争のリスクは減じるし軍備制限交渉も進む、と主張する人が多い。実は、これは全く話が逆なのである。凍結は、現在のソ連優位を固定することになり、かえって戦争の危機と核による恫喝《どうかつ》の危険を増大する。凍結によってソ連は話し合いの必要を感じなくなるわけで、従って核を減らす軍備制限条約も、その芽を摘み取られてしまう。クレムリンの住人が、あるいは老い、あるいは病んでいたのは事実だが、彼らは決してバカではない。こちらが何か与えるものを持たないかぎり、彼らから何一つ得ることはできない。

核ジレンマの解決にはまず核の現状凍結をと人は言うが、そんな策は安易かつ空疎であり、二つの誤謬の上に成り立っている。

第一は、人類が核の脅威から逃れる方法があり得るという誤謬である。核兵器が存在するかぎり、危険の度は減じない。たとえ米ソが現在の核保有量を半分に減らしても、両者はいずれも相手と全世界を何度も破壊するだけの力を持っている。

第二の誤謬は、軍備と軍備競争が戦争をひき起すという考えかたである。そう考える人々は、世界を破滅から救うためには軍備競争をやめるべきだと主張する。しかし、歴史的に見ても、戦争を起してきたのは軍備ではなく、武器の使用につながる政治的問題を解決できない人間の無能力だった。軍備は、政治的緊張の原因ではなく、結果にすぎない。軍縮についていかに美しい決議が調印されようとも、それは深い政治的対立を解く鍵《かぎ》になることはできないのである。

核ジレンマから脱出できない以上、われわれはそのジレンマと共存する道をさぐらなければならない。軍備制限という不毛の議論を超えて問題の核心、米ソの基本的な対立にメスを当てるほかない。要は、その対立を戦場ではなく、交渉のテーブルの上で解決する道をさぐることだが、その前にはまずソ連を交渉の場に導かねばならず、彼らにそうさせるためには、われわれが彼らに脅威を感じさせるに足る力を持たねばならない。ブレジネフは、抵抗はしたものの、その力を感じて理解した。われわれは、彼の後継者に対し、われわれの側もそのメカニズムを理解していることを示すべきである。

同時に、われわれに重大な利害関係ある地域でのソ連の冒険主義に抵抗しなければならない。世界の警察官を気取るべきではないが、ソ連やソ連の代理国がわれわれの同盟国や友人を破壊し攻撃するのを拱手《こうしゅ》傍観するわけにはいかない。地球上のどんな僻地においても、ソ連の進出に抵抗する用意あることを見せなければ、世界の運命が彼らの好きなように決定されてしまう。

それだけではない。われわれはソ連の国際的行動に対し、巨大なわが経済力を行使すべきである。軍事面では遅れた分野があるかもしれないが、経済はこちらがはるかに優勢である。彼らはわれわれとの貿易の必要に迫られているのだから、こちらの貿易の姿勢を彼らの弱点を拡大し、わが弱点を小さくするよう持っていけば、経済力を存分に利用することができる。

ソ連側も交渉の席に着きたがっているなどと言えば、クレムリンにいるブレジネフの後継者たちは嘲笑《あざ》うかもしれないが、それは事実なのである。われわれは、彼らに交渉の機会を与えてやらなければならないが、それには条件がある。われわれの利益に関係ある地域で彼らが直接間接の侵略を続けるようなら交渉はなしということを、彼らに教えなければならない。レーニンは、資本家たちがいずれ自分が首くくられるためのロープを競って売りに来るだろうと言った。われわれはロープを売るべきだが、それは彼らが他人の物を盗もうとするとき、彼らの手を縛るロープでなければならない。

ソ連の力を封じ込める一方で、ソ連圏内部に変化を促すことも必要だろう。そのためには、結構なお題目を並べてみても、ブレジネフの後継者たちに笑殺されるのがオチである。すでに変化を起し始めている力を励ます態度のほうが望ましい。

共産主義世界は、大激震とともに崩壊するような性格のものではない。だが、それは過去に変化したし、現に変化しているし、これからも変化を続けるだろう。われわれは、そうした変化を加速することができる。そのプロセスにこそ、西側の希望がかかっている。

共産主義の世界を平和裡の変化を積み重ねることによって変えるのが可能だと言えば、そんなまだるっこしいことでは世の終わりまでかかると嗤う人がいるだろう。だが、そんな人々は、これまですでにソ連がどんなに変わったかを知らない。

イギリスのマクミラン首相が、かつて私に語った歴史的事実だが、不興を蒙った寵臣の首を次々に刎《は》ねたエリザベス一世の時代から百年が経つと、アン女王の時代には世論に遠慮し、追放がせいいっぱいの処置になっていたという。マクミランがそれを語ったのは、粛清と称して何百万人を処刑したスターリンが死んで五年後の一九五八年だった。フルシチョフも政敵を処分したが、遠い地方へ追放するのが関の山だった。ブレジネフの時代には、フルシチョフをモスクワ郊外に移し得ただけだった。

変化のペースは絶望的なまでに遅く、気の短いアメリカ人はいらいらすることだろう。だが、われわれは変化ゼロよりも遅い変化のほうが望ましく、遅い変化をじっと見守る長期の視野がときには必要なことを、知らなければならない。

人と人のレベルの交流や文化、情報などの面での接触は、たしかに理想主義者が言うほどの効果を挙げないかもしれない。だが、やはりそれなりの成果はあり、ゆっくりした動きの中の重要な一部である。非戦略物資の貿易も、軍縮と同じように、ソ連の国際的な動きにリンクして動かすことさえできれば、同様の結果を収めることができるだろう。われわれは貿易を武器にし、貿易当事者間の関係を転じて有利をはかるべきである。

思想もまた独特の力を持ち、障壁を越えて広げることができる。ポーランド人のローマ教皇が誕生したことは、宗教というものの強さを見せつけた。わが方の最大の財産は、鉄のカーテンの内外であまりにも明らかになりつつある単純明快な事実——すなわち、共産主義はまともに機能しないという事実なのである。どんなに頑固な共産主義者も、彼らの主義の破滅的な結果から顔をそむけずにはいられない状態が、それをよく物語っている。

ソ連の人々はたくましいし、東欧諸国の人々についても同様のことが言える。だから、東と西が対立する中で、彼らのたくましさは、とりもなおさず西側の強味の一部である。なぜなら、西側が敵とするのは、現に彼らを抑圧している東側の指導層だからである。

このさき十年の世界をリードする指導者たちは、超大国同士の対峙《たいじ》という不安定な状況の中に生きる術を身につけなければならない。緊張緩和《デタント》の内容がどう変わろうと、東西対立は動かしがたい現実であり、明らかにそれ以外の事態よりは歓迎すべき状況である。緊張緩和とは愛し合うことではなく、互いの差違をめぐって争うよりは異質なりに共存の道をさぐろうという努力にほかならない。ソ連が拡張主義をとり続けるかぎり、抑止力《デタレンス》なき緊張緩和《デタント》はあり得ない。しかし、抑止もまた、緊張緩和がないよりはあったほうが、より容易にまた効率的にできるものである。

アメリカは軍事の面で強く、経済の面で強く、意志において強く、また強い指導者を持った強い同盟国と協力していかなくてはならない。ソ連はきわめて現実的な脅威であり、その脅威に対処することは西側の指導者にとって最優先の責務だろう。だが、まさにそれほどの脅威だからこそ、われわれは差違を埋める努力をしなければならず、可能なかぎり話し合いで決着をつけ、決着がつかない場合も話し合いを続けなければならない。

われわれが断固たる態度をとり、必要とあれば力によって言葉の裏付けをするほど強ければ、ソ連の指導者はわれわれに敬意を払う。こちらが行動において弱ければ、彼らはすぐに軽侮をもって当たるだろう。だが、彼らが交渉のテーブルにすわる必要に迫られ、こちらも交渉を受ける用意があるのを知れば、彼らとて交渉するにやぶさかでないのである。

クレムリンの指導者たちは、瞬時も忘れず自己の力の保存と拡大を図っているが、そんな彼らとて狂人ではない。奪えると思えば奪いにかかるが、対象はあくまでも彼らが奪えると信じるものだけに限られている。一方の局面を確保するために他方で譲らねばならないと悟れば、譲るのである。

われわれは、変化を促すに十分な圧力を彼らにかけ、それと同時に、変化した場合の報酬の約束を掲げて見せる必要がある。

いまを去る二十五年以上の昔、はじめて私に会ったフルシチョフは、私が霊的、物質的を含めあらゆる分野で平和裡の競争を呼びかけたロンドンのギルドホールでの演説を讃えた。そのような競争なら、すべてのカードは西側の手のうちにある。それを忘れることなく、われわれはカードを使い続けていくべきだと、私は考える。

周恩来

中国式革命家

氷冠を戴く噴火山

過去半世紀にわたる中国の物語は、その大半が毛沢東と周恩来と蔣介石という三人の人間の物語である。

毛に追われた蔣が台湾に去り、中国本土を制圧してからの中国共産党は、毛・蔣の闘争をまるで神と悪魔の戦いのように言った。毛沢東自身、みずからを二千年の昔に生きた秦の始皇帝になぞらえたことがある。個人崇拝は、彼を神に近い高みにまで押し上げた。その間、周は毛の影に隠れ、忠実に実務を取り仕切った。台湾に逃れた蔣は、独裁を採用しながらも毛のような個人崇拝に溺れず、威厳を保ちつつ台湾経済の奇蹟実現に尽力するとともに、国民に本土進攻の希望を与え続けた。

三人の中で私が最も長期間の知己を得たのは蔣である。私は彼と宋美齢夫人を他の人々とは少し異なる意味で友と感じ、単なる個人的接触以外に政治信条の共有者としての意識を持った。しかし、中国本土を勝ちとったのは毛と周であり、その二人のうち、より永続性あるビジョンの持ち主は周である。周はまた、一言にして言えば、私が知った最も有能な政治家の一人であり、権力の主体についてきわめて明確な洞察を持つ男だった。三人はすでに逝ったが、ひとり周の遺志だけが今日の中国でますます信者を得ているように見える。

私は一九七二年二月の訪中の七カ月前、その準備のためヘンリー・キッシンジャーをひそかに中国に送った。彼にとって最初の隠密中国旅行だが、二日間の北京滞在中にキッシンジャーは都合十七時間以上も周恩来と直接話し合い、多岐にわたる問題を討議した。そして帰国報告したとき、キッシンジャーは周のことを、それまで彼が会ったうちドゴールに匹敵する「最も印象的な」外国政治家だと評した。

お世辞を絶対に言わないわけではないが、キッシンジャーはわれわれと同様、めったなことでは第三者をほめちぎったりしない男である。だが、私自身が、のちに一週間にわたって周に会い交渉してみて、キッシンジャーの賛辞が決して誇張ではないのを知った。

一九七二年の中国旅行の最後、送別の宴で立ち上がった私は「われわれは中国に一週間いたが、それは世界を変えた一週間でした」と、あいさつした。私が自己の劇的成功に酔った結果の誇張だと評した人がいるが、あの米中国交正常化の第一歩を踏み出さなかったら、いまごろはソ連に対する力の均衡は、アメリカにとって決定的に不利になっていたことだろう。一九七二年のあの上海宣言に導いた外交的決断には、多くの人や出来事が関係している。だが、最大の功績は、周恩来に帰せられるべきであろう。

周は共産主義革命家であるとともに儒教的紳士であり、筋金入りのイデオローグであるとともに読みの深いリアリストであり、権謀術数の闘士であるとともに折れ合う技術にも長じていた。彼ほどの器量のない人物なら、思想と行動の混乱のうちに、あの要職を投げ出していたことだろう。周だからこそ、あれほど多彩な役割を使い分け、ぼろを出すことがなかった。彼にとって、一つ一つの役割は、時に応じて適宜に付け替える仮面ではない。それは、きわめて微妙で複雑な人物のほんものの一側面であり、それこそが周の長く豊かな政治生命の秘密を物語るものだった。

共産主義イデオローグの冷酷非情は、彼に歴史の機を捉えさせ、政治的敗退や個人的な艱難《かんなん》に耐えさせた。儒教的紳士の人柄は、外交上の大きい得点となり、彼を何百万の中国民衆が敬愛する指導者にした。リアリストの透徹した目は、彼に内政と外交の底流を正確に察知させた。巧妙な権謀術数は、彼の政策が死後も生命を保ち、毛の死後の時代まで残ることを可能にした。また、折れ合う技術に伴う知略は、はげしいばかりの指導者の下では四分五裂していたはずの国土を、一つにまとめ切らせた。

以上のすべての資質を同時に保有することにより、共産主義指導者としての周恩来の政治理念は、レーニンやスターリンや毛沢東のそれよりも長続きすることができたのだった。

周の前半生は、革命家の政治的成長の教科書のようなものである。上海の北西三百二十キロの江蘇省淮安《わいあん》に生まれた彼は、早く母に死別、父にも養う力がなかったため、親戚のあいだをたらい回しにされて育った。儒教的な一族の気風の中で幼いころから古典を習ったが、満州の瀋陽にいる親類に引き取られていた間、十五歳までの数年をキリスト教宣教師の経営する小学校に学んだ。西欧からの「新知識」に接したのは、この期間である。

初等教育を終えたあと、アメリカに行って大学に入りたいと思ったが、留学特典のある学校の入試に失敗し、深い失望を味わった。そのかわり新式の教育をしている天津の南開中学に進み、続いて二年間の日本留学中にはじめてマルクス思想に触れた。一九一九年、帰国して南開大学に入ったが、学問よりは扇動活動に興味を持ち、学生のストライキやデモを組織したかどで四カ月の入牢生活を経験した。

釈放されたのは一九二〇年、周が二十二歳のときだった。そのあと、苦学生としてヨーロッパに渡り、イギリスやドイツにも行ったが、大半はフランスで過した。オルガナイザーとしてすでに知られていた彼は、左翼寄りの中国留学生から歓迎され、大学には登録したものの大半の時間を政治扇動に捧げた。そしてまもなく、コミンテルンから学費をもらうようになった。

一九二四年に帰国した周は、折から共産党と合作中だった孫文の国民党に投じた。やがて黄《こう》埔《ほ》軍官学校の政治部主任代理に指名されたが、そのときの校長が蔣介石だった。周の人物に惚れた蔣は、彼を国民党軍の政治主任にし、他の部下とともに上海に送って労働者の蜂起を指導させた。

一九二七年、上海を取った蔣は、増大する中国共産党の力を恐れ、指揮下の党員を弾圧し始めた。周は危いところを逃れ、それからも都市労働者の武装蜂起で国民党に対抗したが、蔣介石軍の討伐を受け、長征の旅に出た。毛沢東を知り、重用されるようになったのは、一万キロ近いこの大移動の間である。

やがて日本軍の侵略に対抗する国共合作が行われ、周ははじめ中共側委員として、のちには党の代表者として国民党との折衝に当たった。一九四九年の中華人民共和国成立後は、二十五年にわたって首相または外相、もしくはその双方を兼務した。

一九七二年にはじめて中国を訪れた私にとって、周恩来のユニークな個性は、最も感銘深いものの一つだった。米中双方の関係者が顔をそろえる公式会議や非公式な会談を通じ、私は周をかなりよく知るようになった。恩来というのは、彼の風格を形容するのに、まさにぴったりの名である。気取りはないが、物静かなうちに力が感じられた。挙措はエレガント、姿勢は正しく、悠々たるところに、何とも言えない魅力と安心感があった。個人として政治家として、絶対に他人に腹を見せてはならないという中国古来の知恵を、周は忠実に守っていた。

見ただけで周のあたたかい人柄、非常な率直さ、沈着の裏にひそむ力が感じられた。最初の顔合わせではわざと口数少なく、胸に「為人民服務（人民に奉仕しよう）」バッジをつけた人民服姿で、卓をへだてた私に向き合い、身じろぎ一つしなかった。姿勢は少し前屈《かが》みで、両手をテーブルの上で握り合わせていた。右腕が曲っているのは長征のころに受けた傷のせいだが、七十三歳であるのにほとんど白髪がなかった。彼の髪の真っ直なのと浅黒い顔から、私は南欧の人のような印象を受けた。

目鼻立ちのはっきりした顔だが、それが会談のあいだ一貫して無表情だった。相手の発言に聴き入るときは、首を少しかしげ、両目は真っ直に相手を見る。キッシンジャーは、かつてそんな周を、機を見て静止から一転襲撃するコブラにたとえたことがある。コブラは、十九世紀のアイルランド独立の志士チャールズ・パーネルの異名だったが、たしかに周も似ている。氷冠をいただいた噴火山のような感じだった。

私の発言は、通訳を聞かずとも理解しているようだったが、それも当然で、若いころの周は英語はおろか独、仏、露、さらに日本語に通じていたのである。自分の発言も、通訳がニュアンスを間違えたときは訳し直させた。話すときの周はメモを見ず、部下を呼び寄せて聞くこともなかった。論理は整然として説得力があり、話の内容を強調したいときは声を低め、ゆっくりとうなずいた。

痩せているため少し弱々しい印象を受けたが、スタミナはなかなかで、若い部下にも負けなかった。首相のほかに外相も兼ね、早朝から夜は遅くまで仕事をしているということだった。よく外国の客と真夜中に面会し、会談して夜明けになったが、そんなときでも疲労のかげを見せなかったという。

非公式な会食や北京見物などを経て相互の親近感が増すにつれ、周の態度はのびやかになり、表情にも活気が出てきた。ゆったりと椅子の背にもたれ、身ぶり手ぶりも使うようになった。話題のひろがりを示すため片方の腕を前に出して横に振ってみせたり、議論をまとめて結論に達したときは両手を合わせて指先をそろえたりした。公式の会談の席では思わぬ語呂合わせが出ても微笑するだけだが、それが終わって雑談になると、ジョークを聞いて大笑いすることがあった。笑うと目の色が明るくなり、口元の深いしわが心から楽しそうだった。

晩餐会では中国のしきたりに従い、周も私もシャンパンでなく茅台酒《マオタイ》で乾杯した。五十度以上の強烈な酒で、あれをたっぷり飲んだ紳士が葉巻に火をつけようとしたら爆発したという笑い話さえある。周は、ほんとうにグラスの茅台酒にマッチを近付けて実験してくれたが、たちまち炎になったのには驚いた。

会場には双方で五十人以上の出席者がいたので、われわれは順にグラスを合わせては乾杯していった。周の様子を見ると、乾杯はするが杯にはほとんど口をつけていない。テーブルを回って席に帰ってみると周も私もまだ一杯目を飲み残していたので、そこでほんとうに乾杯した。自分で飲んでみて強いのがわかったので、周が「長征のころはこれを多い日は二十五杯も飲みました。年をとったのでいまでは二杯か三杯にしています」と言うのを聞いて、私は驚いた。実際、毛沢東軍が長征の途中、茅台の原産地を通ったとき、村にあるだけの酒を飲み干してしまったという話を読んだことがある。あのころは茅台酒は万能薬でしたよと言う周の目は、まるで陣中膏を売る香具師《やし》のように光っていた。

会話は政治から歴史に、さらに哲学にと移っていったが、周はすべての話題に応じて可ならざるなしだった。哲学者転じて反乱指導家になった男ではあるが、学者特有の精神の鋭さと思考力の深さを失っていなかった。ただ、ところどころイデオロギーに影響され、歴史を見誤っている部分はあった。たとえば、アメリカ独立戦争で英軍と戦ったフランスの勢力のことを「義勇軍」と呼んだが、これはもちろんラファイエットら少数にすぎず、あとは政治的理由から英軍に対抗した正規兵である。

また、リンカーンが南北戦争を戦ったのは奴隷解放のためであり、勝利をおさめたのは『人民』の支持があったからだと言った。リンカーンが歴史的な偉人であり中国人の尊敬する数少ない外国人の一人なのは事実だが、彼が南部を敵としたのは奴隷解放ではなく、南部諸州を連邦に復帰させるためだった。リンカーンの奴隷解放宣言は、南部の奴隷だけを解放し、連盟にとどまった境界諸州はそのままとする政治的な戦術にすぎなかった。たしかに奴隷制度には反対したが、連邦を守るほうを優先したのである。

革命家でありながら、周恩来は北京の古城の豪華な背景に調和し、清朝の大官にも似た威厳と優美な身ぶりを見せた。あのような舞台に立つ周だけを見た人は、だれも彼のことを世界革命と文明の改革と人間性の改造を狙う運動の指導者と思わないことだろう。目に入るのは古い中国を感じさせる装飾ばかり。宮殿の壁には凝った風景画や金、銀、翡翠《ひすい》をちりばめた昔風の調度がひしめき、北京市街に張りめぐらされたあざとい標語に似たものは、影も形もなかった。

そうした舞台装置の豪奢《ごうしゃ》にも負けないのが、周の人柄と国事を扱う態度の緻密さだった。私は、ああいう種類の巧緻さにおいて周に優《まさ》る人を知らないが、あれはやはり中国人ならではの態度なのだろう。何世紀もの文化的洗練と円熟によるものに違いない。それは言葉の微妙なニュアンスを使い分ける周の話術の中に、巧みに争点を避けつつ進む彼の交渉術の中に、ときには小さな事件を利用して重要な意図を伝える彼の話術の中にと、至るところに感じられた。

周をはじめ私に会った中国要人たちは、米中和解がピンポンによって始まったことを、申し合わせたように話題にしては喜んだ。結果に至る道程が、結果そのものと同じほど面白いらしかった。毛沢東でさえ、和解の前に重要案件をすべて解決せよと要求したのは中国側の官僚的な過ちだったと認め、「あなたの言い分も正しいことがわかったので、ピンポンをすることにしたのです」と言った。

細事にまで気を配りながら決してそれに溺れない点でも、周は珍しい人物だった。北京滞在三日目の夜、私たちは体操とピンポンのエキジビションを見に行ったが、すでに雪が降り始め、翌日の万里の長城の見物が危ぶまれた。試合中、周がちょっと席を立ったのを、私は手洗いにでも行ったのかと思っていたが、実は長城への道の雪かきを指示しに行ったことが後でわかった。翌日、道路はみごとに掃き清められていた。いかにも周らしい配慮であった。

空港での儀仗兵も、周みずからが人選したと聞いた。道理で、全員そろって背が高く、体格も最高、みごとな兵士ぞろいだった。ちゃんと私の好みも調べたらしく、演奏された曲は私の就任式と同じ『アメリカ・ザ・ビューティフル』をはじめ私の気に入りの曲がいくつもあった。ワシントンに帰ってからロジャース国務長官に聞いた話では、私が周と会談する前に一人の若い女性が翌日の新聞のゲラを持って来、周みずから紙面の割りつけを指示したそうである。

些事《さじ》への配慮の集積が偉大さをつくるという諺《ことわざ》は、明らかに周恩来の場合は真理だろう。だが、みずから一本ずつの木に注目しながらも、彼は決して森を見失わなかった。

周はまた、五千年のあいだアジアにあって文化的優位を維持してきた中国人ならではの、絶大な自信を持っていた。ただ、この文化的伝統の自覚は、二つの異なった方向に働くものである。

一方では、それは過去二世紀にわたって中国が蒙った屈辱に対する自然な憤りと結びつき、どんな小さな無礼に対しても彼らを甚だしく神経質にする。いまは亡い私の友人に、オックスフォードを出て香港に住んだハロルド・リーという中国人がいたが、その男がかつて中国人の物の見方をみごとに定義してくれたことがある。それは一九六五年のことで、アメリカが北京を承認すれば中国政府はどう反応するだろうかという私の問いに、彼はこう答えた。

「そっちがわれわれを承認する？　話が逆じゃないか。中国がアメリカを承認するかどうかだけが問題なんだよ。――中国人は、びっくりして、そう言うことでしょう」

一九五四年、インドシナ国際会議の開かれたジュネーブでの挿話は、周恩来がいかに中国への侮辱に敏感だったかを示すものだろう。周は中国代表だったが、アメリカを代表するダレス国務長官は、会議前すでに記者団に「中国代表とは互いの車が正面衝突でもしないかぎり絶対に会わない」と断言していた。ところが偶然、両者は某日午前の会議前に、議場でばったり顔を合わせた。周は手を差しのべたが、ダレスは首を振ってその手をとらず、部屋から出てしまった。恥をかかされた周は、六年後にエドガー・スノウにその模様を物語るときでさえ、顔をゆがめたという。

当時のことだから、ダレスの態度も理解できないことはない。何千人という米兵が、朝鮮戦争に加わった中国の〝義勇兵〟によって殺されていた。台湾の蔣介石は、まもなくアメリカと相互防衛条約を締結しようとしていた。中国はソ連と「反米」によって一枚岩の関係にあった等々。だが、それでもなお、周の感じた屈辱は察するに余りある。だから、最初の北京訪問のとき、タラップを降りた私は、こちらから手を差し出して出迎えた周に歩み寄った。あの握手は、私の訪中旅行の最も記念すべき写真になった。

しかし、もう一方では、中国人の絶大な自信は、自己の短所を反省するところまでは行かなくても、欠点を考える内省の余裕をつくるものである。その証拠に、私と会談中の周は、何度も、中国人はおのれの短所を知り、正さなければなりませんと言った。最初の会談では、こちらの代表団の若さと比べ、中国共産党指導者の老齢化を嘆いた。

「わが指導部には老人が多過ぎます。この点は、あなたたちから学ばねばなりません」

明《みん》十三陵に行ったときも、役人がわざわざ子供たちに美しい着物を着せ、われわれの歓迎のしかたを事前に教えたことを謝った。

「子供を使って演出し、偽りの中国を見せようとした者がいたのです。あなたのほうの記者団が指摘したとおり、悪いことです。そういう過ちは隠してはならない。責任者は、すでに批判されました」

中国にいるあいだ、フルシチョフの大言壮語と比べて、私はこうした態度を非常に美しいものに思った。

フルシチョフの大げさな自慢はソ連の劣等感の裏返しだが、周の穏かな自己批判はかえって円熟した自信の表徴にほかならなかった。周のような態度こそ、進歩するためには唯一の態度であり、それは同時に、中国人が文化や思想面での自己の究極的な優位性を信じ、やがてアメリカだけでなく世界のどこにも負けない国になるという自信のほどを物語るものだった。

儒者の礼譲

周恩来の知性と人格的な魅力は多くの人を魅了したが、その彼が同時に冷酷な政治家の一面を併せ持っているのに気づく人は少なかったのではないか。ジャーナリストのフレッド・アトレーは「磁石のように人を引きつける、機智と魅力と配慮の人」と評し、セオドア・ホワイトも周恩来の前では「ほぼ完全に彼の発言と判断を信じずにはおれなかった」と書いている。日本を訪れた中国人記者の一人は「周首相こそ最大の政治家」と語った。

だが、周に非情な政治家を見、その魅力に取り込まれなかった人々は、全く異なる人物をそこに見た。一九五〇年代に極東担当国務次官だったウォルター・ロビンソンは、あるとき私に、周が魅力的な人物なのは事実だが、これまで自分の手で人を殺し、そのあと煙草をくわえて悠々と現場を立ち去るようなことをした男なのだと教えてくれた。

また、一九四〇年代に周と実際に接触したアメリカ外交官の一人は、「周《チュー》という名の発音がジョーに似ているから、最初のうちはどこかのジョーと同じように、完全に腹を割って話せる相手だと思っていたが、大違いでした。自分の得にならなければ、月曜日を月曜日と認めようともしなかったのです」と言った。

国民政府のさる高官は、自己の経験をこう語ってくれた。

「最初のうちは、なるほど周の言うとおりだと思い、もっと互いに歩み寄らねばと考えました。だが何日か経つと、この男は善意かもしれないが、イデオロギーのため盲目になっているんじゃないかと疑うようになった。さらに、誠意なんて全然ない男だとわかった。すべては演技でした。周は偉大な役者です。いま笑ったかと思うと、すぐに泣く。それにつれて、観客も笑ったり泣いたりする。すべては演技なのです」

むろん、二つの面は周の中で完全に組み合わさっている。常に中国の国益を考えて行動し、その利益を進めるためには外国の外交官やジャーナリストの歓心を買うようなことさえ敢てした。だが、信義を破るのが利益と判断した場合は、何のためらいもなく親交をさえ絶った。われわれとの会談では、周は米中合意の条文も精神も忠実に守ったが、それは単なる友情ではなく、むしろ国益に添うと判断したからこその友情だったのである。

延安時代に周を知り、長い交友の果てに絶対の信を裏切られたと感じたホワイトは、周のこの両面を指摘している。

「周恩来は、今世紀の共産主義運動が生んだ最も頭脳明晰にして非情な人物である。ネズミに跳びかかる猫の周到さと、行動計画を最後まで読み切った男の決断力をもって、敢然として事に当たることができたが、同時に温かい配慮、にじみ出る人間味、絹のような手ざわりを持つ人でもあった」

儒者の礼譲と革命家の非情な政治本能を併せ持った周恩来にとって、中国の宰相というのは理想的なポストだったことだろう。それはまるで、合金が成分金属をはるかに超える性質を持つのにも似ている。共産主義は権謀術数の名人を生んだが、妥協の天才はあまり育てなかった。政治の天才だった周にしてはじめて、インファイターと調停者の役割を二つながら果たすことができたのである。

あるとき、一人の記者が周に、あなたは中国の共産主義者か共産主義の中国人かと問うたことがある。答えは「私は共産主義者であるより先に中国人だ」であった。周のまわりの中国共産党首脳には、それが逆になっている者が多い。周が主義を深く信じたのは言うまでもないが、同時に彼は、それを極端にまで推《お》し進めるような男ではなかった。

伝統的な家庭に育った点でも、周は他の人々と異なっていた。彼の家族は古い中国のしきたりをよく守り何世紀も昔から子供に古典を教え官吏登用を人生の目標とさせることにより、社会の中で地位を保ってきた。周自身は、若いころに伝統的思想を棄てはしたが、古い文化の痕跡は棄てず、また棄てようともしなかった。常に中国の過去に敬意を払い、残すに値する古い要素はちゃんと残そうとした。

先祖や家族のことを繰り返し口にしたことも、中国共産党の中では異色だった。一九四一年、抗日のための国共調整の会議に出ていた周は、その休憩の間に人々に向かって感動的な演説をしたことがある。声をひそめ、苦悶の表情を浮かべながら、彼は故郷にある母の墓のことを語った。

「わが母の眠る墓は、日本軍占領下の浙江省にある。半生を革命と祖国に捧げてきた不孝な私だが、一度でもいいから郷里に帰って、母の墓所の草を払いたいと思うのだ」

同じ抗日戦中の話だが、事業を興しては失敗していた父親が、すでに有名になっていた周に借金を申し込んだことがある。周は乏しい給料の一部を割いて孝養を尽くした。その父親が一九四二年に死ぬと、周は家族の伝統に従って共産党系の新聞に死亡広告を出した。尋常の革命家なら驚いたに違いない行為だった。

一九七二年にわれわれとの歴史的会談をする何年も前だが、周が米中国交断絶の責任はアメリカにあると言ったことがある。中国に来たいアメリカ人は自由に来られるが、その逆は不可能ではないかと指摘した周は「昔から中国には、約するに礼をもってすという言葉がある。マルクス主義者でも何でもない孔子が言った言葉だ」と語った。

共産主義者が孔子を引用する。場違いのように聞えるが、いかにも周らしい。彼の育ちは、国を治める者に欠くことのできない知性、威厳、礼譲、配慮、決意、決断力の必要なことを教えた。それらこそ「賢者」の、そして「君子」の道なのだった。

周のこのような人柄は、はげしい党内抗争にもかかわらず、彼を五十年にわたる「不倒翁」にした。かつて政治局員だった張国燾《ちょうこくとう》は、周の生き残り術と調停役としての成功を論じ、原因を周の「円満な性格」に帰している。「周恩来は社会との付き合いが滑らかな人。友をつくるのに易《やす》く、過度に走らず、常に現状に適応してきた人であった」というのである。

周のいかにも儒教的な身の処し方は、多くの中国人が彼を愛する原因になった。人民から

「愛する指導者」と呼ばれたのは、彼ひとりである。周の人気は中国の政治を支える貴重な力となり、その力は彼の死において最も盛り上がった。周の葬儀に出た、毛沢東の妻で極左の江青が脱帽しないのを、公共テレビで見た広州市民は「江青を殺せ」と叫び、それはやがて中国を包む声になったのである。

周の葬儀のとき、鄧小平の弔辞が周を讃えすぎていると、四人組はじめ左派が政治問題にした。極左勢力は「(文化大革命に対する)巻返しは人心を得られない」という壁新聞を掲げて毛沢東に処断を求めた。当時の毛は政治的には左派に近かったが、「周恩来への攻撃には人民が反対するだろう。弔辞を変えることはできない。人民は逆転を支持しないはずである」と、左派を抑えたそうである。

共産主義革命家としての周恩来は、その権力を駆使し、何度も非情、残忍な行為を敢てした。ある中学校時代の級友は、革命を職業とするようになった周に会って「昔よりはるかに冷たい目、殺人者の目になった」と感じた。中国の歴史と政治は流血の事件に事欠かないが、そんな中でも共産党の独裁は特筆すべきもので、毛・周以下の幹部が直接間接に処分した同胞は数百万に達するといわれている。

私が中国共産党の蛮行をみずから知ったのは一九五三年、副大統領として世界一周の旅をしたときだった。香港の国境地帯を視察中に会った一人の農夫が「妻と子供二人を連れ、百六十キロ歩いて香港の新界に来た」と言うので、理由を尋ねると、こういう答えだった。

「たった一人の盲目の兄がいて、うちの隣の畑を耕していました。盲目だから税金分の収穫さえない。すると党は、兄を引っ張っていって銃殺した。だから私は、自由に向かって逃げたのです」

私の通訳は、国境沿いに水田を持っていた七十歳の老女の話をした。田は国境の両側にあったので、彼女は毎日のように往来していたが、あるとき監視兵に撃たれた。一発では死ななかったので、兵士は近寄って止《とど》めを三発、頸《くび》に撃ち込んだという。

共産主義のイデオロギーは、周を駆って無慈悲な行動を敢行させた。マルクス・レーニン主義は決定論によって歴史を認識し、それを信じる人々は歴史は必然的に全世界の共産化に向かい、その移行を促すのが自分の使命だと考えている。そう考えれば、いかなる犯罪的行為も歴史の進歩のためには必要になるから、あらゆる道徳的配慮は無用ということになってしまう。

ただ、彼ら自身の内部で反目があった場合には、大きい問題が起きる。そのときも道徳は問題にならないが、かといって妥協の余地はない。あるのは暴力的抗争だけ。意見を異にする二派がいずれも正しいことはあり得ないから、悪いほうは「歴史を巻返す」反動ということになる。反動は重罪であり、多くは死刑によって罰せられる。

だが周は、政治においても現実の施策においても、猪突よりは穏健を選んだ。首相として実行した経済改革の中には成功も失敗もあったが、いずれも、あまりにも多くを一気に達成しようとする反周恩来派のように社会的激動を伴うものではなかった。一千年かかる改革を来週までに断行せよと命じる過激派に抗しながら、周は一貫して穏やかな経済近代化を粘り強く進めた。

複雑な中国の政治の流れの中で、周はわが力を静かに、しかし有効に行使した。もっと大きい権力を狙っているような気配は、そぶりも見せなかった。左翼過激派が毛沢東の支持を得て優位に立ったときは、反感を押し隠して時流に沿った。彼らがにっちもさっちもいかなくなり、周の協力を必要とする瞬間まで低姿勢を貫き、ここぞというときに立場を変えて穏健派に支持を与えた。

しかし、共産党内の反目がエスカレートし暴力抗争になった場合には、彼はそれに応えた。抵抗はしなかった。典型的なのが、米中が国交正常化に向けて歩み出したときで、紅衛兵を率いる林彪は米中首脳会議への反対を唱えたが、周や周の支持者はそれを力で抑えた。敗北を悟った林は、飛行機で国外に脱出した。

私に会った周は、林彪のことに語り及んで、彼はソ連に行こうとしたが途中で行方不明になったと説明した。そして、「それ以後は消息がないのです」と言って、無言のまま微笑した。

断絶を埋めた握手

一九六〇年代から七〇年初期にかけての文化大革命は、周恩来の政治生命の中で、おそらく最大の危機だったことだろう。

毛沢東は一九四九年の勝利いらい人々に革命の情熱が薄れ、若者の精神が弛緩《しかん》したのを感じて怖れた。造反のみが革命思想を維持し得ると考えた彼は、若者たちに向かって体制への反乱を呼びかけた。

「われわれが革命をやったときは、二十三歳にすぎず、当時の為政者は年齢も経験もあった。彼らには、知識があった。だが真理は、われわれの側にあった」

教育や経済に強い不満を抱く若者たちは、毛の呼びかけに応え、何百という学校や工場を焼いて決起した。林語堂が「革命は若者を食い殺す」という格言をもじって「中国では若者が革命を食い殺している」と評した、あの文化大革命である。

紅衛兵の使命は、実際的には中国の政治・官僚体制を完膚なきまでに乱すことだった。その体制の頂点にいたのが、首相の周である。文化大革命の最盛期には、五十万近い紅衛兵が人民大会堂を取り巻き、周を事実上の軟禁状態にした。だが、沈着を失わない周は、三日二晩かけて彼らの言い分をじっくり聞いてやった。おかげで不満のはけ口を得た紅衛兵たちの神経は鎮まり、まもなく大群集は解散した。

一九七一年の隠密北京旅行から帰ったキッシンジャーの話では、会話が文化大革命のことに及ぶと周は不安を隠しかねたそうである。当然だろう。周は平等の幻想を達成しようとした革命の第一世代であると同時に、穏健な経済近代化を推進してきた人。心の一部では文化大革命の目的に賛成しながらも、別の一部では中国の将来のため人民の基本的な要求を満たし国防を全うするには経済近代化が不可欠と考える人であった。「彼は建設者ではあるが詩人ではない」と、かつてエドガー・スノウが評した周は、紅衛兵たちが怒りに駆られるままに自分が苦心して築いた近代化の基礎を壊すのを見て、不安を禁じ得なかったに違いない。

中国は、党と国家を分裂から防いだ偉大な調停者として周を記憶するはずだが、世界が記憶するのは中国を代表する外交家としての彼であろう。周は中国のメッテルニヒであり、モロトフ、ダレスだった。本能的なまでに柔軟な交渉術、国際政治の原則の的確な把握、イデオロギーに裏打ちされた倫理的確信……それに加えて周は外国の事情に通じ、長期の歴史的ビジョンを持ち、国際舞台での経験も豊かな、当代一流の外交家だった。

対外政策に関するかぎり、毛も周にはほとんど自由にやらせていた。一九七二年に私にはじめて会ったときも、毛は「それは私の考える問題ではないから、総理と話してほしい。私は哲学的な問題だけを扱う」と言った。以後は、いろいろな問題を話したが、哲学的な観点からの話し合いに終始した。注目すべきは、そのあとの周との会談中、彼が何度も自分の地位につき毛沢東の言った言葉を持ち出した事実である。

周は、現代世界のバランスをつくった中ソ離反と米中和解という二大事件に、いずれも主役として参加した。

中ソが対立に至った論争を煮つめればただ一つ、だれが共産圏のナンバー・ワンかという点に行きつく。一九一七年いらい世界最初の共産主義大国としてのソ連は、世界共産主義運動の中で指導権を握り、それを放そうとしなかった。中国は第二の共産主義国にすぎないが、中国人である毛や周は第二位に甘んじることができなかったのである。

一位争いは、実際と象徴の両面で起った。ソ連が核を持つ唯一の共産国家であったときには、中国はその傘に入るほかなかったから、国際政治はソ連指導者の意のままだった。彼らは、核の独占を利用して、かなり勝手なことをやった。共産圏では、ソ連の核の傘には剣の力が伴っていた。中国が自前の核開発を急いだのも当然である。ソ連は、はじめ渋々ながら技術援助を与えたが、のちにそれを引き揚げてしまった。

象徴的な面では、中国の指導者はソ連の風下に立つことは野蛮人への屈服だと考えた。一九五七年のモスクワでの首脳会談で、周は会議が常にロシア語で行われるのに立腹し、フルシチョフに中国語を習うよう要求した。「しかし中国語はむずかしいから」と言うフルシチョフに、周は怒って「私にとってのロシア語も同じだ」と言い返した。

中ソ対立が表面化したのは、一九六一年十月のソ連共産党大会の席上である。フルシチョフは、クレムリンの指導に反してスターリン主義に固執するアルバニアに対し非難決議を求め、中国共産党の公式オブザーバーとして出席していた周は反論した。周は胸中ひそかに、今日のアルバニアが独立路線のゆえに非難されるなら明日の中国にも同じ運命が待っていると思ったのだろう。

フルシチョフは、対抗してアルバニア非難決議を強行した。周も負けず、スターリンの墓に詣でて「偉大なマルクス・レーニン主義者」と書いた花輪を捧げた。そういうことでは絶対に他人の勝手を許さないフルシチョフは、最後のみせしめに、スターリンの遺体をレーニン廟から撤去する決議を通させた。周は席を蹴って立ち、中ソの離反は決定的になった。数年後、周は「ダレスの亡霊は、いまやクレムリンに住んでいる」と評した。

中ソ分裂の結果、一九六〇年代後半の中国は敵対勢力に周囲を囲まれ、孤立状態になった。私は中国との和解に踏み出す最終的な決定を下すに当たり、自分を周の立場に置いて考えてみたが、中国をめぐる国々はすべて現実ないしは潜在的な敵国だった。

北東の日本は、軍事力がないから脅威にはならないものの、その巨大な経済力をもってすれば、将来は脅威になりかねない存在である。

南にはインドがある。国境紛争でインド軍を粉砕してからの周は、インドを軽蔑しきっていたが、やはり世界第二の人口を持つ大国であり、ソ連の援助を加えれば大きい脅威になり得た。

北辺のソ連は、貧弱な中国の核を三十分間の予防攻撃で屈服させる力を持ち、国境に配備した近代装備の四十個師団は十年間に三倍の増強だった。

太平洋をへだてては、アメリカがある。共産主義者としての周にとってアメリカはイデオロギー上の最大の敵である。だが中国人として考えれば、アジア・太平洋諸国の中でアメリカだけは、将来とも中国に対して野心を抱かない唯一の国。さらに大切なのは、アメリカが中国の北辺の敵を抑えるに足る力を持っていることだった。

こうして和解のお膳立ては整った。米中どちらも相手の思想に共鳴したためではなく、微妙な力のバランスを保つことが互いの国益に合致するがゆえの和解だった。われわれは中国を、中国はわれわれを、いずれも必要としていた。国交正常化のこちらのサインを周が受け始めたのは、毛の詩にあるように、それが「日を捉え、刻を捉えた」ものであったからにほかならない。

スターリンの下で長く外相をつとめたモロトフは、あるときアメリカ代表に向かって「あなたがたは、われわれを指して強情だと言うが、周恩来に会うまで強情とはどんなものかわかるまい」と言ったことがある。だが、実際に交渉してみた周は、モロトフが警告したような非妥協的な人物ではなかった。心から共産主義を信じ、われわれをイデオロギー上の敵と見たが、同時に中国人らしい実利の人であり、中国がわれわれを必要とする現実を認識していた。

米中間の意見の差は大きかったが、共通の利益はそれよりさらに大きく、双方は差を減らそうと努力した。中国側は対ソ離反いらいの包囲網から逃れようとし、われわれは中国の〝怒れる孤立〟に終止符を打つことを至上の命題とした。また、いわゆる三角外交により、ソ連を封じ込める好機を逃がすまいと考えた。共通の利益はたしかにあったが、米中共同声明の中ではちゃんと両国の関係を定義しなければならず、多くの技術的な問題の解決が必要だった。

交渉を始めてみると、周にとっても、イデオロギーに基く従来の国際関係を一挙に棄てるのは政治的に不可能だとわかった。だが私は、周がキッシンジャーに「舵手は波を見て船を進めるものです」と言ったと聞き、彼がイデオロギーより国益を優先するリアリストであるのを知っていた。

日本や太平洋地域に駐屯する米軍のことは、なかでも非常に微妙な問題だった。私は、まず中国が在日米軍の撤退と日米安全保障条約の破棄を求めている事実を指摘した。続いて、アメリカの政策は中国のイデオロギー的観点からは許せないだろうが中国の国益には役立っているのだと説明した。そして「アメリカが日本から出ていくのは可能だが、出れば別の連中が入ってくるでしょう」と、言外にソ連を匂わせ、最後に日本はクレムリンと仲よくするか、再軍備するかの、どちらかの危険があると言った。

周のリアリストの部分は私に賛成するが、イデオローグの部分は彼にあからさまな賛成を言わせないだろうと私は読んでいた。はたして周は、いかにも彼らしい微妙な答えかたをした。しばらく沈黙したあと、何も言わずに話題を変えたのである。ただし、その沈黙が同意を意味することは、居合わせた者には明瞭に伝わった。

昼食会、晩餐会、その他の公式行事での顔合わせを除いて、私は周とのサシの公式会談だけに十五時間以上を費した。その間、周の四つの長所から強い感銘を受けた。それは彼の粘り、準備、交渉術、それに圧力の下にあってもなお崩れない冷静さである。

驚くに足る粘りだった。長時間の話し合いだから、双方の代表団の若い者でさえ、通訳の単調な声を聞きながらウトウトすることがあった。ひとり七十三歳の周だけは、一貫して生き生きし、タフで、注意を張りつめていた。話題から逃げず、長い演説をやって交渉をぶち壊さず、休憩を求めることもなかった。

たとえば午後の会議で共同声明の字句をめぐって意見が食い違いに終わったとすると、周は問題を部下に任せず、みずからキッシンジャーに会い、夜までかかっても合意点を見出そうとした。それでいて翌朝は、別荘の休暇から帰って来たかのように、潑剌としていた。大問題に取り組むのが大好きなのである。権力と責任感が、彼の若さの秘密であった。

準備の点でも、私の会った指導者の中の随一だった。よく問題を調べてから会議に臨み、ごく技術的な点を除いては部下を顧みて尋ねるようなことをしなかった。

周の交渉術の巧みさには驚くはずですよと言ったキッシンジャーの予言は、正しかった。われわれの会談は、実質と同時にシンボリックな問題も扱う、甚だ微妙なものだった。はじめての公式会談は私が毛沢東に会った直後だが、その席で周は巧みに私の意図をさぐり、中国に来たのは過去の強い信念を捨てるためかどうかを知ろうとした。

「きょう、あなたが毛主席に向かって言われたとおり、われわれは握手しました。しかし、ダレスは握手を拒否したのです」周は言った。

「だが、あなたのほうも握手したくなかったそうじゃありませんか」私は応じた。

「必ずしもそうじゃありません。状況によっては握手したでしょう」

「そうですか。では握手しましょう」私はテーブル越しに手を伸ばし、周と二度目の握手をした。

周は、糸口を捉えて続けた。

「ダレスの補佐をしていたウォルター・B・スミスは違う意見だったが、上司の意志に反するわけにはいきません。そこで右手でコーヒー・カップを持ち、左手では握手ができないから、私の二の腕をつかみました」

席にいた全員を笑わせておいて、周は続けた。

「当時のことです。私もあなた方を責めようとは思わない。社会主義国は一枚岩だったし、対する西側も一枚岩というのが確立した世界観でした。いまでは、そうではないと思いますが」

私は、それに対して、うなずいた。

「昔の常識は、もう古い。一つ一つの国をその行動によって判断する時代です。ひとまとめにしたり、こういう思想を持つ国は悪だなど言わなくなりました。正直に総理閣下に申しておきたいが、アイゼンハワー政権にいた私の見方は、当時はダレス氏と同じでした。だが、それくらい世界は変わり、従って中国とアメリカとの関係も変わらなければならないのです」

容易に態度を変える男ではないが、立場の溝《みぞ》を埋めるときの周は柔軟だった。共同声明の台湾に関する部分は典型的で、はじめ米中の立場には大きな懸隔があった。われわれは台湾を見捨てず、見捨てることもあり得ない。周も台湾への主権を捨てず、捨てることはあり得ず、その意志を共同声明に盛り込もうとした。双方が互いの立場を、相手を刺戟しない言葉で入れ得たのは大成功で、ひとえにキッシンジャーと周の功績である。常に本筋を見失わない周は、アメリカと新しい関係を持つことのほうが台湾問題で勝つより重要なことを忘れなかった。

会談の間、周は一度として冷静さを失わなかった。フルシチョフの奇行やブレジネフの芝居と違って、一度も声を荒げず、卓を叩かず、交渉打ち切りで脅して相手に譲歩を求めなかった。私は一九七六年に周未亡人に会ったとき、故人が常に断固たる一方で礼儀正しく、切り札を手にしたときかえって最も穏やかに話すのに感銘を受けましたと言った。周の冷静さの大部分は、生まれや育ちによるのだろうが、それはまた大人《たいじん》らしい自信の表われでもあった。ソ連の指導者は懸命に部下の前でいいところを見せようと欲したが、周はそんなことなど、一度も欲しなかったのである。

周の話しかたは、毛の会話ほどはでではないが、ときどき鮮やかなイメージを使って言わんとするところを相手の心に残した。たとえば、北京空港から迎賓館に向かう車の中で、周はこう言った。

「あなたの握手は世界最大の大海——二十五年間の断絶を超えて届いたのです」

第一級の詩人でもある周は、会話の中によく詩を引いた。一九七二年の大統領選挙に語り及んで、私の勝利を希望するしるしに、毛のつくった桃李の詩のことを語った。

「最初に行動を起した者は、必ずしも実を摘まない。花が咲きそろうころには去っているかもしれないと、毛主席の詩にあります。あなたは行動を起した。成果が稔るころには、おいでにならないこともあり得る。だが、もちろん、われわれはあなたの成功を祈っているのですよ」

迎賓館での最後の会談でも、詩を引きながら語った。

「階上の食堂の軸は、井岡山《せいこうざん》を歌った主席直筆の詩です。最後の句は、美は山頂に在りとなっている。中国へ来られたのは、あなたにとって冒険でした。だが、別の中国の詩にも、危険なる山巓《さんてん》にこそ至高の美ありとなっています」

毛や周の詩的精神は、偉大な指導者にあっては珍しいことではない。政治とは、その極致においては、散文よりも詩に似通ったものなのだから。

国共内戦のころ、蔣介石やアメリカ側調停者と渡り合った周恩来の交渉術は、共産党の勝利にとって不可欠のものだった。周が巧みに時間を稼いだために紅軍は力を蓄え、周が国民党と妥協の用意ありというふりをしたためにアメリカは調停の機を失った。

台湾に逃れた国民党首脳の一人は「あのとき周恩来がこちら側にいれば、いまごろは毛は台湾に、われわれは北京にいただろう」とさえ言った。その言の当否はともかく、中国革命における毛沢東の役割が過大に評価されているのは事実だろう。毛ひとりでは中国を手中にすることも、それを治めることもできなかった。周がいなければどうなったかは歴史の「もし」だが、毛の独力ではない事実を見逃してはならない。中国本土の制圧は、周と毛のパートナーシップがあって、はじめて可能だった。

地主、軍閥、知識人の支配に反発した農村出身の毛と不平等、外国権益と闘った周は、革命を成功に導いた中国社会の二大要素を代表していた。

毛と周の結びつきは歴史的にも重要だが、最初から成功したわけではなかった。一九三一年、毛の江西ソビエト地区に来たころの周は、一介の都市暴動失敗者だったが、まもなく軍事部長になった。一方の毛も、後年の回顧によると、当時は党務にほとんど口出しできなかったという。国民党軍に追われて長征に出てから、はじめて二人は紅軍の針路や戦術に協力して当たるようになった。六千マイルに及ぶ長征の間、周は毛を政治指導者として立て、ついには彼を党主席の地位につけた。それ以後、四十二年間のパートナーシップは、世界の知るとおりである。

権力を握ってからも、二人の関係は協力と対立の間を揺れ動いた。毛は、世界を矛盾と流動に満ちたものと観じ、何よりも闘争を重視した。実際家の周は、現実的な成果を得るために、時に応じて闘争を使う道を選んだ。周は、その卓抜した行政手腕と無尽蔵にさえ見える粘りによって中国の五千万官僚からの圧力に対抗し、毛に中国の精神的指導者として生きる余裕を与えた。

日本の田中角栄首相は、「毛の前では、周は国会議員に仕える不器用な秘書みたいだった」と評した。あの物腰の優雅な周が不器用に見えたとは信じがたいが、毛の前の彼はいつも、おそらくいくらかは意図的に、一歩ひき下がる態度を選んだのだろう。玉座を窺《うかが》うことの危険を、周はよく承知していたのである。

だからと言って、二人の間に友情がなかったわけではない。毛は人の前でめったに部下をほめる人物ではないが、二つの出来事は両者の友情の証《あかし》と言えるだろう。まず文革の間に、一部の紅衛兵が周を腐敗幹部、反革命に媚を売る者と批判し、人民裁判にかけようとしたときのことである。毛は「かけるならかけよ。自分は周の弁護に立つ」と断言して、裁判をやめさせた。

その九年後、周の死期が迫ったとき、何年間も自宅から一歩も出なかった毛は、家を出て病院に臨終の周を見舞った。医者を除いて、毛は周が最後に語り合った人間だった。

平和だけが大切か？

毛沢東と周恩来のパートナーシップが一つの頂点を迎えたのは一九七二年、文化大革命が終わり米中和解が成立した年のことである。

周に案内されて本棚に囲まれた毛の書斎に入りながら、私はワシントンを発つ数日前にホワイトハウスに食事に来たアンドレ・マルローが「あなたが交渉をなさる相手は世界の巨人、ただし死に瀕した巨人です」と言ったのを思い出していた。

毛と私は、外交に関する話はいっさいせず、互いに相手の器量を測り合っただけだった。毛は、私の世界観が彼のと両立するかどうかを知ろうとした。アメリカの富がアメリカ人を骨抜きにしていないか、ベトナムの泥沼がアメリカ人の意志の力を吸い取っていないかを見極めようとした。

毛の病状は、見るも無残だった。部屋に入った私を迎えて立つのさえ、秘書の手を借りなければならなかった。うまく話せないのでと謝り、周があとで気管支炎だと説明したが、明らかに卒中の後遺症だった。しわはないが薄黄色をした肌は、まるで蠟《ろう》のように見えた。表情は穏やかなものの動きがなく、目の焦点はあやしいが眼光は鋭かった。手は老人のようでなく、非常に柔かかった。ただ、年齢から来る気力の衰えは、いかんともすることができなかった。

中国側が用意した日程によると、毛と私の会見は十五分間となっていたが、毛のほうが話に熱中したためそれが一時間になった。疲れてきたらしい毛の気配で、周は何度も時計を見始めた。

毛と周の個性には、あざやかな差がある。周は容貌にも話し方や態度にも、洗練され尽くした外交官の風がある。それに対して毛は野人で、動物的な磁力を発散している。企業にたとえれば毛は会長で、重病を患ってもなお指導者として仰がれている。片や周は社長で、経営実務の責任者だった。

気取りがなく物にこだわらない毛の態度を見て、私は彼がいくつもの思想を同時に心の中で操れる男だなと感じた。静かに抑揚のない声で語る彼は、座談では威力を発揮するが、大衆に向かって語りかけるのに向くタイプではない。

また真面目な話をするときでも故意に大げさな表現を使うのが、毛の好みらしかった。たとえば、にやりと笑って、「前回の選挙ではあなたに投票しましたよ」と言った。二つの悪のうち、より少ない悪のほうを選んだのでしょうと私がやり返すと、毛はにこにこ笑った。

「私は右翼が好きなんです。あなたは右翼だそうで、共和党も右寄りと聞きました。英国のヒース首相も右翼だという話です」

私がドゴールの名を挙げると、毛は首をかしげて、そうとは断定できないというふりをし、さらに続けた。

「西ドイツのキリスト教民主党も右翼と聞きました。私は、どちらかというと、右翼の人が権力を取って下さるほうが好きです」

私はそんな毛の言葉を引き取って、米中和解のことに話題を戻した。

「忘れてはならないことがあります。少なくとも今日のアメリカでは、右翼のほうが、左翼なら口で言うだけのことを、行動によって実行することができるのです」

毛はまた、わざと卑下することにより意を間接的に通じるのが上手だった。書斎に入り、まずカメラマンが撮影しているあいだの雑談で、キッシンジャーがハーバード大学で学生に毛の著作を読ませた話を披露した。するとは「あんなもの、何の役にも立ちゃしません。私の書いた物は、参考になるようなものではありません」と言った。

私が、でもあなたの著述は一つの国を変え、世界を変えたでありませんかと口をはさむと、毛はそれにも「変えようなんて、できませんよ。北京の近くをちょっと変えただけです」と答えた。

一九七六年に再び中国を訪れたときは、毛の健康はもはや絶望的な状態だった。言葉はアーとかウー以外には出ないらしい。だが心は、柔軟さと鋭さを失っていなかった。私の言うことはすべて理解したが、答える言葉が出ないだけである。通訳が自分の言う意味を取り違えたと思ったときは、ノートをひっつかんで文字に書いてみせた。痛々しい光景だった。毛の評価は人によって異なるだろうが、最後まで闘志の男であった点は、だれしも認めなければならないだろう。

当時のアメリカは、いわゆるベトナム戦争症候群にかかっていて、超大国としての責任を回避するのに急だった。そんなときに、毛は非常に重要な質問を私に向けた。

「アメリカの目標は、平和だけですか？」

私は応えて、平和はたしかにわれわれの目標だが、その平和とは単に〝戦争がない状態〟以上のものを指すと説明し、「それは正義に支えられた平和でなければなりません」と答えた。

これは、中国と付き合うに当たって、われわれが絶対に忘れてはならないことだと思う。彼らは革命家であり、利益と理想のためには戦って死ぬのをいとわない連中である。もし毛の問いに答えて平和と友情だけが何よりも大切だと答えれば、彼らは直ちにわれわれの誤りを察知し、われわれの愚かなことに気付いただろう。そんなに平和だけがありがたいのなら、敵に降服すれば話は簡単じゃないかと、彼らは言うに違いない。われわれもまた戦うに足る正義を持っていることを、中国人に向かって言わなければならないのである。

すでにパーキンソン病にかかっていた毛の動きは、ぎごちなかった。もともと優雅な身のこなしなど知らない男だが、八十二歳になった彼の農民的な歩調は、老人特有の鈍い動きになっていた。だが、チャーチルと同様、毛も最後まで誇り高かった。会見が終わって去る私を戸口に見送る毛は、両側から秘書に支えられていたが、テレビ・カメラのライトが輝いて握手を写す瞬間になると秘書を突き放し、一人で立って私の手を握った。

毛沢東の伝記を書いたロス・テリルに、次のような一節がある。

「毛が気まぐれなように見えるのには、それなりの理由がある。それは、彼の中の鬩《せめ》ぎ合う多くの要素が、人格のバランスに影響しているからである。自分でも、虎の要素と猿の要素が一身の中に共存するのを認めている。冷酷なところと夢想家の部分が、代りばんこに現われるのが毛沢東である」

周恩来と違って、毛はそうした異なる性格を一個の個性に織り上げず、それぞれの部分が自分を異なる方向に引っ張るのを許した。

国家の針路を一手に握る者にしては、毛は気まぐれで、たとえば宵っぱりの朝寝坊だった。明け方に何度もつまらないことで部下を叩き起すのは、スターリンに似ていた。かと思うと、日常の仕事を放っぽり出して、ひとり長い瞑想にふけった。専門の担当者を何時間も質問攻めにしたあと、ふらりと庭に出て、衛兵に向かって同じ質問をするようなところがあった。

マルローは私に、毛にはちょっと魔法使いのようなところ――「幻想に魅入られ、とり憑かれているようなところ」があると言った。毛は中国という社会に、一つの大家族のような幻想を持っていたのだろう。息子が朝鮮戦争で死んだと聞いたときの彼は「犠牲なくして勝利はない。私の子であろうとだれの子であろうと、同じことだ」と歎かなかった。

だが、もし「大家族・中国」が毛の中の猿が抱いた幻想なら、彼の中の虎はそれを実現するため中国大陸を敢て震撼させた。民衆の自発性は尊重したが、毛はそれが自分の幻想に適《かな》う場合にだけ許した。合わない場合は法による強制と国家強権をもって弾圧した。そういう手段が官僚機構を肥大化し、民衆の自発性と創造力を殺す事実に、毛は最後まで気がつかなかった。

中国革命のマルクスにしてレーニンにしてスターリンとして、毛はその戦略の妙と戦術の柔軟さと筆舌を絶する残忍な弾圧によって歴史に残った。彼は工場労働者ではなく農民を革命の原動力とすることにより、マルキシズムを修正した。暴徒を集めて反乱の中核をつくらず、兵士を軍に組織化して革命の実行勢力とすることにより、レーニン主義を修正した。中国歴代の皇帝の中で最も残忍な独裁者である秦始皇帝に自分をなぞらえる者に対しては「われわれを現代の始皇帝と呼ぶのは侮辱である。われわれは彼の何百倍ものことをした」と反論した。

毛は、戦略と冷酷によってのみ成功したわけではなかった。熱烈な信奉者を吸引するカリスマと、逆境をものともしない意志力を持っていた。毛の場合、カリスマは彼の意志力の産物と言えるだろう。実際に毛に会ってみて、私は彼の意志力がまるで強い筋肉のようにはっきり感じられるのを実感した。毛の詩業のうち最高のものは、長征中とその後のはげしい戦いの中から生まれている。闘争——それもはげしい闘争を歌うときの彼は、意志の力を筋肉の力と同様に評価している。彼の意志の強さは長征の大事業を可能にし、長征は毛を、また毛に従う人々を、不死身にしたのである。

一九七二年に会ったとき、毛沢東はわれわれの会見はおろか、中国人すべてに影響を与えかねない発言をした。「あなたの友人でも私の友人でもある蔣介石氏は認めないかもしれませんが」と前置きしてから一拍おいて「われわれはあなたよりずっと前から蔣氏と友人なのです」と言ったのである。私が一九五三年にはじめて会った蔣も、中国の現状に語り及んで似たような態度をとり、自分の言うことは台湾のみならず全中国に通用するのだと宣言したことがある。
毛と蒋が国家を語る態度に、私はどこか皇帝のそれに似たものを感じた。言動から見るかぎり、二人はいずれも国家の運命を自己の運命と完全に重ね合わせていた。そういう二人が歴史の中で遭遇すると、妥協はあり得ず、衝突しかあり得ない。そして一方が勝ち、一方が負けるのである。

不思議なことだが、毛と蒋には多くの似た点がある。二人は、ともに純粋な意味の東洋人だった。毛が中国を離れたのはわずか二度、一九四九年と五七年にモスクワに行っただけ。蒋もアジアの外へ旅したのは二度——一九二三年にモスクワを訪れたのと、四三年のカイロ会談に行ったきりである。二人とも、何日も孤独のうちに暮らすのを好む。毛は、そうした時間を詩作に費し、蒋は山野を歩いて詩を読むのを常とした。両者はともに叛逆の徒だが、毛が父親と社会制度全般に反抗したのに対し、蒋は清朝の腐敗と優柔に反抗し、その象徴として毛より七年も前に弁髪を切った。

しかし、同時に、二人の間には表面的にも本質的にも大きな差異がある。毛はまるでジャガイモの袋を投げ出しでもしたような格好で無雑作にすわったが、蒋はあたかも背骨が鋼か何かのように姿勢正しかった。毛が気安く随所にユーモアを発揮したのに比べ、蒋は私が会ったかぎり一度もユーモアを使わなかった。毛の書は自由濶達で規矩になじまず、逆に蒋の書は毅然として一点一画をゆるがせにしなかった。
もっと本質的な面では、二人は中国の愛しかたにおいて截然と異なっていた。二人はともに深く中国を愛したが、毛が過去を消そうとしたのに反し、蒋は過去の上に築こうとした。内戦に勝った毛は中国語の書体を簡略化して識字率を上げ、古い漢字に盛られた文化の歴史を破壊した。敗れた蒋は、部下や将兵の多くを本土に残してまで四十万点に上る中国の古美術を台湾に運んだ。

はじめて毛に会ったとき、彼は私に向かって、蒋が中国共産党指導部のことを最近「山賊」と呼んだと言った。では、あなたは蒋をどう呼んでいるのかと聞くと、毛は笑って答えず、周が会話を引き取って「われわれは、ふつう〝蒋介石一派〟と言うが、新聞などではときどき山賊と呼びます。蒋もお返しをする。まあ、互いに罵り合っているわけです」と説明した。

周と蒋の関係は、まるでジェットコースターのように、甚だしいアップ&ダウンの連続だった。一九二〇年代はじめには、周は軍官学校で蒋の部下として働いた。そのころの蒋は、周のことを「物のわかる共産主義者」と評したという。ところが数年後の彼は、周の首に八万ドルの懸賞金をかけていた。それなのに、北京で私に蒋のことを尋ねた周ほか数人の中国共産党首脳の声音からは、明らかに蒋に対する愛憎の併存が感じられた。共産主義者として蒋を憎みながらも、中国人としての彼らは蒋に親近感と敬意さえ抱いていた。反対に、蒋との会話の中には、一度としてそういう親近感の表明はなかった。

毛、周と並ぶ二十世紀中国の傑物である蒋介石に、私は一九五三年はじめて会った。その後も副大統領として、また一市民として、交遊は続き、私はその個人的関係を非常に大切にしていた。北京との和解は、それだけに私にとって苦痛に満ちたものだった。

私は何度か、台北の宏壮な総統官邸で、蔣夫妻のもてなしを受けた。夫人・宋美齢が通訳をしたが、彼女自身が会話に加わることも珍しくなかった。ウェルズレー大学出身の彼女は練達の通訳であるうえ、夫である蔣の心を完全に読んでいたので、適当な訳語がない場合など自由に説明、解説をして誤ることがなかった。

宋美齢は、単なる通訳以上の器量を持つ人だった。世間では、指導者の妻について、その地位が単なる結婚のため得られたものとの理由で、歴史的にも個人的にも役割を軽く見すぎるきらいがある。そうした態度は、舞台裏で使われる彼女らの力量を無視するだけでなく、彼女らの多くが持つ識見や人柄をも過小評価する行為にほかならない。私は、宋美齢の知力、弁舌、倫理観をもってすれば、必ずや総統夫人の地位を離れても立派に活躍できる人であったと信じる。

宋美齢と毛沢東の第四夫人である江青は、蔣と毛以上のあざやかな対照をなしている。蔣夫人は教養があり、美容に意を用い、きわめて女性的なうちにも強さがあった。対する毛夫人の江青は無礼で、愛嬌も女らしさも全くない、要するに性なき過激な共産主義女性の典型だった。ホイッテカー・チェンバースはかつて私に「共産主義の夫婦は、たいてい女房のほうが猛烈な主義者であるものです」と言ったが、江青に関するかぎり、これはまさに真実だった。

江青ほど冷淡で言動にやさしさのない女性を、私は見たことがない。私は革命オペラに招かれて彼女の隣にすわったが、江青には毛のあたたか味も周の優雅な物腰もなかった。ひたすら身を固くし、両手やひたいには緊張のあまり汗の粒が浮かんでいた。私に対して最初に言った言葉も、まことに傲岸不遜――「あなたはなぜ、いままで中国に来なかったか」だった。

周恩来夫人の鄧穎超は、江青とは全く違っていた。私は一九七二年と周の死去直後の七六年に会ったが、彼女から周と同じ魅力と洗練を感じた。総理夫人である以外に熱心な共産主義者として党の中で重要な働きをしている人だが、江青と違って、イデオロギーに女らしさを圧殺させる非人間的な女性ではなかった。周が生涯に一人しか妻を持たず毛が四人という事実を、私は面白いと思う。

宋美齢の実家のあわれな末路は、内戦によって引き裂かれた中国の悲劇を一家の中に体現したと言えるだろう。

中国における聖書の出版・販売業者として富を築いた宋家には靄齢、慶齢、美齢の三姉妹があった。長姉の靄齢は中央銀行の総裁と結婚し中華民国の共産化に伴ってアメリカに逃れた。末娘の美齢は蔣介石と結婚し、夫とともに共産党と闘って台湾への退隠をともにし、夫の死後はアメリカに住んでいる。真ん中の慶齢は、革命運動の父である孫文と結婚し、内戦では共産党側につき、晩年は革命の象徴として国民から慕われ、一九八一年に死んだときは国葬をもって葬られた。

蔣が美齢に結婚を申し込んだとき、宋家は蔣がクリスチャンでないという理由で反対し、結婚を機に蔣に改宗を求めた。だが、信仰を軽んじなかった蔣は、自由な改宗でなければ真のキリスト者にはなり得ないと主張し、結婚後は真面目に聖書を学ぶ約束で宋家の同意をかち得た。蔣はそれから三年後に改宗、以後の夫妻は毎朝そろって一時間の祈禱をするようになった。

もともと蔣は、安易に他人を信じたり愛情を寄せる男ではなかったが、宋美齢はそんな彼を完全に薬籠中のものにし、きわめて強い夫婦の絆をつくった。国事に関して夫の最大の相談相手になった彼女は、大戦中から戦後にかけ夫の個人特使として何度か渡米し、その魅力と優美な物腰で国際社交界に君臨、夫の暗いイメージを改善するのに大いに貢献した。

しわ一つない蔣の黒い絹服と僧のように剃り上げた頭は、彼と話すとき、その謹厳で無口な人柄をよりいっそう強める働きをした。私が何か言うと「好《ハオ》、好《ハオ》」と相槌を打つくせも、かえって人柄の印象を少しきびしいものにした。だが、蔣の両眼は自信と執念を発散していた。真っ黒な瞳に、ときどき、きらりと光るものがあった。会話に入る前は部屋のあちこちへ視線が走るが、いったん話し始めると焦点は私の上に結び、最後まで逸《そ》れなかった。

生活態度においても、蔣と毛は正反対だった。服装、部屋、住居のたたずまい、蔣のまわりはすべてが秩序正しかった。あらゆる意味での規律と秩序の人。整理整頓という言葉は、蔣のためにあると言ってもよかった。ところが毛は正反対で、彼の書斎は足の踏み場もない本や書類の山だった。よき経営者の資格が整理された机上にあるなら、毛は失格である。彼は蔣が規律正しいのと同じ程度に乱雑であり、蔣の整理整頓と同じくらいに多岐放縦だった。毛を乱雑放恣の権化と言っても言いすぎではないであろう。

革命　成功と失敗

蔣介石は政治家として非常に珍しい存在、つまり保守的革命家だった。アメリカ独立革命も、その指導者たちが本質的に保守の人であったために、秩序と自由を持つ社会の建設に成功した。彼らは、かつて享受したが宗主国によって奪われた自由を求めて闘った。フランス革命があのような挫折に終わったのは、指導者がフランスの歴史に基礎を置かない純粋に知的で抽象的な幻想のために闘ったからにほかならない。

蔣の意図は、フランス革命よりはアメリカの革命に近かった。彼は中国的伝統の復活を狙い、旧秩序の腐敗をしりぞけ、広く普及していたアヘン吸飲や纏足《てんそく》の弊風を絶とうとした。だが、立憲政体を導入したにもかかわらず、蔣は民主主義者ではなかった。自由の少なさを憂えず、自由の過剰を憤った。孫文が「われわれは一山の砂になってしまった」と歎いた中国人に、彼は規律を与えようとした。その規律とは、蔣の計画によれば、中国人の間に創造と生産の能力を養うはずのものだった。

蔣の考えは台湾に適用され、経済の奇跡を生んだ。一九六五年までアメリカは台湾に経済援助を与え続けたが、その額はあまりに少なく、あの爆発的な経済成長の原因になるようなものではない。経済指標によっては、共産主義の勝利が中国人民にとりいかに悲劇的かを十分に示すことはできないが、いくばくかの示唆にはなるだろう。中国共産党が農業を集団化した結果、今日の中国本土の一人当たりコメ生産量は革命前を下回っている。一方の蔣は、地主から農地を買い上げて農民に分配し、地主はその金を産業に投資し、政府は積極的に外国資本を誘致した。今日、台湾の個人当たり所得は中国本土の五倍に達する。台湾にいる千八百万人の中国人は、本土の十億の同胞より五割以上も多く輸出しているのである。

行動の人だった蔣は、波瀾の生涯の間に何度も成功をおさめ、そのため自己の判断に絶大な自信を持つようになった。好んで王陽明を読み「知ってこれを行わざるは、いまだ知らざるなり」の思想に共鳴した人でもあった。

一九四九年の決定的敗北も、そうした蔣の自信を揺るがさなかった。彼は、それを一時的敗北としか見ず、私に会うたびに本土侵攻を語ってやまなかった。周囲が希望を棄ててからもなお、信念を失わなかった。

彼がみずからの名に選んだ「介石」とは「動かざる石」の意である。それは蔣の人柄を思うとき、最適の選択だったと言うべきだろう。私は蔣の決意を高く評価する。彼は事業が単に不可避に見えるだけでは、不可避に屈服しなかった。

政治家には、常にまわりから近づいて、あなたの目標はむりだからおやめなさいと忠告する人々がいるものである。そういう連中は、創造的なビジョンを持っていない。これまでやったことがないから不可能だと、決めてかかる傾向がある。蔣は、それを知っていた。「私は常に敵に囲まれ、ときには負けたこともある。しかし私は、耐えることを知っていた」と、自分で書いているとおりである。

粘り強さの反面、蔣には欠点もあった。だが、中国本土喪失ほどスケールの大きい悲劇は、一個の人間の責任に帰せられるべきではない。蔣は政治、軍事の戦術的天才だったが、あまりにも忠実に古い法則を守ったため、戦略家として大を成すに至らなかった。戦略的状況が旧来のままである場合は素早く決断したが、彼には従うべき法則がなければならないのだった。

そのような状況が持続していれば、蔣はだれにも負けなかったことだろう。だが、全く新しい状況が起ったときは、従来の態度を棄てて斬新な戦略を編み出すのが不得手だった。偉大な歴史上の人物は、それぞれに時代の状況に対して挑戦してきた。歴史の脚注は、時代に合わない戦略を採用し敗れた人たちの記録で綴られている。そして歴史の本筋は、巧みに時代の流れをつかむ戦略をとった人々によって、書かれるものである。後者の中に毛沢東が属していたのは、蔣にとっての不幸だった。

中国の軍事統一を狙う蔣が北伐を開始した一九二六年、中国は一部を外国に握られ、一部は軍閥の手中にあり、一部は無政府状態下にあった。蔣の軍隊は、進むにつれて中国最強の軍となり、数年後の蔣は統一中国の盟主となった。

しかし、それは実よりは名の統一にすぎなかった。蔣は敵を抑えはしたが、従属を強制せず、強大な力に対しては一歩譲って同盟を結ぶという中国古来の道をとらせた。これは、おそらく蔣の犯した最大の過ちだった。マキアベリが生きていれば、蔣を叱ったことだろう。軍閥を放置し、それぞれに軍隊を温存させるようでは、威令が行われるはずがない。服従とは隷属によってしか得られないものだからである。

マキアベリなら、正しく見通したに違いない。果たして蔣は、ついに全中国を完全に支配することができなかった。蔣の麾下の軍は、国家の統一を保つのに汲々たる有様で、地方に兵力を割こうとすれば必ず軍閥の反抗に遇った。その結果、蔣は軍閥鎮圧のみに追われ、軍を縮小して経済の近代化と革命に十分な力を注ぐことができなかった。さらに悲劇的だったのは、共産勢力に対して存分に軍を対抗させ得なかったことである。一言にして言えば、蔣の戦略は面子《メンツ》を保ったが中国を失った。

毛沢東は、この蔣介石の失敗から学んだ。中国本土を制圧すると、彼は直ちに全国各地の社会のあらゆる層に共産党の支配を確立した。歴史家は、おそらくそのことを毛の事業の筆頭に挙げることだろう。

二人に比べると周恩来の歴史的業績は、やや定義しにくい。内戦の勝利にはたしかに大きく貢献したが、一九四九年の中華人民共和国成立以降は、毛を助ける側近の一人にすぎなかった。周はイデオロギー優先の風潮の中に実利主義を混入し、着実な経済近代化を実現しようとしたが、毛の野放図な政策転換により絶えず苦い思いをしなければならなかった。彼はまた、ほとんど独力で時流に抗し、共産中国に住む人民の苦痛を少しでも和らげるよう、たとえわずかでも言論の自由を許すよう、中国の社会の中に英国の政治家エドマンド・バークの言う「天の恵む生きる楽しみ」を与えるよう、精いっぱいの努力をした。しかし、その努力も、結局は実を結ばなかった。

国際外交の面では、周はみごとな成功をおさめた。彼が舵をとったのは、その実際の力が潜在力にはるかに劣る国だったが、それでも周は機を利して全力を傾けた。一九七六年、彼の死の直後に未亡人に会った私は、故人には記念碑の必要はない、なぜなら後世の史家が世界の力の均衡を保存しようとした周の努力を偉大さのあかしとして挙げるだろうから、と述べた。さらに続けて、偉大だった周の生涯のために「目に見えるものよりは、見えないもののほうが偉大であることが多いのです」と言い添えた。

私に会ったときの毛と周は、申し合わせたような口調で、し残した仕事の多さと人生の持ち時間の残り少なさを歎いた。あまり何度も年齢のことを話すので、彼らが迫る死期を覚悟していることが私にもわかった。

生涯の最後の年に、周は共通の苦悩を詠んだ詩を、毛から受け取った。パラフレーズすれば、こういうのである。

国のためにすべてを捧げた親たちは、わが行く末を案じない。

国は首尾よく共産化したが、だれがそれを護り育てようというのか。

われらが任務はいまだ完了せず、完成するには千年を要する。

われらは闘争に倦み疲れ、われらが頭はすでに霜をいただいている。

古き友よ、汝もわれも、われらが努力の結実の、空しく歳月の波に洗われゆくを見守るほかないのだろうか。

短い生命を歎く声は毛と周に共通だが、二人がそれぞれに抱くビジョンと使命は全く異なるものだった。

晩年の行動においても、二人の間には大きな差があった。周の最晩年、いわゆる四人組が毛の暗黙の了解のもとに周を引きずり下ろそうとしたのは、いまでは史家の常識になっている。一方の周は、毛の死に続く権力闘争を予想し、自分の政策の支持者をあらゆる拠点に静かに送り込んでいた。毛は、晩年になって突然に一つの政治的立場から別の立場へと転じ、その過程において中国に測りしれない損失を与えた。穏健な実務派を支持するかと思えば、辛抱がならなくなったのか前触れもなしに過激な左派と結んでミニ改革をおこし、再び態度を変えたりした。

共産中国の偉大な両指導者は、一九七六年のわずか九カ月の間に、前後して世を去った。いずれも究極の目的を達することはできなかったが、周の政策が彼の死後も生き続けたのに比べると、権力を握った毛の後継者たちは争って毛沢東主義を捨てた。

もし毛がいなければ、中国の共産主義運動は神秘な指導者を欠き、熱狂的な信奉者をあつめて中国本土を制圧することも、世界の何百万の人々の心に影響を与えることも、できなかったであろう。しかし、毛もまた多くの革命指導者の例に漏れず、破壊することはできても建設することはできなかった。

周にも破壊の才はあったが、革命指導者としては全く珍しく、彼は単に廃墟を支配する以上の才能を持っていた。過去の中から最良のものを保存し、未来のための新しい社会をつくることができたのである。

毛がいなければ、中国革命は最後まで着火しなかったことだろう。周がいなければ、火はすべてを焼き尽くし、残るは灰ばかりだったことだろう。

中国革命が実を結ぶかどうかは、現在の中国の指導者が周のように「共産主義者であるより先に中国人」であり続けられるかどうかにかかっている。もし彼らにそれができるなら、二十一世紀の中国は北辺のソ連、南境のインド、東北の日本はおろか、海をへだてて東に接するアメリカをさえ怖れる必要がない。世界で最も有能な十億の国民と厖大な天然資源を持った国は、人口においてのみならず力においても、世界のトップに立ち得るであろう。

指導者の資格について

「偉業は、偉人を得ずして成ることがない。そして、偉人たちは偉大たらんと決意する意志力により偉大になる」

ドゴールは、そう書いている。

指導者として大成する人は、強い意志を持ち、他者の意志を動かすすべを知っている。私が前章までに書いてきた指導者たちは、程度の差こそあれ、いずれも歴史に自己の意志を刻んだ人々だった。彼らが通常人より一段と高いところにいるのは、彼らがそうあろうと〝願望〟したからではなく〝決意〟したからである。この差が、権力とその行使を理解するうえで非常に大切になってくる。願望は受身だが、決意は能動。追随者は願望し、指導者は決意する。

作家F・スコット・フィッツジェラルドは、百万長者は常人とは異質の人間だと書いたが、私は巨大な権力を握る人々もまた異質の人物であると考える。権力闘争に勝つためには、特別な人間でなければならない。いったん勝つと、権力それ自体が人物をさらに異質にしていく。道で行き遇う、どこにも住んでいる〝いい人〟では、権力を握ることはできない。

大統領時代の私は、いろいろ質問を受けたが、その中で最も考えさせられるのは権力は人間を変えるかという問いだった。逆に、最もいやなのは、その問いの変型である「大統領って面白いでしょう」と聞かれることだった。

ジョン・J・マックロイが、あるとき二十世紀前半の大統領ほとんど全部と親交のあったヘンリー・L・スチムソン（国務長官、陸軍長官など）と会ったときのことを話してくれた。政府の維持・運営が最も巧みだった大統領はだれかと聞かれたスチムソンは、ちょっと考えてから、意外にも第二十七代大統領タフトの名を挙げたという。だが、惜しいことにタフトは権力を愛用《エンジョイ》しなかったと言うので、マックロイが、では愛用したのはだれかと聞くと、スチムソンは第二十六代のセオドア・ルーズベルトと第三十二代のフランクリン・D・ルーズベルトだと答えたそうである。

アデナウアー、チャーチル、ドゴールなどは、みな権力を溺愛したと言える。だが、それをもって権力を振るうのを面白がったと言えば、事実の矮小化になるだろう。自分の判断が（たとえ間違っていても）最善と信じ、器量の劣る人が権力を濫用するのを見て堪えがたく思う人は、みずから権力を握る日を熱望する。他人の不手際を見て苦痛を感じるような人物は、自分が権力を手に入れたが最後、それを行使することを喜びとするに違いない。

だが、一歩進んで権力を愛用《エンジョイ》するためには、物事には失敗はつきものであると観じ、自分も失敗を免れないことを認め、なるべく大事ではなく小事で失敗をするよう祈るほどのゆとりがなければならない。権力を愛用するのと同時に失敗を恐れぬようでなければ、偉大な指導者にふさわしい大胆な行動はとることができない。

自己の処理する問題に真底《しんそこ》から没頭し、それが「面白い」かどうかなど無関係という状態になれないような人は、指導者になるべきではないし、またたとえ指導者になっても失敗に終わるか社会に害を流すのが関の山だろう。余暇のために時間を割き、そうした余暇の時間を愛用するのは勝手だが、それと職務の間には厳然たる一線を引かねばならない。職務には、あくまで冷静で計算ずくの客観性をもって当たる必要がある——儀礼的な職務でも内容のある職務でも。

人は大統領（あるいは首相。国王が実権を持つ国では国王）に向かって、仕事が面白いかと聞く。尋ねる人は、にこにこ笑いながら群衆の歓呼に応えている指導者の姿を想像しているのだろうが、彼らはそれだけの群衆を集めるのにいかに苦労が払われ、指導者がちゃんとカメラのほうを向いて微笑するよう計算している事実を知らない。大統領につきものの華麗な儀式、はなやかな儀仗兵、ラッパの響き、専用機、ヨット、自動車パレード、国旗などに目を奪われる人は、そうしたものが大統領を喜ばせるためにあるのでないことを知らない。裁判官が法衣を着るように、それらは大統領職の名誉と権力行使の便のために存在するにすぎないのである。

ある程度の威厳は必要だし、ときによっては王に似た扱いも受ける。外国の、とくに小さな国の指導者は、きらびやかな儀式で迎えられている写真を国民に見せる必要があるが、それは彼個人のためでなく、彼という形で国家が敬意を受けているからだろう。灼熱の太陽の下に直立して歓迎の儀式が万事ソツなく行われるかどうか気を配るのが「面白い」と思う人は、一度もそれをやったことがない人である。そんなきらびやかさは、職務の一部にすぎない。

だからといって私は、大統領の職を「華麗なる拷問」と呼んだり、その他もろもろのシニカルな定義で呼びたくはない。私はみずから大統領になるのを欲したのだし、大統領になるため、大統領であり続けるために闘った男である。大統領であった間、私はほとんどの場合その職務を愛用《エンジョイ》したが、多くの指導者がそうであるようにそれは決して「面白い」といった性格のものではなかった。

人類の歴史には、いつの時代にも独裁者がいて、それは権力のために権力を欲した人々である。だが、苦労をしてついに頂点に立った指導者の多く、ことに偉大な指導者と呼ばれる人たちの大部分は、自分なら他者よりはるかに巧みに権力を行使できると信じ、行使するために権力を欲した人々なのである。

私がこの本に書いてきた指導者の中には、一人として薄っぺらな人物はいない。もちろん、純真そのものの人はいず、複雑な動機を持たなかった人もいない。だが、純粋に自己満足のために権力を欲した人は、一人もいないのである。

スカルノのように、自己の肉欲にごく寛大な人はいた。毛沢東やフルシチョフのように、自己の政治のために民衆が苦しんでも平気な人もいた。しかし、全員が、自己の欲得を超える目的意識を持つ人だった。その意識の当否はともかく、例外なく偉大な目的のために奉仕していると感じていた。歴史の中に自分が立派な足跡を残しつつあると信じたのである。

指導者について語るとき、われわれはよく高位、高職といった高さの比喩を使う。高いビジョンを抱いて高い地位に達した、などと表現する。指導者が会うことを、首脳会談、頂上《サミット》などと呼ぶ。チャーチルは第一次大戦中のガリポリ作戦の失敗に当たって外務大臣に書簡を書き（結局、送らずじまいだったが）、その中で外相が「必要以上に低劣に」ならないよう要請した。

指導者の中には、同世代人から断然ぬきん出た人もいる。だが、彼らはすべて、程度の差こそれあれ一般の人々より（比喩的に）背が高くなければならない。日常の出来事を超えた視野を持つ必要があり、そのためには山上に立たなければならない。

過去を顧みず、未来に対しても目をつむって、ひたすら現在に生きる人は大勢いる。かと思うと、過去の世界に住む人もいる。ごく少数の人だけが、過去を現在と照合することによって未来を望見する技術を持っている。偉大な指導者は、そんな人である。リンカーン伝を書いたブルース・カットンは「この人（リンカーン）の場合、ときに空は地平に接することなく、はるか未来に動くものの姿が見えた」と書いている。

戦略家としてのドゴールやマッカーサーは、雲の上に聳《そび》え、はるかかなたを望むことができた。マジノ線に依存したフランス防衛に反対したドゴールは、敵が迂回作戦をとればどうするのかと、正しく未来を予見した。マッカーサーは日本が要塞化した太平洋の島々には目もくれず、防備の手薄な島を選んで攻める、飛び石作戦を採用した。

他の将軍たちは「この前の戦争」の発想で準備をしたが、ドゴールやマッカーサーは、「この戦争」「現在の技術」に基いて考えた。鍵《かぎ》になったのは機動力であり、マジノ線にはそれがなく、マッカーサーの戦略にはそれがあった。あとで顧みて明らかであることも、当時は一般の人々の目には見えなかったのである。

偉大な指導者とは、顧みて明らかなこと、顧みなければ明らかでないことを、だれより先に見通し、国家を動かす意志の力と権威を持つ人々のことを言う。一九三〇年代のドゴールは、まだその権威を持たなかったが、やがて権威を持つであろう個性をすでに示した。一九四〇年代のマッカーサーには、その権威があった。ドゴールがもっと早くフランスで、あるいはチャーチルがもう少し早く英国で、その権威を持っていれば、ヨーロッパの歴史は違っていたであろうし、第二次世界大戦はなくて済んだかもしれない。だが、一九三〇年代のドゴールとチャーチルは時代に先んじすぎていた。ヨーロッパが、彼らの正しさを知るために大きな犠牲を払わねばならなかったのは悲劇だった。

学者は、権力をまるで抽象概念か何かのように言う。だが、指導者は、もっとよく実体を知っている。権力は、まるで錨《いかり》のように、彼らを現実に結びつける。学者は理論の翼にたよって成層圏に達し、自由に学説をつくるが、実際に権力を持つ者は地上の結果、影響、効果を見きわめなければならない。指導者が住むのは具象の世界である。

スクリーンやブラウン管を通じてアメリカ人の自己像形成に大きい力のあるハリウッドの連中も権力に注目するが、軍や企業や政治を動かす者を常に悪者にしたがるきらいがある。一般に指導者はハリウッド好みのジェットコースター的な動きをしないから、野暮で退屈で残酷な人間であるかのように描かれやすい。だが、実はテレビ・ドラマや理想社会の中のような行動は、不完全な現実世界の中ではとれないだけの話である。庶民の苦しみにも平然としているような印象を与えがちだが、実際は冷淡などころか、たとえわずかずつ劇的でない方法によってでも、民衆の苦痛をやわらげようと日夜努力をしなければならない。ハリウッドはポーズはうまいが、指導者は実行する義務を負っている。

一国の政治における権力は、何万何百万という民衆の生と死、繁栄と貧困、幸福と悲劇を左右する。権力を持つ者は、ときに決断に当たって意図的にそれを忘れねばならないときもあるが、責任感は片時も心を離れるときがない。権力は歴史を築き、創造し、異なった方向に動かす。その自覚から来る満足は大きいが、それは決して権力を握る者を幸福にしない。幸福を希《のぞ》む人は権力を握らないだろうし、もし握ればそれを適切に行使しないはずである。

目的と手段と

「法律とソーセージは、作る現場を見ないほうがいい」という。指導者も主にその業績によって判断され、いかにしてそれをなしとげたかは不問に付されることが多い。学校ではジョージ・ワシントンと桜の木の美談を教える。道徳家はウィルソンが唱えた「新しき自由」を称《たた》え、安楽椅子の評論家たちは指導者に「自己の信念」を守れ、妥協をするな、ポリティシャンでなくステーツマンになれと要求する。

現実の世界では、政治とは妥協の産物であり、民主主義とは政治の産物にほかならない。ステーツマンになろうと志す者は、まずポリティシャンでなければならない。そのうえ指導者が扱うのは、国家や民衆のあるべき姿ではなく、現在あるがままの姿である。その結果、指導者に必要とされる資質は、必ずしも子供たちが美談として記憶するようなものばかりとは限らない――その子供たちを指導者に育て上げようというなら別だが。

指導者の言動を、単にそれが魅力的であるかどうかによって判断するのは、私は誤りだと思う。陰険、虚栄、権謀術数などは一般的に悪とされるが、指導者にはそれはなくてはならない。ある種の陰険さがなければ、互いに対立する派閥をまとめていくという政治に不可欠な仕事はできない。ある程度の虚栄心がなければ、国民に自己の地位を正しく印象づけることはできない。そして権謀術数を用いなければ、大事に当たって目的を達成できない場合が多いのである。ドゴールは国民に決断を公表するずっと前から、側近にはアルジェリア独立だけがアルジェリア問題解決の唯一の道だと漏らしていた。フランクリン・ルーズベルトは、絶対に参戦しないと公約しながら、ひそかに戦争準備を進めたのだった。

指導者は、また、世論より先行することが必要だが、先走りすぎてもいけない。世論が熟するのを待ちながら、手持ちカードの一部を隠さねばならないときがある。カードを全部見せてしまうと、かえって大事を仕損じるからである。ドゴールも「真の政治家は、権謀の時と誠実の時を使い分けねばならない。権謀と誠実の政略を少なくとも千回繰り返すことによって、全権掌握ははじめて可能になる」と言った。彼はまた「行動の人は相当な自我意識と誇りと非情と老獪を持っているが、それにより偉大な目的を達することができれば、すべては宥《ゆる》されるばかりか、かえって称賛される」と書いている。

指導者に必須の、こういう「きたない」一面は、何も政治だけの話ではない。ビジネスの世界にも政界に劣らず冷酷非情の人がいるし、宗教界や学者の世界にさえワシントンの官僚も顔負けの陰謀家がいる。学者から政界に入り再び大学に戻った人が、大学内部の暗闘を見て政界よりもすごいとたじろぐのは、珍しいことではない。学者は、うわべだけは高潔だが、かといって心の底から高潔かどうかは大いに疑わしい。

どんな世界であれ、結局はどこまでが許されるかという問題になる。完全に私利ばかり図る者は、敵の弱味につけ込むタイプであろうと誠実を装う偽善タイプであろうと、許されるべきではない。とくに善人ヅラしながら自己の利益のために敵に攻撃を加えるような連中は、企業世界のいわゆる「追いはぎ成金」と同様、倫理的追いはぎ泥棒と呼ばれてしかるべきだろう。職業の貴賤はあっても、これだけは絶対に許すべからざる最低線である。

政治の世界の競争は、ビジネスや教育やジャーナリズムの競争より、はるかに目立ちやすい。だからといって、政界がことさらに競争の激しい社会というわけではない。政治とスポーツは競争が最も人目につきやすい二大分野で、他の社会でも同じほど激しい競争はあるが、それほど目立たないだけのことである。私は政治家だから身びいきを承知で言えば、一国の政治や国家の生存を賭けた競争は、市場シェアの争奪戦やコーンフレークの売り込み合戦や一ポイントかそこらの視聴率競争より、はるかに偉大だと思う。それなのに、視聴率争いに血道を上げているテレビのコメンテーターが他人の争いをさも汚いことのように評するのを聞いて、片腹痛いと思うときがある。

それから、人間行動のあらゆる分野において発せられる有名な疑問の一つに、目的は手段を正当化するかどうかというのがある。ときには深奥な議論に発展する大テーマだが、私はそのほとんどが空疎、表面的だと思う。

目的さえよければどんな手段を使ってもいい、と言うのはバカである。だが同時に、偉大な目標が他の場合なら許せない手段によってしか達せられないとき、それを使うな、と言うのもバカげている。第二次大戦で枢軸国を打ち負かすために、われわれは何千万という人間を殺し、傷つけ、不具にしたが、目的は立派に手段を正当化した。ヒトラーと戦わず、あるいは戦争に負けていれば、もっと悲惨なことになっていただろう。

指導者は常に、ほとんど本能的なまでに、結果を考える。何の責任もないような連中が一方的に、全く異なった状況下でつくったルールには拘束されない。

目的も手段も、それ単独では指導者を測る尺度にならない。偉大な目的意識がなければそもそも人は指導者になり得ないし、指導者になったからには大目標の達成に尽力せねばならず、その目的が高ければ高いほど指導者の人間としての器量も上がる。だが、目的だけでは十分ではない。そこに到達するには、行動によって結果を出す必要がある。しかも、目的にふさわしい手段が要求される。大目的にそぐわない、あるいは目的を引きずり下ろすような手段であってはならない。いずれにせよ結果を出さないことには、せっかくの目的も幻と消え、歴史を誤ることになる。

リンカーンは、今日の人々から至高の理想家のように思われている。たしかにそうかもしれないが、同時に冷酷なまでの現実家、完全な意味の政治家でもあった。現実主義と政治力があったからこそ、リンカーンは目的を達成することができた。政治的任命権のような現実的な問題では、彼は徹底的に政治力を発揮した。現実主義だったから、奴隷解放についても南部諸州の奴隷だけを解放し、南部との境界諸州の奴隷制度は温存した。

南北分裂というアメリカ建国いらい最大の危機に当たって、理想家リンカーンが情熱を注いだ大目的は、北部連邦の維持だった。その目的を達成するため彼は法律を破り、憲法に違反し、独裁に近い権力を行使し、個人の自由を制限した。これよりほかに道はないと、彼はそうした行動を正当化した。多くの点で憲法の定めるところを破った理由を、彼は一八六四年の手紙の中で次のように説明している。

「私は憲法を守ると誓約したがために、必要なあらゆる手段に訴えて憲法を基本法とする政府と国家を守る義務を負った。国家を失っても憲法を守るのは、はたして正しい態度だろうか。人間の生命と四肢は保護されなければならないが、生命を守るために敢て四肢を切断するのは珍しいことではない。だが、四肢を救うために生命を捨てるのは、賢明な道であろうか。私は、普通なら違憲とされる行動も、国家を守ることによって憲法を守るのに不可欠であれば、それは合法的になると考えた。その当否はともかく、私はそういう立場をとり、いま率直にそれを認める者である」

また、いまから四十年以上も前のことだが、評論家マックス・ラーナーがマキアベリ全集に立派な序文を書いたことがある。今日もなお、人がマキアベリの名を聞くたび少し身震いを感じるのには、それなりの理由があると、ラーナーはその中にこう書いている。

「それは、マキアベリの書いている現実が、まさにいつわりのない現実であり、人間が政治においてもビジネスや私生活においても、道徳を規範として行動しないからである。……われわれの唱える民主主義的な手続きや概念は、国際的にはむき出しのパワー・ポリティックスと、国内的には少数者による猛烈な権力独占闘争と、かつてないほどの二律背反関係にある。マキアベリは、そのディレンマを、われわれの鼻先に突きつけるのだ」

そしてラーナーは、以下のようにみごとな結論を書いている。

「はっきり言っておこう。政治において理想や倫理はタテマエとして大切だが、ホンネとしては無用に近い。立派な政治家とは、世論の動向、時の趨勢、敵の戦術等々の予見、妥協と譲歩による味方陣営の統一などをくまなく捉えることのできる芸術家である。宗教改革者で民衆の心情を倫理的に高め得る人は珍しくないが、そんな人は絶対に政治家としては大成しないのである」

政治を含む人間行動のあらゆる分野で成功するための鉄則として、よく「汝自身を知れ」ということが言われる。しかし、私が会った偉大な指導者は、いずれも一流の役者だった（それを率直に認めたのはドゴールだけだが）。名優さながら彼らは大衆の前で演技し、巧みに演じ続けた結果、いつのまにか自分の創造した劇中の人物になり切っていた。フルシチョフは計算して大言壮語した。ドゴールも同じように計算の上で繰り返しフランスの栄光を口にした。それぞれ表現は違っても、ちゃんと自国の足りないところを埋め合わせていたのである。

フルシチョフはならず者を演技し、ドゴールは高慢な殿様を演技した。いずれも掛け引きあっての演技だった。だが、計算はあったが、決してそうだったわけではない。事実フルシチョフはならず者で、ドゴールは高慢だった。フルシチョフは粗野であり、ドゴールは心からフランスの栄光を信じる愛国者だった。忘れてはならないのは、名優であるためには指導者の人柄がその役割にぴたりと合った適役でなければならないことなのである。

ヒトラーは二十世紀最大の煽動家である。あの声の力で彼は何十万の人を恍惚とさせ、数百万の人間を恐怖と憎悪と愛国心の狂騒の中に投げ入れた。だが、もしドゴールがヒトラーと同じ目的を持っていたら、彼はヒトラーのように成功しただろうか？

答えはノーである。なぜならドゴールの偉大な力と魅力の大部分は、彼の倫理的な権威に基くものだった。ドゴールに民衆を煽動して戦いに赴かせようと求めるのは、彼に大衆の前で真っ裸になれと求めるのと同じ、想像もできないことである。ドゴールが成功した秘密は、適役を得たことであり、その役割とはフランスの栄光を天下に向かって叫ぶことだった。

偉大な指導者の中には、わざわざ自分の人間らしい一面を隠そうとする人がいるが、反対にそれを前面に押し出し、誇示する人もいる。ドゴールの英雄的な孤高と、会う人ごとにスキンシップの接触をせずにいられなかったリンドン・ジョンソンと、互いに流儀は違ってはいても、いずれもそれ相応に効果を上げたのは、二人が言葉の真の意味で常人より大きかったためだろう。ジョンソンの〝もてなし上手〟は、いろんな意味で有名だったし、ドゴールはジョージ・ワシントンと同様いつも帝王かと見まがう威厳の繭《まゆ》に包まれていた。それに比べ、ジョンソンが説得しようとする人は、いつのまにかジョンソンに包み込まれていた。

強い意志の力、強い自我《エゴ》意識なくしては、人は偉大な指導者になることはできない。最近はなるべく自我を隠し、自我意識などないようなふりをし、ひたすら低姿勢をとるのが流行のようになっているが、私は自己中心的でない大指導者など見たことがない。謙虚を装う人はいるが、実はそうでなく、彼らの謙虚はマッカーサーのコーンパイプがポーズであったように、ポーズであり、チャーチルの気取りがポーズであった意味で気取りにすぎない。指導者がもろもろの勢力に打ち勝とうと思えば、それだけ自己を恃《たの》むところがなければならないし、指導者にふさわしく自分を鞭打って働くためには、それだけわが大義を信じていなければならない。自己を信じられないようでは、他人に向かってわれわれを信じよなど言えた道理がないからである。

一九四七年に、さるフランス人のドゴール批判家は、私に「ドゴールは政治に関しては神とのあいだに直通電話を持っていると信じ、決断をするときには受話器を取り上げて神の声を聞くのだ」と言った。自己の意志を歴史に刻もうとする指導者とても、正しいとき、間違うときがあるが、遅疑《ちぎ》することだけは絶対にあり得ない。彼らは、常に自分の本能に耳を傾ける。他人の意見は求めるが、判断は必ず自分が下す。

この本に私が書いてきた指導者たちも、失敗を犯さなかったわけではないが、自己のビジョンを追い自己の本能に従えばたいていの場合そんなに誤るはずがないと、絶大な自信を持っていた。自分が頂上に立ったのはそれなりの理由があり、それは自分が最適任であるからだと、信じて疑わなかった。最適任と信じたからこそ、下の者にポストを譲らなかった。

指導者は、内なる声に聞くことが、だんだん上手になる。権力を振るい慣れると、その技術はますます上達する。自分の決断から大きい結果が流れ出すのを見るにつけ、指導者はますます自信を持って決断をするようになり、他人の過誤の責任をかぶるよりは、たとえ過っても自分の決断を貫こうとする。

指導者も、決断に至る過程で粒々辛苦をする点は常人と変わらない。ただし、いったん決断したあとは、自分が正しかったかどうかを思い煩わないところが違う。私はアメリカのベトナム介入に終止符を打つという決断をしたが、あれはギリギリの決定だった。決断に参加した私の部下が、あとでひそかに苦悩を口にするたびに、私は「旧約聖書のロトの妻の話を忘れたか。振り返ってはならないのだ」と、いましめた。指導者が過去の決断を顧みて悩みすぎると、やがて決断そのものができなくなってしまう。あすの決断に備えて十分に考えるための唯一の道は、きのうの決断を早く過去のものとしてしまうことである。

だからといって指導者は自己の失敗から学ばないと言うのではない。学び方が分析的であり、くよくよ罪悪感を感じることなく、しかも反省に当てる時間が基本的には反省の余裕ある時間だけに限られていることを意味する。ドゴールが荒野にあった時期、アデナウアーが牢獄に、のちに修道院に潜入していた時期、チャーチルが野に下り、デ・ガスペリがバチカン図書館に隠遁していた時期……偉大な指導者はそれぞれに内省の時間を持ち、それを上手に使った。私自身についても、最も貴重だったのは副大統領として大統領選に出馬して敗れてから大統領になるまでの一私人としての数年だった。出来事の中心から退き、冷静な目で過去と未来を見通すことができた。

神話をつくる力

私が知った偉大な指導者は、すべて心の底の底では非常に感情的な人だったが、それは彼らが実に人間的だったことの何よりの証拠だろう。チャーチルは、平気で感情を表に出した。フルシチョフなどは、それを臆面もなく武器にした。ドゴール、アデナウアー、周恩来、吉田茂は、個人的な感情を殺した一面しか民衆に見せない、自制心の強い指導者だった。だが、彼らを親しく知った人はみな、固く閉ざされたプライバシーの殻の内部にきわめて感情的な芯《しん》が隠されているのを知ったのである。

政治指導者の伝記を読んでいて、どこまでが真実でどこからが神話か見分けがたいときが多いのは、そもそも政治というものが神話の創造を仕事の一つにしているからだろう。この点、チャーチルは名人で、いつも舞台の上で神話を演技していた。ドゴールにとって神秘、高貴、孤高、大群衆の喝采などは、フランスの大義を貫くための政治技術の一部だった。世襲制の君主が臣下に対してきわめて強い感情的吸引力を持つのも、個性の魅力よりも神話に由来している。映画スター、ロック歌手、今日ではテレビ・タレントまでもが、そうした神話の霧に包まれているため、人々は彼らを見て卒倒し、入場券を求めて殺到するのである。
客を倦きさせた瞬間が身の破滅ということを、政治家は映画スターや映画会社の社長以上によく承知している。偉大な指導者の中に退屈な人がいないのは、絶対に客を倦きさせてはならないと知っているからだろう。政治指導者は、民衆の頭だけでなく、ハートにも訴えるものを持たねばならない。どんな立派な政策も、それを推進する人物が感情のレベルで民衆の心に触れるのでなければ、うまくいくはずがない。

干からびた歴史書のページからは、指導力の秘密を学ぶのは不可能である。学ぼうと思えば、生きた人間の魂を観察し、何が彼を支え、駆り立て、また他人を駆り立て、説得を可能にしているかを見なければならない。その典型的なのがマッカーサーとチャーチルで、いずれも誇り高く、見栄っ張りで、矛盾も多く、常にポーズをとっていた二人だが、歴史を長い視野で見抜く目は実に的確、自己を駆り立て他者を駆り立てつつ自分の運命を見つめる彼らの目は、多くの場合、祖国の運命への関心と一致していた。

指導力の秘密を学ぶに当たっては、指導者にまつわる伝説も見落としてはならない。伝説とは、事実と神話の巧みな混淆《こんこう》で、人々を欺き、感服させ、奮起させ、ときには単に注目を引くためにつくられる。実体はないが、指導力の中で重要な部分を占めるものである。

指導者の資質の中には経営、スポーツ、芸術、学問の世界などに共通のものもあるが、政治にだけ特別なもの、政治の世界ではことさら大切なものがあることも指摘しておきたい。

他人より卓越した才能は、それ自体では指導力に関係がない。指導力を発揮する必要のない世界では、才能は大いにモノを言う。作家、画家、音楽家は、指導力を考えることなく才能を発揮できる。発明家、化学者、数学者なども、孤独のうちに才能を伸ばせる。だが、政治的指導者は、自分に随《つ》いてくる者を持たねばならない。偉大な思想は歴史を変えることができるが、それは偉大な指導力が伴い、思想に力を与えるときだけに限られている。

同じような理由から、偉大とされる指導者は、必ずしも善人ではない。ヒトラーはドイツに電撃ショックを与えた。スターリンは残忍なまでに権力を行使した。ホー・チミンはベトナム国境を越えて何百万という人々の伝説的英雄になった。指導者は善悪を問わず胸中に駆り立てるものを持ち、強固な決意と巧みな戦術を備え、説得力がある。こうして見てくると、指導力とは倫理的には中性のものであり、善にも悪にも使えることがわかる。

つまり、善人であるからといって、指導者の偉大さが増すわけではない。善意はあっても、人々から仰がれない指導者はいる。「色男、金と力はなかりけり」は政治の世界でも真理で、勝れた資質は実力とは無関係。偉大な指導者が二流の指導者よりはるかに高く聳えるのは、それだけ力と機略があり、重大な過誤を避け、一瞬のチャンスを捉える抜け目ない判断力があるからだろう。

知力もまた、指導力の決定的要因にはなり得ない。私がこの本で紹介した偉大な指導者は、みな並外れた知力の持ち主だった。全員が物事を分析的に把握し、深く考えることのできる人たちだった。だが彼らの思考は抽象的でなく具体的で、理論よりは結果を重視した。大学教授は自己の価値観というプリズムを通して現象を見る人が多いから理論を偏重しがちだが、指導者にとって理論は分析のための踏み台にすぎない。分析に代わるものにはなり得ないのである。

指導力について、最もよく発せられ最も答えるのに困難な問いは、「立派な指導者であるための最も大切な資質は何か」である。もちろん、簡単な答えがあるはずがなく、異なった状況下では異なった資質が要求される。だが、高度な知性、勇気、努力、粘り、判断力、大義に殉じる覚悟、一定の個人的魅力などは、明らかに重要な要素だろう。私は選挙戦を始めるに当たっては常に「相手の陣営より、より多く働き、より深く考え、より強く闘おう」をモットーにした。

偉大な指導者は、また、洞察力と先見力と大胆と、さらに計算されたリスクを敢てする意志の強さがなければならない。運も、むろん要《い》る。だが、何よりも決断力が必要である。どの道を行くかを冷静、沈着に分析すべきは当然だが、なおそのうえで行動しなければならない。ハムレットになっては、おしまいである。考えすぎて手が出ないほど困った状態はない。人が地位を求めなければ地位のほうが人を求める――あるいは、求めるはず――という神話が広く信じられているが、とんでもない。地位を欲し、その地位を手に入れるためには犠牲を払うだけの心構えを持たなければ、人は指導者たることができない。

遠慮がちな候補者と言ってすぐ思い出すのは、アメリカのインテリに絶大な人気のあったアドレイ・スチーブンスンである。人気はあったが、私は、第一歩から遠慮しているような人は本質的に負け犬だと思う。そんな人は、選挙になっても十分な熱意を見せないし、指導者に要求される犠牲も払わない。プライバシーの一方的侵害、猛烈な選挙スケジュール、これでもかこれでもかと斬り込んでくる反対派の中傷や誹謗、漫画などによる残忍なまでの諷刺……彼らは、そんな苦痛に耐えようとしない。そのすべてに耐え、それでもなお情熱をもって地位を望むほどでなければ、地位を得てからも批判に耐えぬく根性はないのである。

また、よく見落とされる点だが、あたら優秀な指導者になり得る人を途中で挫折させる資質が一つある。チャーチルは、十九世紀イギリスのそうした政治家のことを書いたが、その中で「彼はへりくだらなかったから勝てなかった」という表現を使った。アメリカではトマス・E・デューイとロバート・A・タフトが、へりくだることを知らず、おそらくそのために大統領になれなかった好例だろう。

一九五二年のニューヨークで、私は政治がらみのディナーでデューイの隣にすわっていて、その瞬間を見たことがある。少し酔った客の一人が寄ってきてデューイの背を叩き、何か話しかけたが、デューイは男の親しくしすぎる態度を不愉快に感じたらしく、にべもなく男を追いやったあと私を顧みて「あのバカ、いったい何者なんだ」と聞いた。その男は、ニューヨーク州北部の、小さいが有力な新聞チェーンのオーナーだった。

同じ一九五二年のニューハンプシャー州での予備選挙で、一人の女の子が歩み寄ってタフトにサインを求めたことがある。タフトは固い表情で、握手ならいいが、いちいちサインに応じていれば選挙戦はできないと言い、その子を追い払ってしまった。ところが、この一部始終がテレビで撮影されており、全米の家庭の居間に繰り返し放映された。タフトの言うことの理屈は正しいが、政治的には破滅的な一コマだった。

指導者は忙しい。自我《エゴ》意識が強い。口出しされたり無用のことに時間を費すのを嫌う。他人に比べ自己を一段上に見ている。だから、自分より劣る（と彼が考える）人に向かって、つい短気になるのだろう。だが「バカを許す」ことのできない人は、三つの点で大きな損をすることを忘れてはならない。

第一、指導者は随《つ》いてくる者を必要とするが、そういう人々の中には指導者がバカとしか思えない考えを持つ人が大勢いる。第二、バカと思って追いやった人が、実はバカでも何でもない可能性がある。第三、たとえほんとうにバカであっても、指導者はその人から何かを学べるかもしれない。

真の指導者は、随いてくる人々とのあいだに一種神秘な紐帯《ちゆうたい》を持たなければならない。だが、彼が一般の人々に対しあらわに侮蔑を示したが最後、その紐帯はプツンと切れてしまう。もちろん、指導者が庶民とは異質の人間であることも忘れてはならないだろう。むやみに庶民ぶるのもよくない。むりに庶民的であろうとすれば、かえってわざとらしく、不自然なばかりか恩着せがましく見られかねない。

人々は庶民に気安さを感じるが、何も庶民が大統領になったり国会議員になったりするのを望んでいるわけではない。心得た指導者は、下を向いて国民に話しかけず、むしろ国民を引き上げる。絶対に傲慢であってはならず、「バカを許す」心の余裕があり、実際に許さなければならない。国民の支持が必要なのだから、その支持を与えてくれる人々を軽侮するような振舞いは、絶対にとってはならないのである。

同時に、指導者は国民に仰がれるに足る異質性を失ってはならない。信任を得ようと思えば、頼られるだけの偉大さを隠してはならないのである。ごく普通の庶民は指導者にはなれないのだから、こういう態度はむしろ正直であるし、民主主義社会の中で神秘な指導力を発揮するためには不可欠なことであろう。

指導者は、みずから話すだけでは十分ではない。よく聞くこと、また同時に、いつ沈黙すべきかも知らねばならない。カーライルは「偉大な事は沈黙のうちに成る」と書いた。ドゴールも、指導者にとって沈黙は強力な武器だと、鋭く指摘している。人は語るときよりも聞いているときに学ぶ、ということもある。

はじめて当選してワシントンに乗り込んでくる新人政治家で、びっくりするほど口が達者で、どんなテーマについても雄弁に所信を述べ、マスコミや同僚を驚かす人を私は何人も見てきた。だが当初の珍しさはすぐに薄れ、彼らも「いかに語るか」より「何を語るか」によって採点され始め、まもなく単なるおしゃべりでしかないことがわかる。

舌のなめらかさと思考の深さは、えてして反比例する。指導者たらんと欲する者は、なるたけ舌よりも頭を使うよう心がけるべきだと思う。

チャーチルはローズベリー卿を論じた記事の中に、「民主主義の政治について学説は多いが、それを知ろうと思えば悽愴《せいそう》苛烈な選挙戦を実際にやってみることだ。選挙戦ほど政治家にとって格好の教育はない」と書いている。

勝利と敗北の双方を知ったチャーチルは、選挙戦の中で揉まれて強くなった人だった。あれを教育とはよく言ったもので、選挙戦の悽愴苛烈は民主主義だけでなく、指導者と指導される者のつながりのためにも、欠くべからざるものだろう。民主主義の政治というのは、無数の派閥、勢力、利権の複雑きわまるギブ・アンド・テークから成り立つもので、政治家にポリティシャンになるなステーツマンたれと言うのは民主主義制度に失礼なばかりか、有権者を見下した言い方だろう。超然たる高みに立って、複雑な政治プロセスを軽侮する評論家は、その実、心の中では独裁者ではないかと私は思う。

指導者が国民に先んじていなければならないことは、言うまでもない。国家がどの方向に進むべきか、なぜか、そこへ行くには何をすべきか……そのすべてを指導者は国民よりも明瞭に捉えている必要がある。と同時に、その方向へ国民を連れていかなければならない。

突撃ラッパを吹いたのはいいが、振り返ればだれも随《つ》いてきていなかったのでは、話にならない。説得し、自分の示すビジョンに対し国民の同意を得なければならない。だが、その前にまず自分が当選することが不可欠の条件になる。そして選挙戦の間に知った国民の関心と利害と希望と恐怖のすべてが、指導者になったあかつきに処理すべきことなのである。同じように、やがてどんなに妥協をしていかねばならないかも、選挙戦の間にわかる。

政治家に向かって信念を貫けと求め、妥協するなと言う評論家は、玉砕を求めるに等しい。そんなことを実行する指導者はまずいないし、すべきでもないと思う。指導者がする妥協の多くはあす闘うための妥協だということを、評論家は知らない。妥協は、何が最も大切かの判断とワン・セットになっている。

安楽椅子の評論家にとって、ここで闘えあそこで譲るなと命じることはたやすいが、彼らはほかにも闘いがあることを計算に入れていない。責任ある立場にいる者は、たとえ勝てるとわかっていても、勝つためのコストが大きすぎると判断して勝負を放棄する場合がある。どの勝負を闘い、どの勝負を闘わないか、持てる力を最重要な勝負に振り向けるには、そこのところの選択が大切になってくる。

いつ妥協すべきかを知る指導者は、いつ我が道を行くべきかも知るようになる。今日の政治家はフル・ギャロップ（全力）で働くならともかく、フル・ギャラップ（世論調査べったり）……つまり支持率の上下に一喜一憂しすぎる。

支持率の行方に盲従する政治家は、当選はするかもしれないが、偉大な指導者はおろか、よき指導者にもなれないだろう。世論調査の結果は、どういう人々を説得する必要があるかを知るには有用だが、それによって針路を決めるようでは当事者能力の放棄である。指導者は世論調査に従わず、むしろ自己に世論調査を従わせなければならない。

整理しておこう——

・指導者は、いつ闘うべきか、いつ退くべきか、いつ所信を貫くべきか、いつ妥協すべきか、いつ発言し、いつ沈黙すべきかを知らねばならない。

・指導者は、広い視野を持つと同時に、明確な戦略と目標とビジョンを持たねばならない。

・指導者は、全体を眺め、一つの決断と他の決断との関係を見極めなければならない。

・指導者は、先頭に立つべきだが、支持者が随《つ》いて来れないほど先頭であってはならない。

・悽愴苛烈な選挙戦では、指導者は支持者を前進させるとともに、どのあたりまで前進できるかを見定めなければならない。もしイラン国王パーレビが選挙戦を闘わなければならない人だったら、おそらく彼はイラン国民の支持を失うようなことがなかったであろう。

権限委譲の限界

将軍は兵を率いるが、その一方で組織に命令する。政治指導者も、支持者だけでなく組織を必要とする。

指導者にとって最大の苦痛の一つは権限委譲である。アイゼンハワー大統領はそれを実に巧みな表現「私が最もいやなのは、へたな手紙にサインしなければならないときだ」と教えてくれた。つまり、部下が書いた手紙、自分ならもっとうまく書けたはずだと思う手紙にサインしなければならないときの苦痛を言ったのである。

指導者にとって、時間ほど大切なものはない。つまらぬことに時間を浪費すれば、破滅につながる。だから、何を自分で処理し何を部下にやらせるかを決め、委譲する部下を選ぶことが最も大切な仕事の一つになる。そして優秀な人材を集めると同時に、何らかの理由によって適当でない人物を取り除くことができなければならない。

グラッドストーンは、かつて宰相たる第一の資格は「よきブッチャーたること」だと言った。指導者にとって、部下をクビにすることは最も困難だが最も大切な仕事なのである。部下に熱意がなかったり忠誠心のないときは話は簡単だが、忠誠だし、努力しているものの無能、あるいは他にもっと優秀な人物がいる場合はむずかしいことになる。そういうときにこそ、指導者は心を鬼にして私情を殺し、公益を優先させなければならない。

とはいえ、そこが微妙なところで、忠誠心は上に立つ側の報いるところあってはじめて生まれるものだから、上司が冷酷なら忠誠心の生じる道理がない。ある程度のバランスが必要になる。だが、そのバランスをとるに当たっても、指導者は易《やす》きにつき事を荒立てずに済ますようであってはならない。権限を委譲した場合それが正しく行使されるためにも、安心して権限を委譲できるためにも、人を切ることが要求される。

いくら存分に権力を行使したくても、指導者の手持ち時間は限られている。それを最大限に利用しなければならない。自ら切るのがへたなら、かわりに首切りを雇う以外に道はない。ウォルター・ビーデル・スミスは、あるとき私に向かって「俺はアイクの首切り屋だった。アイクにはどうしても首切り屋が要《い》ったのだ」と告白しながら泣いたことがある。私が大統領のときは、ロバード・ハルデマンが冷酷無情の男と評判をとった。理由の一つは、私が直接には手の下せない「首切り」を、ハルデマンが代行してくれたからである。

とくに大官僚組織が関係している場では、首切り屋の存在は別の理由でもきわめて大切になってくる。私の知るかぎりでは、指導者に忠誠心を抱く官僚は寥々たるもの。自分の信じる正義のために献身する者がほんの少しいるだけで、大部分の官僚は自己の利益だけを考えている。他人を蹴落としての昇進か、現在の職を安全に維持する保身しか眼中にない。そして組織にとって最悪なのは、安全を与えすぎることである。

安全過多の状態下では、人々は怠惰になり、組織の機能は低下する。志気を高めるには前向きの刺激も一案だが、正しく行われる首切りは全軍を震撼させ、あらゆる組織に必要な活力剤になる。

ただし、いかに権限委譲が必要とはいえ、指導者が問題を存分に考えぬき、重要な事について決定的な決断をする機能を代行させるわけにはいかない。何をすべきかを決断する責任は委譲できないし、委譲すべきではない。だが、決断したことを行う責任は委譲できるし、委譲すべきである。指導者は、決断をするために国民から選ばれた。決断に至る過程を部下に代行させれば、それはもう指導者ではなく、追随者になってしまう。

部下を集めて組織をつくるに当たって、保守派の指導者はリベラルよりも困難を感じるはずである。なぜなら、一般にリベラルはより大きい政府をつくろうとし、その政府を動かす者になりたがる。逆に保守派は、より小さい政府を目指し、なるべく関係しないでおこうとする。リベラルは他人の生活にまで口出しをし、保守派は自分の生活を守ろうとする。学者はリベラルに、技術者は保守派になろうとする傾向がある。

そんなわけだから、リベラルは喜んで政治に参加するが、保守派は苦労して寄せ集めなければならない。選ぶ人数が限られてくるから、保守派の指導者は忠誠心はあるが頭の切れない部下か頭は切れるが忠誠心のない連中の中から人をピックアップするほかないという状態に陥りやすい。個々の人物の廉直さをさておき、指導者の奉じる保守的信条に深く共鳴しているかどうかが登用の規準になる。

比較的委譲しやすい仕事もあって、たとえばそれは指導者の不得手な分野である。ドゴール、アデナウアー、吉田茂は、いずれも一流の経済通ではなかった。だから賢明にも、経済はそれをよく知る者、つまりポンピドー、エアハルト、池田勇人に委せた。

ところが、アイゼンハワーの手紙の比喩が示すように、むずかしいのは指導者が得意だが、そのために時間を割くことができず、割くべきでない分野での委譲である。これができるためには超重要事と重要事を分別する能力と、重要事のほうは他人にやらせる我慢が必要になってくる。「へたな手紙にサインする」ことができず、小事に拘泥《こうでい》するあまり挫折する指導者は実に多い。ベトナムの爆撃目標を自分で決めるとがんばったジョンソン大統領は、さしずめその好例だろう。

ある意味では、大統領の机に届くほどの問題は、すべて重要だと言える。そうでなければ届くはずがない。かといって、大統領がすべてを見ることは不可能である。大きい人物は大きい決断を処理するために存在するのだから、小事に時間と労力を割くべきではない。ときには社会・経済政策に関する緊急問題に、注意を集中しなければならないときがある。また別のときには国際問題を考え、あるいは緊急の問題を忘れ、はるか将来について哲学的な思索をめぐらさねばならないときがあるだろう。きょう委譲する問題は、あす委譲する問題と必ずしも同じではない。優先順位は、時の必要に応じて変えていかなければならない。だが、個々の問題がいかに大切であろうとも、最優先すべき決定の邪魔になる場合は、それを机の上から追い払う能力を指導者は持たねばならない。

このことは、野球にたとえるとわかりやすい。優れた打者は打率を考え、一本でも多くヒットを打って三割を稼ごうとする。だが、新聞の見出しになり球場に万余の観客をひきつけるのは、そういうバッターではない。レジー・ジャクソンのような偉大な打者は、ここぞというときに打ち、打率など眼中になく、たった一本のホームランで試合をひっくり返す。

指導者は自分の仕事の優先順位をよく考え、そういうホームランを打つために全エネルギーを集中しなければならない。打率を考えれば、打率向きのバッターになり下がる。何もかもうまく処理しようとすれば、真に重要なことを他者に断然ぬきんでた形で処理することはできず、平均点を超えることはむずかしい。偉大な指導者たらんと志す者は、偉大な決断のために集中すべきである。

大統領になる前のウッドロー・ウィルソンの演説の中に、行動の人と思索の人の差を述べたものがある。私の知った政治の世界でも、思索の人には行動ができず行動の人は思索をしないという例があまりにも多かった。理想的なのは、ウィルソンのように偉大な創造的思索家であるとともに、(病気になる前のウィルソンのように)断固たる行動の人であることだろう。私の経験では、一流の指導者は思索の人であるとともに行動の人という珍しい範疇に属すことが多かった。哲学者ベルグソンには「思索の人として行動し、行動の人として思索せよ」という言葉がある。

思索と行動が正しいバランスを保ってはじめて、指導力は最高度に発揮される。チャーチル、ドゴール、マッカーサー、吉田茂、デ・ガスペリ、ネール、周恩来などは、いずれも深い思索人であるとともに決然たる行動人でもあった。表面しか見ない人は、アデナウアーは一流の行動家だが思索の面では一歩譲ると見るだろうが、真にアデナウアーを知る人はその誤りに気づくはずである。彼はたしかに深い思索力をひけらかさなかったが、それに気がつかないのは公人としてのアデナウアーしか知らない皮相な観察者だと思う。

衝動的に見えるフルシチョフでさえ、ブレジネフのように公然と思想や知力を見せはしないが、行動する前には考えるのが常だった。共産主義革命を指導したレーニン、トロツキー、スターリンなどは、行動人であるとともに思索の人だった。スターリンのそんな一面はあまり知られていないが、彼の生涯を調べた人は、少なくともスターリンが貪欲な読書家であったのを知っている。三人とも世界の進歩に貢献したとは言えないが、歴史に痕跡を残した点は否定できない。

メンジスはあるとき、ウィークデーは毎日三十分、週末は一時間を自分の好きな読書に充《あ》てていると私に言った。公務から逃避するための読書ではなく、歴史や文学や哲学を読むという。それは指導者の時間と注意を食いつぶしてやまない報告、分析、そのほか職務に直接関係する読み物に埋もれてしまわないための読書だった。

私はメンジスほど規則的にはやらなかったが、危機をかかえた多忙な日々にも、やはり同じような読書をした。広い視野を持つためには、指導者は現実から一歩退《さが》らねばならない。むしろ現実の危機が最も切迫した瞬間に、一歩退ることが最も必要になってくる。そんなときには、日ごろよりいっそう広い視野が要求されるからである。

政治家になりたいがどんな勉強をすればいいかと若者に聞かれるたびに、私は政治学はやらずに歴史、哲学、文学を十分に読み、それにより自己の精神を柔軟にし視野の地平線を広げよと勧める。政治についての具体的なことは、いずれ体験によって学べばいい、だが読書の習慣、思考の訓練、きびしい分析の技術、価値観、哲学の基礎などは、政治家たらんとする者が若いときから吸収し、その後も吸収し続ける以外、どうにもならないのである。

私の友にして師でもあった故エルマー・バブストは、九十歳になっても剃刀のような知力と類《たぐ》いまれな記憶力を持つ人だった。なぜそんなに記憶力がいいのかと尋ねたところ「私は自分の記憶力を練磨している」という答えが返ってきたことがある。彼は会話中もメモをとらず、一日後にすべてを細部まで思い出す訓練をやっていた。頭脳は筋肉みたいなもので、鍛えれば強くなり放っておくとダメになるというのが彼の持論だった。

私が知遇を得た偉大な指導者にほぼ共通している事実は、彼らが偉大な読書家だったことである。読書は精神を広くし鍛えるだけでなく、頭を鍛え、その働きを促す。今日テレビの前にすわってぼんやりしている若者は、あすの指導者にはなり得ないだろう。テレビを見るのは受身だが、読書は能動的な行為である。

もう一つ彼らに共通していたのは、全員が猛烈な働き手で、一日に十六時間働く人が珍しくなかったことである。しかし、指導者が最も陥りやすい弊害は働きすぎだろう。いくら働いても平気な人もいるが、大事なときに存分に働くためには休暇をとり、気分とペースを変える必要がある。トルーマンはキーウェストに行き、アイゼンハワーはコロラドやジョージアに、ケネディはハイヤニスポートに、ジョンソンはテキサスの牧場に行き、いずれも休暇をとりすぎると攻撃されたが、これは攻撃するほうが間違っている。指導者にとって大切なのは、何時間デスクの前で過すか、そのデスクがどこにあるかではなく、重要な決断を正しく下すかどうかである。ゴルフが気分をリフレッシュするなら、遠慮なく書類を擲《なげう》ってゴルフ・コースに出るべきだと思う。

指導者はいろんな運に恵まれなければならないが、最も大切なのはタイミングという運だろう。異なった文化が異なった指導者を生むように、時代もそれぞれに異なった指導者を育てる。ディスレーリが一九八〇年代のアメリカで選挙に勝てるとは思えないし、アデナウアーやジョージ・ワシントンとて同様だろう。

指導者としてまことにうってつけ、国際級の人物でありながら、もう数年前か数年あとに生まれていればどんなによかったかという例は珍しくない。私はたとえば、ジョージア州のリチャード・ラッセル上院議員が南部出身のハンディキャップにならない時代に生きていれば、必ずやアメリカ史上最高の大統領になったのにと残念に思う。

ところが実際は、ラッセルは上院の黒幕のような形で政治生命を終わり、ホワイトハウスに入ったのは彼が育てたリンドン・ジョンソンだった。私は上院議員だったころから、副大統領、さらに大統領になってからも、上院の中でラッセルの意見を最も尊重した。公民権問題以外では、意見を異にすることはめったになかった。ラッセルは内政面では穏健、防衛・外交問題ではタフで鋭い現実主義者として立派な見識を持っていた。

ラッセルは、別の面でも希有《けう》の人だった。控え室や会議室や座談の席では有益な意見を述べるが上院議場ではほとんど口を開かず、ただし開けば全員が傾聴した。彼の得手《えて》は実際の決断ではなく影響だった。他者を決断に導く影響力を持ち、それは立派な権力になった。他の上院議員や歴代大統領が彼の意見を尊重したからこその影響力だが、その裏には彼のたゆまざる勉強、小事をおろそかにしない眼力、上院の機能や議員についての百科事典的な知識などの裏付けがあった。

今日の世界の大きな特徴は、万事につけて変化の速度がますます速くなっていることである。ある国が特定の発展段階で必要とした指導者は、別の段階では不必要になるだろうが、その段階がどんどん変わりやすくなっている。指導者も影響を受けざるを得ないから、正しい退《ひ》き際を知ることが登場のタイミングを知るのと同じほど大切になる。

もしエンクルマが、ガーナ独立後にだれかに政権を渡していれば、英雄と賛えられ、いつまでも英雄として残ったに違いない。もしナセルがあれほど若死にしなければ、今日の彼の名声はもっと高かったはずと思われる。ドゴールの最も賢明な決断は、一九四六年にいったん政治の舞台から退いたことで、ああしなければ一九六八年にタイミングが来たとき、はなばなしい復帰はなかったことだろう。

ジョージ・ワシントンも退き際を知っていた。三選出馬を拒否した彼の決断は一九四〇年まで先例として尊重され、それが破られてからは修正憲法に明記された。ジョンソンは、一九六八年、再選に出馬しないと表明して全米を驚かせた。彼のあとの四年間、アメリカを揺るがしたアラシを身をもって体験した者として、私はたとえジョンソンが引退をどんなに嫌ったとしても、運はあのとき退《ひ》いた彼についていたと言わざるを得ない。もしジョンソンがホワイトハウスに留まっていれば、完膚なきまでにやっつけられたことだろう。

制度が異なれば、指導者も異なるのが当然。文化的背景とか発展段階を異にする国は、それぞれに異なる指導者を持たねばならない。

アメリカが世界の国々と付き合うに当たって最も犯しやすい過ちの一つは、外国の政治を西欧民主主義の基準で測り、あらゆる文化を西欧の基準で割り切ることである。西欧民主主義は発展し根づくのに何世紀も要し、そのコースは必ずしも直線的ではなかった。一九三〇年代の西欧、最近の東欧を見ればわかるが、ヨーロッパの自由はあるいは伸長し、あるいは萎縮しつつ、ぎくしゃくしながら伸びてきたのだった。

民主主義は今日なお、世界の法則というよりは例外のほうに属する。国連大使だったジーン・J・カークパトリックは、こう言ったことがある。

「正直に言うと、世界の政府のほとんどは、われわれの基準で見れば悪い政府です。民主主義的でないし、これまで民主主義的だったこともない。今日の世界において民主主義は暁天の星で、ほとんどの政府はわれわれの基準で言えば腐敗しているのです」

世界の過半数の国は独裁または全体主義ということになるが、われわれはもう少し冷静に、その内情を観察しなければならない。

独裁者は人民を搾取するため、あるいは国家を発展させるために、みな多少なりとも政敵を投獄している。だが、侵略のために武装する連中と平和維持のために武装する人のあいだには、おのずから区別があって当然だろう。ポル・ポトの血に飢えた過激とパーレビの進歩的温情主義は異種のものである。前者は悪意に満ちた悪しき隣人、後者は善意あるよき隣人、その間には重大な差がある。

アメリカ人は独裁を嫌うが、多くの国にとって少なくとも現段階では、独裁に代わるべき実際的な代案がない。もし、あすの朝からサウジアラビアやエジプトが民主主義になれば、待ち受けるのは破滅だけだろう。国民には、まだそれを受けいれる心の準備がない。

開発の遅れた国に対しアメリカに適した政治機構を押しつけるのは、決して賢明な策ではない。実質的には民主主義など不可能と知りつつ民主主義を強制するに至っては、独善かつ偽善以外のなにものでもない。アメリカ人は、おせっかいをしないよう自戒すべきである。

テレビ時代の政治家

現代に起っている変化の中で将来の指導者像に最も劇的なインパクトを与えるだろうもの、それは女性の解放だろう。いままで政治の世界でトップにまで達した女性の数は、きわめて少ない。インディラ・ガンジー、ゴルダ・メイア、マーガレット・サッチャーなどはむしろ例外だが、ますます多くの女性が政治家を志しているから、もっと多くの指導者がやがて登場するものと思われる。トップの座を争う女性候補者は、依然として女性であるとの理由だけでハンデを背負っているが、より多くの女性候補者が出ることにより、この男性優位もやがて崩れるだろう。

もし一九五二年のアメリカが今日ほど女性政治家に寛容であったなら、アイゼンハワーは私のかわりにクレア・ブース・ルースを副大統領候補に選んだに違いない。彼女は頭がよく、やる気と政治的本能と判断力を備え、アメリカ政治史に明瞭な痕跡を残した最初の女性だった。また、どんなに激しい政争に巻き込まれてもひるまず、しかも強い反共の信念の持ち主として知られていた。この最後の二つの資質のためにアイクは私を選んだわけだが、もしルースが副大統領になっていればこの本は書かれず、彼女がもっと立派な本を残していたことだろう。

一九五二年、クレア・ブース・ルースは時代に先んじすぎていた。しかし私は、今世紀が終わるまでにアメリカはきっと女性を副大統領に、いやおそらくは大統領に、選んでいるのではないかと思う。

ちょっと見たところでは、われわれの時代に偉大な指導者と目された人は、みなずいぶん高齢だったという感がする。だが、よく考えると、その印象は誤りであって、多くの指導者が「荒野にさまよう」過去を持ち、その間に得た洞察力と英知、復帰のための闘争が養った力などが、のちに威力を発揮したのだった。チャーチル、ドゴール、アデナウアー、みな一般人ならとっくに隠居している年齢になってから大きな仕事をした人である。戦う英国を率いて立ったチャーチルは、すでに六十六歳だった。ドゴールは六十七歳で第五共和制をつくった。アデナウアーが首相になったのは七十三歳である。ドゴールは七十八歳でなお大統領であり、チャーチルは八十歳で首相、アデナウアーに至っては八十七歳で依然として首相だった。

二十世紀は医学革命の時代。人間は、より長く生き、より長く健康であり続けることができるようになった。だが、それ以上に、偉大な指導者の上昇を助けたのと同じやる気、同じスタミナが、高い地位についてからも彼らを助け、他人が引退してからも元気に働かせたのではないかと思う。

人間が老《ふ》けるのは、みずからが老《ふ》けるのを許容する場合が多い。われわれは進んで戦列を離れ、腰を下ろし、自分から活動をやめることによって老人になる。チャーチル、アイゼンハワー、マッカーサーなどが死の床にあっても頑強だった事実は、意識がなくなってからもなお長く彼らの肉体が敗北を受けつけなかったことを物語っている。偉大な指導者は、世間の常識に従わない。単にみんながそうしているというだけでは、人生の時間表をさえおとなしく守らないのである。

チャーチルがイギリス国民のために「血と脂と汗と涙」を捧げると約束したように、指導者はときには苦痛に満ちた針路へと国民を誘導していかなければならない。評判の悪い政策に国民の支持を求め、インテリたちの反対を抑えなければならない場合は、もっと多い。哲学者であり神学者でもあるマイケル・ノバクは、今日の状況を次のように書いている。

「マスコミが世界的に即時に情報を伝えるようになった今日では、バランス・オブ・パワーもその性格を変えてしまった。常に現実の一部分だった知識は、今日では現実以上に大きい力を持つに至った。知識やシンボルを売ることを業《なりわい》とする人々は、虚偽や不条理に異常なほど魅せられ、何も知らない人々にそれを押し付ける特権を持つようになった」

今日の指導者にとって最も苦しい闘いは、主張を異にする政治団体の指導者との闘いではなく、電波を独占し庶民をまどわし世論を歪めてしまう口達者で薄っぺらで破壊的な知識人との闘争である。

テレビは国家指導のあり方を変え、指導者に選ばれようと望む人々の個性まで変えてしまった。風采の上がらない、声のカン高いリンカーンは、今日なら大統領になれなかったことだろう。逸話を長々と引きながら話す彼の話術も、テレビには適さなかったに違いない。今日の流行は、長い寓話の引用ではなく、たった一秒で売り込むCMのコピーである。

テレビは国民のアテンション・スパン（注意の持続時間）を極端に短くしてしまった。まるで幻覚剤のように（いや、まさに幻覚剤だ）、テレビは人々の現実認識を一変した。われわれがブラウン管の上に見る小意気なカプセル・ドラマは、それがエンターテインメントとして提供されようが「ニュース」と偽って提供されようが、いずれにしても現実を正しく映すものではない。インベスティゲイティブ・ジャーナリズムと称し、その実は読者の興味をそそるのを目的とした雑誌記事についても、同じことが言える。

そのようなマスコミは、歪んだ鏡にすぎない。ほんものの現実には、そうしたマスコミが提示するようにきれいに割り切れた起承転結があるわけでなく、正義の味方と悪漢がはっきり分かれているわけでもない。指導者が何週間もの苦悩のすえたどりついた決断も、コメンテーターが二十秒間ほどくちびるを曲げれば片付けられてしまう世の中なのである。

テレビの時代、権威ある者の定義も一変してしまった。テレビ俳優が連続ドラマで医者の役を演じたというので上院の委員会に招かれ、医療問題について意見を述べる。編集長の役を演じたタレントが、大学の新聞学部で講演する。事実と幻想をへだてる線がぼやけ、人々はますますぼやけた状態を受けいれつつあるように見える。

テレビは、ハリウッドの家庭版である。それは幻想の世界であり、人々がテレビを通じて世界を見る習慣をつければつけるほど、彼らの心は幻想の世界の空気に染まっていく。

テレビの最大の悪は左翼偏向だと言う人がいる。いや、事実を平凡化することだ、スキャンダル化ないしはスキャンダルのころもに包むことだ、長い複雑なことを扱わない・扱えないことだ、公共の問題の感情的な面だけを抽出することだ……等々の意見がある。そういうことすべてが国家の大切な問題に関する世論を歪めているのが、残念ながら現実である。

民主主義は、このテレビの時代に、はたして全体主義の攻勢を防ぎきれるだろうか。答えは、まだ出ていないのである。

テレビの力は、すべてを安っぽいテレビ・ドラマ風に変えてしまう。しかも、猛烈な感情の力をもって歪めるため、理性的な世論形成をほとんど不可能にする。とくに、たとえば傷ついた兵士や飢えた子供のようなフィルムが手に入った場合は、ドラマに仕立てようという彼らの意志は、いやがうえにも強烈になる。実はどちらにしても痛々しい選択を前にして指導者の血のにじむような決断があったことは、問題にされない。その一つの選択がもたらした苦痛のみにカメラを当てることにより、テレビは健全な世論が生まれるのを不可能にし、選挙の結果まで決めてしまう。

アメリカのテレビは、テヘランの大使館人質事件を完全にテレビ・ドラマ風に演出した。おかげでアメリカ人は、国家としての理性的な対策を放棄し、国民こぞって黄色いリボンを掲げたのだった。ベトナム戦争を報じたテレビのあの一方的な映像は、アメリカのオプションを狭め、戦争を引き延ばし、ついには敗れさせる最大の要因だったはずである。

テレビが現実をもっと正確に伝えるという原点に立ち戻らないかぎり、このさき指導の責任を負う者は非常な困難を余儀なくされることだろう。

しかしテレビは、とくに危機に際して、指導者に絶好の武器を提供するという利点がある。指導者はテレビに出てじかに国民に語りかけ、彼らの居間に顔を出し、新聞記者やコメンテーターに邪魔されることなく所信を語ることができるからである。毎日やるわけにはいかないが、たとえ数分の時間しかとれなくても、コメンテーターが再びしゃしゃり出る前に自分が見たままの事態を自分の言葉で説明し、何が必要な行動かについて国民を説得することができる。テレビの使い方がうまい人なら、これは強力な武器になり得る。

危機に当たって大統領がテレビに出るというのは、それだけでもすでにドラマである。そのドラマが国民の心を引き緊《し》め、彼らの視線を画面にクギづけにする。大統領は、決定的瞬間をつかんで、言いたいことを伝えなければならない。二十分も経てば人々は大統領の演説にさえ注意を払わなくなるから、持ち時間は多くない。だが、少なくともワン・ショットを与えるチャンスは、ときどき回ってくるのである。

時代が指導者をつくるのか、それとも指導者が時代をつくるのか、歴史をめぐっていつも繰り返される論争だが、どちらも少しずつ正しく、どちらも完全には正しくないというのが真理だろう。

歴史には、はずみというものがある。時の指導者が右手の中指をしゃぶって立て、どっちの方向に人気の風が吹くのかさぐるようなことをしていれば、歴史はそんな指導者など無視して流れ去るだろう。だが、未来について明確なビジョンを持ち国家を動かすだけの力ある指導者が敢然として進めば、歴史の流れは変えることができる。そんなとき、歴史は荒野の中の道になり、先頭に立つ者は民衆に向かって我に続けと命じることができる。

偉大な指導者は、大論争の焦点になる。強力な味方もできるが、頑強な敵も生まれる。異なった人が一人の指導者を異なった姿に捉え、その評価が拮抗《きっこう》し、時とともに評価が変わっても驚くに足りない。

指導者は、いろんなレベルの人に対して、さまざまな形で働きかける。公人としての彼、私人としての彼、何百万が見る顔、側近の小グループだけが知っている顔がある。側近グループも、私人の顔を知る場合と知らない場合があるだろう。指導者は内輪のグループに対するときも、外部の大群衆に対するときと同様、あらゆる形で相手を心服させるよう努力を払わなければならない。

敵と味方は、指導者の異なった側面を見るだろうし、異なった権益グループもそれぞれに違うイメージを抱く。指導者がどう見られるかは、三人の盲人とゾウの寓話に似ている。三人それぞれにゾウの一部をさわって結論を出す。同じように一人一人の評論家、コメンテーター、敵、味方が、それぞれに指導者の一部にさわり、その感触に基いて全体を語るのである。

サダトはあるときアラブの格言を引き、指導者はたとえ正しくとも国民の半数から嫌われるのが当然だと言った。あらゆる指導者が反対派を持ち、やがて歴史によって正しく裁かれることを望む。ある人は去ってのち声価が高まり、ある人はかえって薄れる。歴史の審判は、ときどき巨人を変じて小人《こびと》にし、かと思うと小人としてないがしろにされた人にはなやかな脚光を当てる。トルーマンは一九五三年に罵られつつホワイトハウスを去った。だが、今日では指導者として高い採点を得ている。

歴史の確定判決は、早急に下るとはかぎらない。数年どころか数十年、数世代かかって、ようやく下ることがある。生きてその判決を聞く指導者はごく少ない。フーバー大統領はその点、例外だった。

アメリカの大統領で、フーバーほど徹底的にやっつけられた人はいなかった。友には捨てられ政敵には罵倒されたのに、最後には逆境に打ち勝つことができた。晩年になってようやく、敵の頭の上にぬきんでることができたからである。フーバーの生涯は、ドゴールが好んで引いたソフォクレスの言葉――「一日がいかにすばらしかったかは、夕刻にならねばわからない」を想起させる。

私はこの本に多くの指導者のことを書いてきたが、彼らにはみな、成功もあれば失敗もあった。強さもあれば弱さもあり、美点も欠点もあった。いまから一世紀ののち、彼らは歴史家によってどう評価されるだろうか。それを決める要因の一つは、このさきの世界的対決でだれが勝つか、そしてだれが歴史を書くかだろう。だが、私の書いた指導者たちは、戦いに当たってひるむことがなかった。敢然として戦場に立ったのだった。

一九一〇年、ソルボンヌ大学での演説で、セオドア・ルーズベルト大統領は以下のように語っている。

「評論家の言うことは取るに足りません。偉いヤツがどうつまずいたとか、あれはこうやったほうがよかったなどと御託《ごたく》を並べる連中は、どうでもいい。われわれが注目すべきは、顔を土と汗と血で汚して実際に戦場に立つ男です。勇敢に戦う男です。どんな行為にも失意や失策はつきものですから、そういう人々も過ちを犯し、何度も失策を演じるでしょう。だが彼らはあくまでも成さんと努力し、偉大な情熱と偉大な努力を知っています。大義のために全力を傾注し、勝てば成功の美酒を味わい、敗れても戦いながら倒れる人々です。そういう人たちは、勝利も敗北も知らぬ冷えた臆病な魂とは同日に論じることはできないのです」

あとがき

この本は私の人生の長い期間にわたる研究と経験の中から生まれたものである。私は読書、観察、先輩の忠告、みずからの実践の組み合わせの中から、指導者と指導力についてこのような意見を得た。

大統領であったころの私は、重要な演説の原稿をまとめるのが、自己を鍛えるのに大いに役立つことを知った。それは政策についての決断をみずから検証するからだけでなく、自分の思考を磨くことにもなるからだった。同じことは、この本についても言える。

ここに書いた指導者は、すべて私が知っていた人々だが、改めて彼らの生涯を調べてみると、彼らが闘わねばならなかった障害、いかにしてトップに立つに至ったかが、実によくわかった。なぜ、いかにして、彼らが指導者にふさわしい行動をとったかが、驚くほどよく理解できた。そして、そういうことを考えるにつけ、この現代の世界を動かしているのはどんな人々かということが見えてきた。

政治指導者はたいていそうだが、私も長いあいだ伝記類の熱心な読者だった。ホワイトハウスにいたあいだも読んだが、去ってからはずっと多くの時間ができた。

本書の中の指導者に関する私の印象は、直接には私自身の観察なり会談その他の経験に支えられている。だが、彼らを扱った伝記からも、教えられるところが多かった。この本を書くに当たって、そのような伝記を何十冊も参照したが、もっと深く彼らを知りたいと思う読者のために、そのうちの何冊かを以下に紹介しておきたい。

『ウィンストン・S・チャーチル』ランドルフ・S・チャーチルが書き始め、マーチン・ギルバートが継承した伝記
『チャーチル』モラン卿（チャーチル侍医）
『ウィンストン・チャーチル』バイオレット・ボンハム・カーター
『チャーチルとドゴール』フランソワ・ケルソディ
『倒れた樫《かし》』アンドレ・マルロー
『ドゴール』ブライアン・クロジエ
『シャルル・ドゴールの三つの人生』デービッド・シェーンブルン
『アメリカン・シーザー』ウィリアム・マンチェスター
『コンラート・アデナウアー』テレンス・プリティ
『コンラート・アデナウアー』ポール・ウェイマー（公式伝記）
『フルシチョフ』エドワード・クランクショー
『周恩来　中国の蔭の傑物』許芥昱
『毛沢東』ロス・テリル

『中国を失った男』ブライアン・クロジエ

このほか、本書で扱った人々を含む多くの指導者について、とくに私を啓発してくれた人として、私が八年のあいだ副大統領として仕えたドワイト・D・アイゼンハワー大統領の名を挙げておきたい。みずから進んで、あるいは偶然に、多くの人が私にいろいろのことを教えてくれたが、本書を書くに当たってはさらに新しく何人かの助言者から知識や回想をいただいた。たとえば、日本医師会長だった武見太郎氏は、かつて吉田茂の側近であり、私の質問に答えて吉田を回想し、それは西欧の人々があまり知らない瑣事にまでわたった。

この本をつくるうえでの協力者として、写真版の選択を担当するとともに種々の思い出を話すことにより側面から援助してくれた私の妻にまず感謝する。長い友人ロイー・ゴーントは記録を調べ、カレン・マイサ、キャスリーン・オコナー、スーザン・マローンは原稿を閲読するとともに調査を助けた。

カリフォルニア大学（サンディエゴ）出身のジョン・H・テーラーとハーバード大学のマーリン・ストルメッキは、いずれも大学を出てまもない若者だが、調査と執筆に当たって貴重な働きをした。ランドルフ・チャーチルの部下で、のちに私の時代のホワイトハウスに移ったフランクリン・R・ガノンは、チャーチルの章に対して大きい貢献をした。かつて私の草稿係秘書団のキャップだったレイモンド・プライスは、私の前著『リアル・ウォー』を助けてくれた人だが、こんどもまた本書の助言者兼コーディネーターとして活躍した。それぞれの協力に深く感謝する。

ニュージャージー州サドルリバー
一九八二年六月二十一日

リチャード・ニクソン

訳者あとがき

この本は Richard M. Nixon: *Leaders*, Warnar Books, Inc., New York Copyright ©1982 by Richard Nixon を訳したものである。原書には「現代世界を作った人々の横顔と回想」という副題がついている。

著者リチャード・M・ニクソンは一九一三年一月九日、米カリフォルニア州に生まれ、クエーカー的な家庭環境の中で育った。大学を出てしばらく法律家としての道を歩んだが、太平洋戦争では海軍中尉として南太平洋戦空輸司令部の作戦将校になった。戦後まもなく共和党から連邦下院議員に当選、戦後のアメリカの政治家の中ではおそらく最も長く、最も多彩な政治生命の第一歩を踏み出した。

下院非米活動員会の一員としてアルジャー・ヒス事件に主役を演じたため、単純な反共〝赤狩り屋〟のように言われることが多い。だが、戦後いちはやく焦土のヨーロッパを視察したときの衝撃はニクソンの目を世界にひらいた。以後一貫して孤立主義と闘う彼は、対外援助、互恵通商、集団安全保障など積極的な外交を支持し、アメリカきっての国際通になった。

一九五〇年には連邦上院議員。五二年の大統領選挙ではアイゼンハワーの副大統領候補に選ばれた。八年間の副大統領時代、ラテン・アメリカを訪問中に反米デモに襲われたり、モスクワではフルシチョフ首相と論戦するなど、国際緊張の第一線を経験した。

ジョン・F・ケネディに敗れた一九六〇年の大統領選挙は、四回のテレビ討論で才気煥発のケネディに遅れをとり、史上まれに見る僅差の逆転劇だった。そのあと一九六二年のカリフォルニア州知事選にも敗れ、ニクソンの政治生命は終わったかに見えた。しかし一九六八年秋にはカムバックし、折からベトナム戦争をめぐって世相騒然たる中で第三十七代アメリカ大統領になった。

大統領に就任後すぐ西ヨーロッパを歴訪、ついで南ベトナムの首都サイゴンを訪問、そのあとのルーマニアはアメリカ大統領として初の共産国旅行だった。条約上の公約は守るが他国内の戦闘の矢面には立たないという「ニクソン・ドクトリン」は、この旅行中に発表され、一九七三年一月にはベトナム休戦・米軍撤退が実現した。

一九七一年七月の米中和解（キッシンジャー北京訪問、周首相と会談）公表と同八月の金ドル交換停止、輸入課徴金実施の「ニクソン・ショック」は画期的なものだった。翌一九七二年二月にはニクソンは北京に行って毛沢東と会い「上海コミュニケ」を発表、五月にはモスクワでブレジネフと会談、戦略兵器制限条約（SALTI）に調印した。

そのあと一九七二年の再選では地すべり勝利を収めたが、ウォーターゲート事件が起って大統領弾劾が避けられないのを見たニクソンは、一九七四年八月九日に辞任した。以後は執筆・講演活動に携るかたわら、レーガン大統領に外交問題で助言を与えた。

リベラル色の濃い東部のインテリ層やジャーナリズムからは何度も目の敵にされ、最後にウォーターゲート事件で止めを刺された観のあるニクソンだが、ベトナム戦争を収拾したこと、中国との友好回復を果たしたことは、だれも否定できない彼の功績だろう。

外国の政治家の手になるこの種の本を読むたびに私が思うのは、なぜ日本人の政治家には書けないのかということである。現時点で日本には数人の元首相がいるが、中曽根康弘氏を唯一の例外として、われわれの参考になるようなことを書いた人は少ない。書けばせいぜい、「実はこうだった」式の回想である。それは内政の問題点が主に料亭で解決され、外交ではイニシャチブをとることなく、万事について官僚が政治家の一挙手一投足にまで犬馬の労をとって演出するため、書くことがないからだろうか。

チャーチルほど浩瀚なものを書き残せとは言わないが、せめて日本的指導者像を説明する努力くらいはしてほしいと、訳者は一抹の寂しさを覚えるのである。

訳　者

「文春学藝ライブラリー」版への訳者あとがき

東京でビルのエレベーターに乗ったら、目の前にリチャード・ニクソンが立っていた。私は思わず「ハロー・ディック」と口から出た。ニクソンは「ハイ・ゼア」と呟き、ちょうど降りる階が来たのだろう、連れの紳士と二人で降りていった。一九六〇年代中頃の某日のことである。

「ホラ吹くな」と叱られるといけないので、少し説明しておく。

ビルというのは、お濠を隔てて皇居の北隣にあるパレスサイド・ビルで、毎日新聞社はそのビルの中に入っている。地下一階は食堂街で、ちょうど昼時だったから、私は食事をして四階の職場に戻るところだったと思う。

ところが地下二、三階は広い駐車場である。ニクソンはそこで車から降り、地上二階のリーダーズ・ダイジェスト社へ行く途中だったものと思われる。一九六〇年の大統領選挙でJ・F・ケネディに当時史上最小の差で敗れ、さらにその後のカリフォルニア州知事選にも出て負け、ニクソンは何の肩書もない素浪人になった。

私の方は、一九六〇年の大統領選挙を、ニューヨーク州中部の大学町に留学中に見た。ケネディがマサチューセッツ州選出の上院議員と若さの二つ以外に売り物が少ないのに反し、ニクソンにはアイゼンハワー大統領の下で副大統領という八年間の実績があった。

全米各地の壁に「ボート・ジャック（ケネディに投票せよ）」、「ボート・ディック（ニクソンに……）」というポスターが貼られていた。結局アメリカは若々しく演説の巧みなケネディを大統領に選んだがポスターの「ディック」は、自分が思うより深く私の記憶に刻まれていたらしく、その人を見た途端に口からディックが出てしまった。

とにかく、われわれは一分かそこらを同じエレベーターの箱の中で向き合って過し、二階で別れた。

エレベーターの中に残った私は、出ていくニクソンの背中を見送る角度になった。彼の背広の上着が、くしゃくしゃだった。

運がよけりゃアメリカの大統領になってホワイトハウスに入り、背広の背中くらい、命令しなくても誰かがアイロンをかけていただろう。いま彼は「法律家」以外すべての肩書を失って世界を旅している。チップでもやらない限り、誰も背広の皺を指摘してくれない。

この後ニクソンは選挙に勝って、首尾よくアメリカ大統領になった。なったのはいいが、再選されたときに犯したウォーターゲート事件でプレス（新聞）の総攻撃に遇って大統領職を投げ出し、ニクソンの政治生命はそこで終わった。

そのとき私は毎日新聞でも英文毎日編集部に移って、タイプライターで原稿を打っていた。ん、ニクソン？　そうだったと、私はエレベーターの中の出会いを思い出し、それを短い英文の記事に書き、最後をこう締めくくった。

「あのときリチャード・ニクソン氏はもう少しプレス（アイロンがけ）に注意すべきだった。いまニクソン大統領は、もう少しプレス（新聞）の動きに注意すべきだった」

まあ親父ギャグの水準には達しているだろうと思って、打ち上げた原稿をデスクに渡した。

「おい、徳さん」ほどなく私を呼ぶ声がした。英文編集長F氏だった。

「おまえ、割にオモロイこと書きよるなあ」

私は「へへへ」と笑っただけだったが、内心は少し得意だった。記事は紙面に載った。

編集長は学生時代、京都D大学・空手部で主将だった。定年後に横浜へ遊びに来て数ヵ月後に亡くなった。現役の空手部員を含め奈良・橿原のF邸には大勢の会葬者があったという。以上が東京におけるニクソンと私の淡い遭遇のすべてである。

リチャード・ミルハウス・ニクソン（一九一三〜九四年）はロサンゼルス東郊のヨーバリンダに、名もない商人の子として生まれた。戦争中は海軍士官になったが、日本の艦艇にやられてソロモン海を何時間か泳いだJ・F・ケネディとは違い、補給業務に携りながら米本土で過した。デューク大学を出て弁護士になり、地方政界から少しずつ連邦政界に知られる存在になった。

一九六〇年の大統領選挙で民主党から出たケネディは、ニクソンとは対照的にキラキラ輝く経歴と性格の政治家だった。私のいた大学へ遊説に来たときの第一声「私はこの大学で学んだことがある」を聞くなり、女子学生が一人、感激して卒倒した。おそらく単位を一つか二つ取りに来ただけだろうが、彼にはそれほどの磁力というかオーラがあった。

対するニクソンは陰気な顔で、疲れた政治家の印象を与えた。ケネディが米国の未来を象徴していたのに反し、ニクソンは知的な切れ味のない「西部の人」の印象を与えた。

当時最大の国際的テーマは、アメリカのどの指導者がソ連（今のロシア）のフルシチョフ第一書記と会談し、対等の立場で交渉できるかだった。ソ連はすでに有人宇宙船ボストークの打ち上げで米国に先んじ、核実験を繰り返して人類社会を全滅させ得る核兵器を持っていた。

ニクソンは一九五九年にモスクワで開かれたアメリカ産業博覧会に副大統領として出席し、会場を見に来たフルシチョフと、米国家庭の典型的キッチンを再現した展示の前で議論した。有名な「キッチン論争」である。

フルシチョフはソ連の技術力や軍事力を誇った。対するニクソンは、米国のキッチンの機能性や清潔、便利さを挙げ「どちらが国民にとって幸福だろうか」と論じた。

翌六〇年の大統領選挙時、この論争がケネディとニクソン両候補の「ビッグ・ディベート」の中で蒸し返された。アメリカ史上初めて民主・共和両党の大統領選候補者がテレビ・カメラの前で対決したディベートである。選挙に直接関係するから、視聴率も高かった。

ニクソンは前年の「キッチン論争」を挙げ、「私はすでにフルシチョフ氏と話したことがある」と言った。ケネディは間髪を入れず言い返した。

「私がもしフルシチョフ氏に会う機会を得たら、私は冷蔵庫や鍋釜よりもっと重要な問題について話し合うであろう」

ケネディの弁舌は、切れ味鋭かった。

J・F・ケネディはニクソンに勝って大統領になったが、一九六三年秋にダラスで凶弾に斃れた。ほぼ同じ時期に公民権運動とベトナム反戦の運動が起き、米国の政治的な風景は一変した。

ダラスから五年間の雌伏の間、くしゃくしゃの背広を着て世界を視察したニクソンは、一九六八年の選挙に勝ち、第三十七代アメリカ大統領としてホワイトハウスに入った。

ニクソンは米国にとって喫緊のテーマであった「ベトナムからの撤退」に取り組み、懐刀のヘンリー・キッシンジャーを使って北ベトナムを説得、一九七三年一月の米軍（ベトナムからの）完全撤収に漕ぎつけた。

次に一九七一年にキッシンジャーを隠密裏に北京に送り込み、同時に卓球選手団の訪中を利用することにより、共産中国の宥和に成功した。ニクソン自身も一九七二年に北京に飛び、毛沢東の書斎で毛主席、周恩来首相と歓談した。それまでソ連と一枚岩と思われていた中国を、ソ連から引き剝がしたのである。

ベトナム停戦と米中和解。それにドル・金の交換停止（ニクソン・ショック）を加えた三大決断は、第二次世界大戦後の米大統領の誰もが成し得なかったcoup de grâceだった。ニクソンは、それを民意に逆らって行ったわけではない。国民が何を欲しているか、それに応える（または先手を打つ）には何をすべきかを電撃の速さで読み取り、果断実行した。それこそ「指導者」と呼ばれるための極意であろう。

ウォーターゲート事件でアメリカ東海岸の報道エスタブリッシュメントはニクソンに襲いかかり、ついに大統領任期中の辞任という史上例のない形でニクソンの首級を上げた。しかし一九五三年（スターリンが死んだ年）いらい米政界の中枢にあり、くしゃくしゃの背広を着た負け犬の悲哀も味わったニクソンの回想は、いつの時代にも、指導者たらんと志す者の耳に、響くものを持っている。

二〇一三年十一月

リチャード・ニクソン (Richard Nixon)
1913年–1994年。第37代アメリカ合衆国大統領。デューク大学ロースクール修了後、弁護士を経て、1946年に共和党より下院議員に初当選。上院議員に転じた後、1953年よりアイゼンハワー政権で副大統領を務めた。1960年の大統領選挙ではジョン・F・ケネディに敗れたが、1968年の大統領選挙で勝利し、第37代大統領に就任。ベトナム戦争からの完全撤退、冷戦下のソ連とのデタント、中国との国交樹立などに尽力する。しかし、ウォーターゲート事件により1974年に二期目の任期半ばで辞職する。

徳岡孝夫 (とくおか　たかお)
1930年生まれ。京都大学英文科卒。毎日新聞社で社会部、サンデー毎日、英文毎日記者などを歴任。退社後、評論や翻訳で健筆をふるう。1986年に菊池寛賞、1997年に『五衰の人』で新潮学芸賞をそれぞれ受賞。

文春学藝ライブラリー
雑3

指導者《しどうしゃ》とは

2013年（平成25年）12月20日　第1刷発行
2016年（平成28年）9月5日　第4刷発行

著　者　リチャード・ニクソン
訳　者　徳岡孝夫
発行者　飯窪成幸
発行所　株式会社 文藝春秋
〒102-8008　東京都千代田区紀尾井町3-23
電話（03）3265-1211（代表）

定価はカバーに表示してあります。
落丁、乱丁本は小社製作部宛にお送りください。送料小社負担でお取替え致します。

印刷・製本　光邦
Printed in Japan
ISBN978-4-16-813009-0

（　）内は解説者。品切の節はご容赦下さい。

寺崎英成　マリコ・テラサキ・ミラー　編著
昭和天皇独白録

雑誌文藝春秋が発掘、掲載して内外に一大反響をまきおこした昭和天皇最後の第一級資料ついに文庫化。天皇が自ら語った昭和史の瞬間。（解説座談会　伊藤隆・児島襄・秦郁彦・半藤一利）

秦　郁彦
昭和史の謎を追う（上下）

昭和という新しい時代を待ち受けていたのは未曾有の金融恐慌と関東軍による張作霖爆殺だった。そしてそれ以後も数々の大事件が日本を揺るがす。手堅い実証と明快な推理による現代史。

秦　郁彦　編
昭和史20の争点　日本人の常識

南京大虐殺、創氏改名、天皇の戦争責任、東京裁判、歴史教科書……。昭和の時代が終わって十八年たった今もなお蒸し返される不毛な論争に、二十人の気鋭の論者が終止符を打つ。

半藤一利
指揮官と参謀　コンビの研究

陸海軍の統率者と補佐役の組み合わせ十三例の功罪を分析し、個人に重きを置く英雄史観から離れて、現代の組織における真のリーダーシップ像を探り、新しい経営者の条件を洗い出す。

半藤一利
ノモンハンの夏

参謀本部作戦課、関東軍作戦課。このエリート集団が己を見失ったとき、悲劇は始った。司馬遼太郎氏が果たせなかったテーマに、共に取材した歴史探偵が渾身の筆を揮う。（土門周平）

半藤一利
日本のいちばん長い日　決定版

昭和二十年八月十五日。あの日何が起き、何が起こらなかったのか？　十五日正午の終戦放送までの一日、日本政府のポツダム宣言受諾の動きと、反対する陸軍を活写するノンフィクション。

文春文庫

（　）内は解説者。品切の節はご容赦下さい。

山本七平
「空気」の研究

現代の日本では〝空気〟は絶対権威のような力をふるっている。論理や主張を超えて人々を拘束するこの怪物の正体を解明し、日本人に独特の伝統的発想と心的秩序を探る。（日下公人）

山本七平
一下級将校の見た帝国陸軍

「帝国陸軍」とは何だったのか。すべてが規則ずくめで大官僚機構ともいえる日本軍隊を、北部ルソンで野砲連隊本部の少尉として惨烈な体験をした著者が、徹底的に分析追求した力作。

山本七平
「常識」の研究

日本の戦前・戦後を通じていえることは「権威は消えたが常識は残った」である。常識つまり生活の行動規範とそれを基とした事象への判断を取り上げ、国際化時代の考え方を説く。

山本七平
帝王学
〔貞観政要〕の読み方

平和な〝守成の時代〟における組織の活性化やリーダーのあるべき条件など、ビジネスマンにとって喫緊の問題を、埋もれたリーダー学の教科書・貞観政要に基づいて教示。（深田祐介）

山田　和
知られざる魯山人

父は、なぜ魯山人作品を売り払ったのか？　完璧な資料渉猟と関係者取材80人超。選考委員にも「これほどのものは二度と書かれまい」といわしめた、大宅賞受賞の決定的評伝。（磯田道史）

吉村　昭
三陸海岸大津波

明治二十九年、昭和八年、昭和三十五年。三陸沿岸は三たび大津波に襲われ、人々に悲劇をもたらした。前兆、被害、救援の様子を、体験者の貴重な証言をもとに再現した震撼の書。（髙山文彦）

文春文庫

（　）内は解説者。品切の節はご容赦下さい。

吉村　昭

関東大震災

一九二三年九月一日、正午の激震によって京浜地帯は一瞬にして地獄となった。朝鮮人虐殺などの陰惨な事件によって悲劇は増幅される。未曾有のパニックを克明に再現した問題作。

吉田　満・原　勝洋

ドキュメント戦艦大和

名著『戦艦大和ノ最期』の著者・吉田満と、大和研究の第一人者・原勝洋が、生存者及び関係者八十九人にインタビュー。昭和二十年春の沖縄大和特攻作戦を克明に再現する。（吉田俊雄）

文藝春秋　編

想い出の作家たち

子母澤寛、江戸川乱歩、金子光晴、尾崎士郎、今東光、海音寺潮五郎、横溝正史、山本周五郎、井上靖、新田次郎、柴田錬三郎、五味康祐、立原正秋——日常の姿を家族が語る秘話満載の回想録。

ボブ・ウッドワード　カール・バーンスタイン（常盤新平　訳）

大統領の陰謀

ワシントン・ポスト紙の二人の若手記者が、徹底した取材活動でウォーターゲートの大スキャンダルを白日のもとにさらすまでの三〇〇日を描く、二十世紀最大の政治〝探偵〟ドキュメント。

ドナルド・キーン（角地幸男　訳）

日本人の戦争

作家の日記を読む

永井荷風、伊藤整、高見順、山田風太郎らは日本の太平洋戦争突入から敗戦までをどのように受け止めたのか。作家の日記に刻まれた生々しい声から非常時における日本人の魂に迫る評論。

高　文謙（上村幸治　訳）

周恩来秘録

党機密文書は語る（上下）

毛沢東と周恩来は断じて「同志」ではない。国民的人気の高い周を、常に毛は嫉妬し蹴落とそうとした。狂った権力者の下で周はどう生き延びたのか、極秘資料が明らかにする。（田中明彦）

文春文庫

（　）内は解説者。品切の節はご容赦下さい。

ノーム・チョムスキー（山崎　淳　訳）
9・11
アメリカに報復する資格はない！

9・11の同時多発テロは「テロ国家の親玉」アメリカへの別のテロ集団の挑戦だ。国際政治におけるテロリズムの実態を解明した、アメリカの知性チョムスキーへの、衝撃のインタビュー集。

ダライ・ラマ（山際素男　訳）
ダライ・ラマ自伝

ノーベル平和賞を受賞したチベットの指導者、第十四世ダライ・ラマが観音菩薩の生まれ変わりとしての生立ちや、亡命生活等の波乱の半生を通して語る、たぐい稀な世界観と人間観。

李志綏（新庄哲夫　訳）
毛沢東の私生活（上下）

睡眠薬に依存し、若い女性をはべらせ、権力を脅かす者は追放する毛沢東、夫人の胸にすがって泣く林彪、毛の前に跪拝する周恩来ら、中国現代史を彩った様々な人間像を主治医が暴露！

ティム・ワイナー（藤田博司・山田侑平・佐藤信行　訳）
ＣＩＡ秘録
その誕生から今日まで（上下）

アメリカ中央情報局＝ＣＩＡの六十年に及ぶ歴史は、失敗と欺瞞の連続だった――。二十年近く取材し続けた調査報道記者が、その誕生から今日までの姿を全て情報源を明らかにして描く。